정허스님의 기도수행 체험기

사람 몸 받기 어렵고
佛法 만나기 어려워라

사람 몸 받기 어렵고
佛法 만나기 어려워라

정허 엮음

단석산 석굴법당 48일 기도
영축산 통도사 백운암 백일기도
부산 마하사 백일기도

무량수

서문

　상이 있는 것은 꿈과 같고 환상과 같고 물거품과 같으며 그림자와 같고 이슬과 같고 또한 번개와 같으니, 모든 형상을 형상이 아닌 것으로 보면 부처를 증지(證知)할 수 있다고 했다.

　영축산 중봉(中峯)에 앉아 깊은 고뇌 중 저녁노을을 바라보다가 '태양의 온전함에서 길을 묻고 배우자'는 자각이 들었다. 순간 적연부동한 생명의 실상이 공한 것이 공한 것이 아닌 원융한 법성인 것이 확연했다.

　태양의 광명과 자비는 보시바라밀이요, 태양의 황도운동이 상징하는 질서와 예도는 지계바라밀이며, 길이 참는 것이 인욕바라밀이요, 태양의 자전운동이 상징하는 지성과 지근은 정진바라밀이요, 태양의 중력(重力)이 가지는 향일성(向一性)이 선정바라밀이며, 태양 자체가 가지는 진여성은 반야바라밀인 것이다.

　삼라만상(森羅萬象) 두두물물(頭頭物物) 모든 생명있는 것들은 자기완성을 위해 살아간다. 자기완성을 위한 노력으로 향일성(向一性), 진여성(眞如性), 자비성(慈悲性), 정진성(精進性), 지계성(持戒性)을 갖고 나아가는 것이다.

이러한 다섯 가지 자아완성의 길을 오덕(五悳)이라 한다. 이 길은 육바라밀의 길이자 자아완성의 길이자 불국토 건설의 길이다.

말이야 태양이라 하든 오덕이라 하든 육바라밀이라 하든 무슨 상관이겠는가.

모습 있는 것이 모습 아닌 것을 깨달아 모든 집착을 끊어버리면, 누구나 부처의 지혜 광명을 얻게 되지 않겠는가.

말이 말을 만들면 탐욕이 되고 번뇌가 되어 윤회의 코뚜레에 꿰여 깊은 고통의 바다에 빠져 허우적거리게 된다.

허! 허! 베풀고 칭찬하고 길이 참고 선악시비 모두 부처님께 바치고 비우며 살자!

불기2565(2021년) 사월초파일

아름답고 향기롭게 **오덕선원 정허**正虛 힙장

목차

1장

가난, 고난, 역경의 유년시절

2장

사법시험 준비에서 선불장選佛場으로
단석산 석굴법당 48일 기도, 영축산 백운암 백일기도

7

3장

영축산 백운암, 부산 마하사에서 백일기도

세상사 전도몽상 꿈 속의 꿈

5장

세상사 인연 따라 생하고, 인연 따라 멸한다

6장

무명無明에서 광명光明으로

아름답고 향기롭게 오덕선원

義明堂 正虛 大禪師 塔碑銘

하늘은 낮고 땅은 높다

물은 뜨겁게 타오르고

불은 시원스럽게 흘러내린다

믿음은 삼라만상이 산산조각난 것이고

깨달음은 너도 나도 없고 나도 너도 있다

얼씨구 태양이 나고 내가 태양이로다

의명당 정허 대선사 오도송

지장재일 달 밝은 밤 단적산

대호大虎 포효咆哮하고

법계法界는 깊은 원적圓寂에 들었다

다섯 연꽃 큰 불덩이 빙빙 돌다

하늘로 솟아오르고

영축산은 태양에서 배우고

태양을 닮으라 하네.

동체대비同體大悲 반야법성般若法性

자전운동 정진바라밀

체體는 반야, 용용用은 보시,

인욕 황도운동 향일성向一性

지계바라밀 선정바라밀

두두물물頭頭物物 한 생명, 한 법성

법계는 그대로 일화一花로구나!

얼씨구 좋다 법계는 일화一花로구나!

– 2021.06.13 신축년 새벽 3시에

경봉 큰스님

서옹 큰스님

17

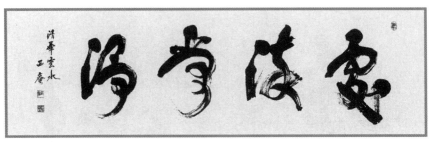

서암 큰스님

원담 큰스님

진제 큰스님

윤길중

삼존불 점안식 증명법사 정관 큰스님

오덕선원 큰법당 삼존불 점안식

삼존불 점안식 암도 큰스님

삼존불 점안식 이종찬

삼존불 점안식 태연 큰스님

삼존불 점안식

19

노천법당 미륵대불 점안식

오덕선원 법당 공사중 솟아난 암두꺼비, 숫두꺼비(오른쪽)

오덕선원의 봄

20

오덕선원 요사채와 큰법당

오덕선원

108탑림공원

다보탑(특1호탑), 중원탑(특2호탑)

석가탑(특3호탑)

무장사탑(특4호탑)

고선사탑(특5호탑), 감은사지 동탑(특6호탑)

지관스님 초청 불교대강연회 - 부산불교거사림회(1978년)

석가탄신일 공휴일 제정 기념 남북통일 기원대법회(부산시민회관,1975년)

순교자 이차돈극 대공연 공연배우
국내 유명배우 다수 출연

기원대법회 청중

제4차 조선학국제학술대회(1992년)
김철식 교수(사회과학원 부원장) 왼쪽 네번째

북한학자들과 함께한 연회(금강식당)
남북통일을 위하여 건배 제의하는 필자

위대한 한민족 통일발원 불교사상 대법회 -정허스님의 육바라밀운동 (1994년)

월주스님

불교사상 대법회 내빈

선서화전 진제스님, 삼중스님

6권의 책에 담아 백고좌법회를 대신해 봉증식

한일합동 위령대제(위령탑 앞에서)- 매년 10월 마지막 일요일 위령제 봉행(일본 교토 고려사)

정허스님 영천 삼사관학교 법문

이기택 총재 오덕선원 방문

동국대학교 사회문화교육원 강의

동국대학교 총장수여 정허스님 우수강사 수상

서옹 큰스님 사리

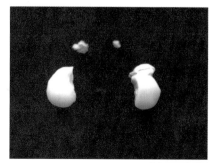

서옹 큰스님 사리

한민족통일국민운동협의회 학술발표회(한통협)
(왼쪽부터 주관중 교수, 신철균 교수, 필자)

이승만 대통령 영부인 프란체스카 여사와 함께

대구 동화사 성지순례

대한불교청년회 이사진, 서의현 스님과 함께

『천부경』 출판기념회

『깨어있는 국민이 앞서야 한다』 출판기념회

부산불교정진회 송년법회

국무총리상 수상(통일연수원 교정에서)

茶사랑 모임 회원들과 함께
왼쪽앞줄부터 안장강 회장, 김유혁 박사, 건너서 김동길 박사, 박권흠 회장, 이규정 잔의원, 정허스님 등

1
가난, 고난
역경의 유년시절

내가 태어난 영천 공덕리公德里 마을

비가 오나 눈이 오나 책보를 울러 메고,
십리길 산길 넘어 정든 학교로
동무야 배우자, 인격 향상을!
이상은 부른다, 희망을 가지자!

이 노래는 내가 존경하는 초등학교 5학년 때 담임선생님이시던 박영복 선생님께서 직접 가사를 붙이고 지은 노래다.

나의 살던 고향은 말 그대로 꽃피는 산골이다. 봄이면 온 산이 진달래꽃으로 붉게 물들 정도로 지천이어서 하굣길 허기를 채우는 간식이 되기도 했다. 여름 장마철엔 계곡물이 불어 자천천(慈川川)으로 모이면 냇가가 어느새 강이 되어버리기도 했다. 냇가를 건너야 학교를 갈 수 있는데 굉음처럼 요란한 물소리는 어린 나에겐 거대한 장벽이었다. 발을 동동 굴리고 있을라치면 힘센 6학년, 5학년 형들이 앞뒤에 서면서 책가방을 허리에 단단히 동여 메어준다. 그리고선 일렬로 비스듬히 손깍지 끼고 강물 흐르는 방향으로 건넜던 기억들이 지금도 생생하다.

그리고 감자 묻이, 콩 뽑아 삶아 먹기, 과일서리…, 들켜서 혼나는 한

이 있더라도 하지 않을 수 없는 강한 유혹 같은 것이었다. 밭주인이나 마을 사람들도 이 같은 놀이를 적당히 꾸짖는 것으로 넘어갔다. 대개 시골마을 주민들은 동성동본의 집성촌이거나 두세 집성촌이 모여 살거나 아니면 집성촌과 혼인관계로 맺어진 사람들이기 때문에 알고 보면 다 인척관계이기도 했다.

초등학교 졸업사진

공덕사功德寺와 모자산母子山

길가의 들풀도 꽃을 피운다.

불교는 현세의 인과(因果)를 믿고 알아 깨달음을 여는 데 있다. 인간에게는 일생의 행로(行路)를 뒤바꾸는 몇 번의 인연이 주어진다. 나도 고등학교를 졸업하고 아버지의 삼년상이 끝나자 서울 갈 차비만 마련하여, 책장에 못질을 하며 "노상노방초 필유개화일(路上路傍草 必有開花日, 길가에 이름 없는 들풀도 꽃필 때가 있다)"라고 써 붙여놓고 서울로 올라갔던 그때.

고시공부를 하다 법서(法書)를 팽개치고 '나는 누구인가?' '인생은 무엇인가?' 하며, 나를 아는 것이 고시보다 더 중요하다고 생각되어 전국을 떠돌아다니던 방황의 시절이 그랬다.

나는 지난 해 8월 14, 15일 이틀 동안 형님들의 가족과 함께 고향을 찾아 선산을 둘러보고 어린 시절 정들었던 옛 길, 옛 땅을 밟아 보았다.

공덕사지(功德寺趾)와 삼층석탑

그 중 나를 감회 깊게 한 것은 마을에서 2km 떨어진 탑골 골짜기 고색창연한 3층석탑의 발견이었다. 이 탑의 발견이 나의 앞길을 바꾸는 또 다른 전기가 될 것 같다. 탑은 철책으로 둘러싸여 잘 보존되어 있었

공덕사지 삼층석탑

다. 탑이 있는 옆 밭은 내가 어렸을 때 담배, 고추, 목화를 심던 우리집 밭이었다. 지금은 큰 형님께서 손수 농사를 경작하지 못하므로 묵밭이 되어 있었고 이 일대 골짜기 대부분의 전답이 경작을 포기한 채로 버려져 있었다. 고향에 살던 어린 시절에는 전혀 보지 못한 탑에 대한 궁금증으로 서울에 오자 곧 사찰전서 등 옛 기록들을 뒤져 공덕사에 대한 자료를 찾기 시작했다. 사찰전서에는 공덕사(公德寺)는 없고 공덕사(功德寺)가 몇 군데 있었다. 그중 신령(新寧) 모자산(母子山) 아래 공덕사(功德寺)가 있었다고 했고,『태종실록』14권 17면에 태종 7년 12월 초2일 이 절이 이 일대의 명찰(名刹)로서 자복사(財福寺)로 선정되었다고 기록되어 있었다. 공덕사가 자복사로 선정되던 그 당시의 사정을 살펴보면 조선이 개국하여 억불숭유책(抑佛崇儒策)을 쓰고 그 정책의 일환으로 그때까지의 모든 불교사찰을 지방 방백으로 하여금 조사하게 하여 대부분의 사찰을 폐사(廢寺)시키고 사찰재산은 몰수했다.

이 과정에서 지역의 명찰로 지역민으로부터 각별한 신앙심이 담겨진 사찰을 선정하여 그 지방의 사람들이 계속 불교를 신앙할 수 있도록 한 사찰이 자복사(財福寺)다. 탑의 안내판에는 공덕사가 있었다고 했는데 사찰전서에는 공덕사라 나와 있었다. 내가 살던 공덕동은 현재의 행정구역상으로는 영천시 화북면에 속하나 한일합방 당시까지만 해도 신령현(新寧縣)에 속했던 마을이다.

공덕사가 위치한 주산은 맞산 또는 기룡산이라고도 부르는데 모자산이라 했기 때문에 영천, 신령 일대에 모자산이 있는지를 알아보는 한편 불교관계 서적을 모두 뒤져 보았으나 모자산은 찾을 수가 없었다. 그래서 집안 친척 조항(祖行)인 이규환과 함께 영천군청 공보실에 들려 한범석 계장을 만나 도움을 청했더니『영천군지』등 영천군내 유물, 유적, 전설, 인명, 지명, 특산물 등에 얽힌 사실을 담은 자료를 얻을 수 있었다.

이 자료에서 모자산(母子山)은 지금의 기룡산(騎龍山, 麒龍山), 지방방언으로 맞산의 옛 이름임을 알 수 있었고 그 옛날 본래의 사찰 이름은 공덕사였음도 알아낼 수 있었다.

보현산(普賢山), 모자산(母子山), 기룡산(騎龍山)

나는 우리 마을에 그 옛날 자복사(財福寺)로 선정된 명찰이 있었다는 사실에 새삼 놀라지 않을 수 없었다.

모자산에 관한 기록을 조사해보니『화산지(花山誌)』「산천편(山川編)」에 "보현산 재현 동북 오십리 일명 모자산(普賢山 在縣 東北 五十里 一名 母子

山)"이라고 나와 있었다.

　여기의 현이라는 것은 신령현을 말하고 신령에서 50리 동북 방향 보
현산을 일명 모자산이라고 불렀다는 말일 것이다. 해발 1,124m인 보현
산은 영천군, 영일군, 청송군 세 지역의 경계를 이루는 한반도 동남단
의 성산(聖山)으로 너그러움과 장한 기상을 내뿜는 보현보살의 덕(德)을
나타내는 이름이다.

　팔공산이 1,122m, 청송 주왕산이 720m, 경주에서 가장 높은 단석산
이 872m인데 이들 산과 함께 한반도 동남단 동해와 남해를 지키는, 보
현행원(普賢行願)의 이상을 구현하기 위하여 우뚝 솟은 성산(聖山)이 바로
보현산인 것이다. 그러나 이 기록에서의 보현산은 보현산과 보현산이
굽이치면서 큰 봉을 이룬 모자산을 통칭하여 보현산 또는 모자산이라
불렀다는 말일 것이다. 보현산이 정각마을에서 크게 굽이치면서 640m
의 높은 봉을 만들고 남으로 달리면서 화북, 자양, 임고, 고경 4개 면의
내룡(來龍)이 되는 산을 모자산, 기룡산, 맞산이라고 하여 보현산과는 다
른 이름을 갖는다. 기룡산의 최고 높은 봉은 940m이고, 640m의 봉을
시루봉이라 한다.

　그 옛날 이 산 이름을 모자산이라 부른 연유는 정각마을에서 이 산 정
상을 바라보면 자애로운 어머니가 아기를 안고 젖을 먹이는 모습과 닮
았기 때문이라 했다.

　임진왜란 때 백암(柏岩) 정의번(鄭宜藩) 선생은 경주성을 되찾는 전투에
서 아버지를 대신하여 전사했는데 이 전투가 있기 전 가족과 함께 모자
산에 들어가 피난했다는 기록이 나온다. 정의번 선생 고향이 자양면 노
항(魯巷)이기 때문에 이 기록에서의 모자산은 보현산이 아닌 기룡산, 맞
산을 말한다. 1996년 4월 보현산 정상에 동양 최대 규모의 천문대가 세

워졌다. 영천은 삼국시대부터 한반도의 군사요충지로 백제, 고구려군
이 영천에서 패하여 달아났고, 한국전쟁 때는 북한의 인민군 주력부대
가 영천들에서 전멸한 영천전투가 있었던 곳이다. 보현산, 기룡산이 주
는 천혜의 요새 기능을 차지하기 위한 공방이었던 것이다.

보현산 자락의 절집

보현산 산자락에는 신라 말 혹은 고려시대에 창건한 보현사(普賢寺),
법화사(法華寺), 법륭사(法隆寺), 정각사(正覺寺), 원각사(圓覺寺), 묘각사(妙
覺寺), 공덕사(功德寺), 거동사(巨洞寺) 등의 사찰이 있었다. 보현산과 모자
산이 갈라지는 북쪽 계곡에는 산세와 경관이 뛰어난 정각마을이 자리
하고 있는데, 신라 말 고려 초기에 이 마을에는 정각사(鼎脚寺)가 창건되
었으나 지금은 절터에 3층석탑과 부도(浮屠)만 남아 있다.

정각사는 후일 정각사(正覺寺)로 개칭되었고 마을 이름도 정각동(正覺
洞)이 되었다. 모자산은 남으로 용이 날아오르는 형상이어서 동편에는
묘각사(妙覺寺)가 창건되었고 반대편인 등성이 서편에는 공덕사(功德寺)
가 창건되었으며, 남편에는 원각사(圓覺寺)가 창건되었는데 그 창건연대
는 비슷했을 것으로 생각된다.

보현산과 모자산 일대의 사찰이 화엄종찰(華嚴宗刹)로 의상(義湘)조사
의 창건 연기를 갖고 있는 것은 이 일대 사찰들이 화엄학과 호국(護國)
호법(護法)의 도량이라는 것을 짐작할 수 있다.

공덕사 회화나무(檜花林), 대왕암(大王庵), 탑곡(塔谷)

공덕사가 들어선 기룡산의 서쪽 등성이는 들녘과 연결되어 산세는 험
하지 않다. 그렇기 때문에 사찰 주위의 경관은 기암괴석도 없고 수려한

영천 공덕리를 지키는 천년된 회화나무

맛도 없다.

절터 바로 아래에는 현재 두 개의 호수가 있고 호수 아래 들 한가운데에는 수령 천년이 넘는 고목으로 천년의 신비를 간직한 회화나무 한 그루가 이곳 사람들의 신목(神木)으로 외경(畏敬)을 받으면서 온갖 풍상을 견뎌내며 묵묵히 서있다. 전해 내려오는 이야기로는 이 회화나무가 있었던 자리도 그 옛날에는 절터였다고 한다.

이 나무에 얽혀 전해 내려오는 이야기에 의하면, 나라에 큰 일이 있을 때마다 이 고목이 며칠 동안 울음소리를 낸다는 것이다. 한일합방, 태평양전쟁, 한국전쟁 때도 이 나무가 울었다고 옛날 동네 노인들은 증언하고 있으나, 고향을 떠났던 나로서는 직접 이 사실을 확인한 적이 없다.

임진왜란 때에 왜군이 이 골짜기까지 침입했으나 갑자기 뇌성과 풍우가 몰아쳐 혼비백산하여 물러갔다고 하는데, 이 신목(神木)의 힘이 작용했다는 것이다. 우리 마을에서 박씨가 많이 사는 골짜기를 댕대이라 부르는데 연유인 즉 그 옛날 이 골짜기에 대왕암(大旺岩)이라는 암자가 있었는데 대왕이 댕대이가 되었다는 것이다. 대왕암에 신라 태종무열왕이 다녀갔다는 전설이 전해온다. 마을 뒷산을 평가산(平伽山)이라 부르는데, 이 산 명당에 조상의 묘를 쓴 사람이 지관의 꼬임에 빠져 묘를 파자 묘에서 더운 훈기와 서기가 뻗치는 가운데 두 마리의 비둘기가 하늘로 날아올라 멀리 날아갔다는 이야기가 전해온다. 그래서 훌륭한 후손이 태어나지 않는 것은 이 무덤을 팠기 때문이라는 것이다. 우리 집안 어른들은 두고두고 이 일을 한탄한다.

산 이름이 평가산이 된 것은 묘지에서 비둘기가 나와 하늘로 날아간 것과 관련되어 지어진 이름이라고 생각된다. 공덕 아랫마을이 운산(雲山)인데 이 마을도 우리의 일성인 경주 이씨의 집성마을이다. 이 마을 앞에는 숲이 있고, 마을 뒷산은 경치가 빼어나고 소나무 동산을 이루었는데 매년 2월 중순이면 황새(왜가리)와 백로(白鷺)가 천 마리 정도 날아오고 중복(中伏)이 지나면 모두 날아가 버린다.

황새와 백로가 찾아드는 늦은 봄, 초여름이면 둥지에 새끼를 낳아 이곳 산과 들은 일대 장관을 이룬다. 이 지역 사람들은 농사에 다소 피해가 있어도 이 철새가 찾아오도록 각별히 신경을 쓰고 또 보호해준다.

이 마을 이름이 운산(雲山)인 것은 보살십지(菩薩十地)인 법운지(法雲地)에서 연유한 것 같다. 포은(圃隱) 정몽주(鄭夢周) 선생은 이곳 영천 임고면 선원(禪院) 사람으로 선생의 어머니는 이씨(李氏) 부인이었다. 이씨 부인이 아들 포은(圃隱)을 위하여 읊은 시조가 있다.

평화와 화합을 상징하는 백로
영천시 화북면 운산리 뒤산에서
촬영 (조규순 교장)

포은 정몽주선생의 어머님 이씨가 다닌 공덕사

까마귀 싸우는 골에 백로야 가지마라
성낸 까마귀 흰 빛을 새오나니
창파에 좋이 씻은 몸 더럽힐까 하노라

이 유명한 시조는 이씨 부인이 운산 공덕 사람이거나 공덕사의 신도
로써 백로나 왜가리 떼를 보고 얻은 시상(詩想)이 아닌가 생각된다.

모자산 정상이 떡시루 모양이고, 이 봉우리를 시루봉 맞산이라 하는
것과 인근 동민이 그 옛날부터 이 산을 맞산이라 불러온 내력은 이렇다.

대순진리교를 창시한 강증산(姜甑山) 선생을 증산이라 부르게 된 연유
는 모악산의 시루봉에 그 의미를 갖는다는 것은 증산사상을 연구하거
나 믿는 사람은 다들 아는 사실이다. 증(甑)자가 시루 증자로 증산(甑山)
이란 시루산, 시루봉을 말한다. 시루는 하늘에 제(祭)를 올릴 때 떡을 찌

는 솥이다. 우리 마을에서 바로 보이는 모자산의 정상 시루봉도 그 옛날 조상들이 천제(天祭)를 올리던 성스러운 곳이었으리라. 산 이름을 맞산이라 하였음은 '맞이산'을 줄여서 부른 말이다. 맞산은 하느님맞이, 천신맞이, 달맞이, 해맞이 등 민족신앙의 얼이 담겨진 성스러운 이름이고 그 상봉이 시루봉이 된 것은 그 의미가 더욱 크다 하지 않을 수 없다.

공덕사와 3층 석탑에 대한 자료를 살펴보면서 어릴 때 내 고향을 재발견하게 되었고, 신라와 고려시대에는 이 고장이 불지촌(佛地村)이었음도 알게 되었다. 내가 고향에 있을 때 이 탑을 볼 수 없었던 것은 우리 마을이 이씨, 서씨, 박씨의 집성촌인데 서씨 집안에 천석을 하는 사람이 이 석탑을 자기 집으로 옮겨 놓았고, 그 집이 망하자 그들 문중 제실인 송계정사(松溪亭舍)에 옮겨 놓았기 때문이었다.

1958년 내가 고향을 떠난 뒤 서씨 문중은 이 석탑 때문에 흉사(凶事)가 계속 일어난다고 생각하여 1974년 이 탑이 있었던 현재의 자리로 다시 옮겨 놓았던 것이다.

내가 어릴 때 송계정사에서 이 탑을 보았으나 고려 초기 공덕사에 있었던 석탑인 줄은 전혀 몰랐다. 2층 기단이 망실(忘失)되기는 하였으나 3층 탑신(塔身)은 그런대로 잘 보존되어 제자리로 옮겨 놓았다는 것은 불행 중 다행한 일이 아닐 수 없다. 이 탑은 학자들의 연구와 고증을 받아 1985년에 지방문화재 102호로 지정되었고 현재는 도비로 보존, 관리되고 있다. 나는 이 탑을 처음 보고 깊은 감명을 받았으며 기록을 읽는 동안 공덕사를 복원해야겠다는 원(願)을 세우게 되었다. 신라, 고려 때 전성기의 사찰에 버금가는 훌륭한 도량을 만들어 보자는 것이 나의 소망이다.

이 같은 원력으로 이 탑과 공덕사가 있었던 일대 전답 8,000여 평을 사들였고 앞으로 2,500여 평을 더 사들일 계획이며, 이 2,500평에 대한 매입 협의도 모두 끝낸 상태다.

　나의 이러한 사찰 복원 계획을 들은 동국대 불교학과 김영태 교수는 이선생이 그 옛날 공덕사를 창건한 스님이거나 창건에 큰 공헌을 한 시주(施主)였을 것이라고 말했다. 공덕사는 이선생이 복원해야 할 사찰이라는 김 교수의 말은 어쩐지 무거운 짐으로 받아들여진다.

오봉산과 기룡산의 기연奇緣

효와 출계(養子)

조선조에 있어 치국(治國)의 본(本)은 유교의 가르침이었고 윤리의 대본은 삼강오륜(三綱五倫), 그중에도 효(孝)가 근본이 된다. 대자연의 생명 있는 모든 것이 귀소(歸巢)와 반본(返本)을 하거늘 하물며 사단칠정(四端七情)이 있는 사람이 부모에게 효도하고 조상을 경모하는 것은 당연한 일이라 할 것이다.

이 같은 철리(哲理)에 따른 효와 조상숭배는 조선조에 있어 관혼상제란 반상(班常) 구별의 악폐를 낳았고, 자녀가 출가하여 아들을 얻지 못하면 칠거지악(七去之惡)이라 하여 부부생별의 사유가 되었고, 아들을 두지 못한 경우에는 원근을 가리지 않고 조상의 제사를 받들 양자를 해 왔던 것이다.

나의 선친께서는 지금 생존하였으면 126세 병신생(丙申生)인데 이 같은 시대적인 윤리관과 기연으로 경주 사라리에 살던 판전공(判典公)의 후손이 영천 보현산 서편 아랫마을 국당공파(菊堂公派)의 지손 종가로 양자 갔는데 이 일을 이야기 해 보고자 한다.

45

양자의 기연(奇緣)

　나의 엄친께서 태어난 곳은 월성군 서면 사라리로 판전공파중 호계공파에 속하며 유복지친만 해도 40여 호가 넘으며 영천 이씨, 경주 최씨와 함께 1백여 호가 넘는 큰 마을이다.

　호계공 할아버지는 시조의 원대거자명자 소판공 할아버지로 부터 22대 조선조 중종 때 살았던 분이시다. 동시대 동향인으로 유명한 분은 여주인 회재 이언적선생이시다. 회재선생께서 호계공 할아버지와 자리를 함께 하며 삼불급(三不及)이라 하여 호계공 할아버지를 칭찬했다고 한다.

　그 첫째는 회재선생은 을과 급제를 했는데 호계공 할아버지는 갑과 급제를 한 일이고, 그 둘째는 호계공 할아버지께서 중국 사신을 세 번 다녀오신 일이며, 그 셋째는 호계공 할아버지께서는 아들 오형제를 두었으니, 이를 두고 삼불급(三不及)이라 하였다고 한다.

　엄친의 휘(諱)는 종자 택자(鍾澤)이시고 호(號)를 동천(東泉)이라 했다. 선친의 증조부는 월자 서자(越瑞), 조부는 인자 복자(寅復), 선고(先考)는 규자영자(圭泳)로 삼대에 걸쳐 칠백석을 한 서

아버지(앞줄 오른쪽)와 경주 유림 한시 심익계 회원

면 지방의 부호였고, 학문과 시율을 하는 선비집안이었다. 선친께서는 17세 때 경주에서 보는 백일장에서 장원을 했고, 동방사상의 대가이시고 한국일보사에서 한시선(漢詩選)을 하신 김범부(金凡父) 선생과 한학과 시율을 교유한 점으로 미루어 일찍 경주 유림에서 이름을 얻은 것으로 생각된다. 또 해방 전후 경주박물관 현판, 태종 무열왕릉 사적비가 선친의 글과 글씨였던 점을 미루어 일찍 문명(文名)을 얻었던 것을 알 수 있다.

이렇게 학문에 조달한 선친에게 비운이 찾아든다. 10세 전후하여 아버님을 사별했고 이때부터 가세는 걷잡을 수 없이 기울어졌다. 선친께서 13세 때 재산에 관한 송사에 관련한 탄원서를 경주부윤에게 올렸다고 했는데 그 곡절은 알 수 없다. 선친께서 철이 들 무렵 가세가 기울어졌고 그래서 경주 돌곶이 석부자댁 독선생으로 있었다고 했다. 할아버지께서 청년 죽음을 한데 이어 둘째 형이 갑자기 미혼에 돌아갔고, 아버지께서 23세 때 크게 병을 앓아 조모가 하도 답답하여 점을 치니 양자를 보내지 않으면 살릴 수 없다고 했다. 그런데 집안에는 자손이 번창하여 양자 갈 곳이 없어 할머니께서 상심하던 중 백리 밖 영천군 공덕리(公德里)로 양자 갈 것을 권유하는 사람이 나타났다.

공덕마을은 영천에서 오십여 리 떨어진 청송(靑松)으로 넘어가는 깊은 산골 마을로, 국당공파 중 둘째집인 제정공파(齊亭公派)에 속한다. 임진왜란 때 의병으로 나가서 싸우다가 이곳에 피난하여 터전을 잡았는데, 처음 터를 잡은 할아버지는 소판공 할아버지로부터 26세 되는 문자석자(文碩) 할아버지다.

이 마을에서 양자를 구한 사연은 맏집에 자손이 귀한데다 후사가 없어 유복지친 중에서 양자를 해오면 모두 죽으니 친척 가운데는 양자를 해 올 사람이 없었다고 한다. 그래서 종가의 대를 잇기 위하여 동서남북 간 경주 이씨 중에서 양자를 구하던 중 백리 밖 판전공파의 후손인 필자의 선친을 국당공파 집안의 종가집 후사를 잇기 위해 양자를 해온 것이다.

생가로 보면 백여 호가 산다고 하나 학덕과 문장을 갖춘 장래가 촉망되는 젊은 준재를 양자란 이름아래 빼앗겨 버렸으니 전 문중의 비통함이 얼마나 했겠는가. 할아버지가 일찍 돌아가시자, 할머니가 아들의 단명을 막기 위해 단행한 결정이지만 문중으로서는 큰 사건이었다.

이 일에 대해 할머니도 한평생 탄식했고 온 문중 사람들로부터 질책을 받았다고 한다. 이 일은 단순한 양자로 보기에는 너무나 억울한 사연으로 기연이라 할 수밖에 없다.

생가(生家)인 사라리(舍羅里)는 신라 천년 도읍지를 만들었던 경주의 중악(中嶽)인 단석산이 영천 쪽으로 힘차게 한줄기가 흘러들어 오봉산을 만들고 그 아래 큰 마을로 신평(新平)·아화(阿火)·운대(雲臺)·사라(舍羅)·도리(道里)를 만들었는데 그 중 한 마을이다.

양가인 공덕리는 영천군과 청송군의 경계인 해발 1,124m의 보현산(普賢山)이 다시 굽이쳐 기룡산을 만들고, 기룡산(騎龍山) 서편 자락에 자리잡은 마을이다. 필자의 선친께서는 이 마을에 양자를 온 후 학문보다 우리 오형제 교육과 마을 젊은이를 가르치는데 힘썼다. 시율(詩律)을 할 수 있는 선비가 오면 사랑방에서 시율을 읊고 담론했으며 과객이 오면 잠자리와 식사대접을 빠짐없이 했다.

생·양가 고조부의 음덕(陰德)

필자가 중학교 3학년 음력 정월 초이튿날 어머님을 사별했고 고등학교 2학년 음력 삼월 열 이튿날 아버님을 사별했다. 고등학교를 졸업한 후로는 객지생활을 했고, 형제 중 막내가 되다보니 생·양가의 깊은 내력을 모른다. 필자가 초등학교를 다닐 때와 방학 때, 초등학교를 졸업하고 1년, 아침에 학교에 가기 전 엄친으로부터 눈물을 흘리면서 천자문(千字文), 동몽선습(童蒙先習), 명심보감(明心寶鑑), 소학(小學), 대학(大學), 논어(論語)을 배웠다. 또 둘째형님이 배우던 중용(中庸)을 어깨 넘어 귀동냥했다.

선친으로부터 조상에 관해서 들은 이야기로는 생가, 양가의 고조부가 모두 훌륭한 분이라는 것이었다.

생가 고조부 야은서실(경주 서면 사라리)

생가의 고조부님은 휘를 월자서자(越瑞)로 학문과 효행과 치산에 뛰어나 학덕은 원근에 이름이 높았고 서실(書室)을 열어 마을의 후학들을 가르쳤으며, 그 서실을 야은서실(野隱書室)이라 하여 지금도 마을 한 가운데 남아 있다. 그 효행은 만인의 사표가 되어 효자의 정려(旌閭)를 받아야 마땅했지만, 할아버지가 일찍 돌아가시고 선친께서 영천으로 양자 오고 가세가 기울어져 이 일을 하지 못하였음을 한탄하셨다.

양가 고조부님의 휘는 재영(在永)이고 사헌부 통정대부의 작위를 받았다. 이 할아버지도 효행이 지극하여 나라에서 효자 정려를 했고 마을에 효자각(孝子閣)을 세워 만인에게 효행의 사표로 삼았다.

비각에 기록하기를, "어려서부터 주자의 가르침에 따라 지극한 효심으로 부모를 봉양했다. 동지섣달 추운 겨울에도 부모가 물고기를 먹고 싶다고 하면 얼음을 깨고 물고기를 잡아 봉양했고, 종기가 남에 입으로 빨아 병구완을 했고, 병으로 기운이 쇠잔함에 손가락을 잘라 피를 내어 입에 넣어 깨어나게 했다. 부모가 돌아가시자 3년 동안 상복을 벗지 않은 채 시묘를 했고, 항상 눈물이 비 오듯 애통하게 호곡(號哭)을 하였다. 또 기일이 돌아오면 집에서 산소까지 깨끗이 길을 닦았고, 제사 모실 시간이 되면 마을 밖 멀리까지 나아가서 혼위를 영접하였고, 제사가 끝남에 혼위를 영접하던 장소까지 배웅해 드렸다."고 했다.

이 같이 그 효심과 효행이 인천(人天)에 사무친 효자였기 때문에 경북 일대의 유림이 천거하여 나라에서 효자정려(孝子旌閭)를 했던 것이다.

모유 없이 자란 갓 난 아기

나는 어릴 때 태어나면서부터 어머님의 젖 한 방울도 먹지 못하고 자랐다는 이야기와 동리 몇 동갑내기 어머니들로부터 젖 얻어먹고 자랐다는 이야기를 들었다.

임신 중에 산모(産母)가 몸이 허약하다고 해서 삼(蔘)을 넣은 한약을 먹게 되면 젖이 전혀 나지 않는다고 한다. 그런데 어머님께서 나를 임신해서 몸이 너무 허약해져서 아버님께서 삼(蔘)을 넣은 한약을 달여 먹게 하셨기 때문에 어머님의 젖이 나오지 않아 모유를 먹지 못하고 자랐던 것이다.

예전엔 농촌에서는 매일매일 쌀, 보리, 좁쌀 같은 것을 직접 방아를 찧어 밥을 지어 먹었다. 어느 날 방아를 찧으러 나온 장난기 심한 사촌 누나가 젖을 못 먹어 징징거리는 나를 새끼 낳은 지 얼마 안 된 어미 개 옆에 안아다 놓아두었다고 한다. 어미 개는 내가 젖을 빨아먹도록 가만히 있었고 나는 개 젖을 빨아 먹었다고 한다. 그런 일이 여러 번 반복되자 아버님과 어머님까지 알게 되었고, 사촌 누나는 집에서 쫓겨나는 일이 있었다고 했다.

아버님의 어머님에 대한 각별한 애정

아버님과 어머님께서 살아생전에 다투는 것을 한 번도 본적이 없었다. 아버님은 특수한 교육법으로 자녀와 마을 어린이들에게 한학(漢學)을 가르쳤고, 영농법도 탁월했고, 실사구시(實事求是)하는 경세가(經世家)였다.

집에 한약방을 내어 원근(遠近)의 환자가 모여 들었고, 도내(道內)의 시율(詩律)을 하는 선비들이 찾아와 시율(詩律)을 지어 읊었고, 우리 마을뿐 아니라 인근 마을 사람들의 혼사(婚事), 흉사(凶事), 비문(碑文), 관공서 등의 일로 항상 바빴으나, 어머님은 말없이 아버님의 뒷바라지를 잘 해 주셨다.

아버님께서는 어머님의 이러한 훌륭한 내조를 고맙게 생각하시어 부엌일을 도울 사람을 항상 준비해 주셨고, 농사일을 도울 일꾼으로 큰머슴, 작은머슴 두 사람도 두었으며, 식수(食水)를 길러 오는 일, 타작하는 일, 장보는 일, 방아 찧는 일 등도 불편이 없도록 배려해 주셨다.

어머님께서도 아버님의 말씀을 잘 받들어 집안의 여러 대소사(大小事)를 잘 챙기려고 항상 노력했고, 우리 형제들과 사촌은 물론 큰아버지 두 분도 각별히 신경 써 챙기셨고 큰아버지 두 분과 사촌들이 우리집에 함께 살 때가 많았다. 큰아버지와 사촌들은 친어머니 이상으로 제수인 우

부모님과 큰형(이동우), 둘째형(이석우)

리 어머님께 고마워했고 감사함을 잊지 않으셨다.

큰아버님들이 외출하셨다가 먼 곳에서 오시는 모습이 보이면 우리 형제들이 뛰어가서 마중해 오게 했다. 큰형님은 일본 유학, 둘째 형님은 서울체신학교 유학 할 때라 방학이 되어 집에 오면 백숙을 해 먹었는데, 어렵던 시절이라 백숙을 나눠 줄 때 사촌형님들에게 고기보다 국물이 많은 이유를 일일이 설명해 주시며 살뜰히 챙기시던 모습이 떠오른다.

저녁을 먹고 나면 우리 사랑방에는 마을 일꾼들이 다 모였고, 마당에는 마을 여인들이 모두 모여 길쌈을 밤늦게까지 했다.

우리 집이 종가(宗家)라 제사가 자주 있었다. 제사를 지내는 날은 마을 사람에게 음식을 골고루 나누어 먹도록 했고, 아버님을 찾아오는 모든 사람을 위하여 쌀밥, 아껴둔 고등어, 계란, 김은 빠뜨리는 일 없이 극진히 대접했다. 어린 나는 손님이 오신 날은 밥을 먹지 않고 기다리고 있다가 손님이 남기는 쌀밥, 고등어, 고기 등을 얻어먹기 위해 손님 밥상 물리는 소리가 들리면 가장 먼저 밥상을 들고 왔던 그때의 일이 눈에 선하다.

아버님 어머님 두 분의 천생연분의 부부금슬과 부창부수(夫唱婦隨)하신 모습은 지금 생각해도 모범적인 삶 그 자체였다.

대구 폭동

1946년 10월 1일, 대구 폭동은 공산세력과 민주세력의 한바탕 싸움이었다. 일곱 살이었던 그해 초등학교 1학년에 입학했다. 그때까지 우리 집은 아버님, 어머님의 지극한 근면절약을 바탕으로 집에 찾아오는 손님, 걸인(乞人)에게까지 넉넉하게 베풀고, 지나는 길손에게도 하루 유숙(留宿)과 식사 대접을 흔쾌히 베풀었다.

이렇게 자선(慈善)을 했으나 10월 1일 대구 폭동 때 좌익세력은 자천 정도영 국회의원 댁과 운산을 거쳐 우리 집을 덮쳤다. 우리 집에는 형님 두 분이 계셨는데, 큰형님은 농림학교를 나와 일제시대 농회서기, 둘째 형님은 체신학교를 나와 일제시대 공직생활을 한 것이 화근(禍根)이었다. 가옥은 아버님이 양자 온 것을 참작하여 불더미는 면했으나 가산은 모두 파괴되었다.

장작과 솔가지를 쌓아 바로 화장시킨다는 무지막지한 폭동패거리에 의해 아버님의 생사(生死)가 경각에 달렸을 때, 그 무서운 폭동패거리를 가로막고 죄 없는 사람을 못 죽인다고 절규하던 어머님의 간절한 외침이 하늘에 닿았음인가. 폭동을 지휘하던 우두머리 가운데 한 사람이 "이 어른은 없는 사람에게 밥과 여비를 주고 잠을 재워 주는 등 가난하고 없는 사람을 보살펴 주신 어른이니 내가 책임진다."고 하며 해쳐서는 안

된다고 폭동패거리를 진정시켜 절체절명의 상황에서 살아남았다.

그 다음날 진압 경찰대가 들이닥쳐 폭동에 가담한 사람을 색출할 때 우리 어머님의 말 한마디는 폭동에 가담한 모든 사람의 생명줄이었다. 그때 폭동에 가담한 대부분의 사람들은 시장의 뜨내기 장사꾼이나 인근마을의 막노동자, 배우지 못해 머슴살이 한 일꾼, 불량배들이었다. 어머님은 사촌과 집안 어른들에게 함구령을 내리고 직접 지서를 찾아가 폭동에 가담했던 사람들에 대해 좋은 진술을 해주었다. 그 덕분에 화를 면하게 된 몇몇 사람들은 어머님을 생명의 은인으로 여기며 살았다. 어머님의 이 일은 자비보살만이 할 수 있는 훌륭한 일이라고 생각한다.

그러나 대구폭동사건은 우리 가정을 파탄으로 몰아넣었다. 이후 10년 동안 아버님이 자리에 누우면 어머님이 일어나고 어머님이 자리에 누우면 아버님이 일어나는 식으로 두 분이 번갈아가며 연속된 병고(病苦)의 삶을 살다가 돌아가셨으니 대구폭동사건은 우리 가정에 비운(悲運)을 가져다 준 크나큰 사건이었다.

이경우(넷째 형님), 필자(이준우), 이철우(셋째 형님), 질녀(혜숙), 증부님, 셋째형수와 조카
(왼쪽상단에서 시계방향으로)

6. 25 한국전쟁

민족통일을 열망하던 북한의 공산세력이 연합군의 방위선이 한반도를 분단시키자 통일전쟁을 일으킨 것이 한국전쟁이다.

해방될 때 나의 나이는 일곱 살, 한국전쟁 때는 열두 살 철부지 어린이었다. 이때의 추억담 몇 가지를 회상한다.

철부지 어린이와 정든 개의 이별

우리 집에는 소, 개, 닭 등의 가축을 키웠다. 우리 집 개는 항상 주인의 말에 충직하고, 개는 집을 지키는 충견이었고, 어느 누구도 해치지않은 순둥이였다. 내가 늘 밥을 주었기 때문에 특히 내 말을 잘 따랐다.

예전엔 집에서 기르던 개가 크면 개장수에게 팔았는데, 개가 눈치를 채고 개장수를 피해 도망쳐버리면 온 동네가 개 찾는다고 한바탕 소동이 벌어지곤 했다. 그런데 우리 집에서 키우던 개가 다 커서 개장수에게 내다팔아야 할 상황이 되었다. 개가 도망갈지 모르니 평소에 내 말 잘 듣던 개를 도망치지 못하게 붙잡아달라고 한다. 개장수에게 개를 판다는 말만 듣고도 하루 종일 눈물이 나고 슬펐는데 그런 나에게 정든 개를 불러 달라, 붙잡아 달라하는 것은 나에게 고문(拷問)보다 더한 형벌이었다. 한국전쟁 피난길에 개를 데리고 갈 수 없었기도 했지만 키우던 개와의 슬픈 이별이 지금도 가슴 아픈 추억으로 남아있다.

전쟁의 아픔

초등학교 5학년생이 본 한국전쟁은 비극 그 자체였다. 피난행렬이 끝없이 이어졌고, 내가 살던 공덕리에도 피난을 하라는 소개령(疏開令)이 내렸다. 길고 긴 피난 행렬은 춘천, 원주 등 먼 곳에서부터 이어진 대이동의 연속이었다.

우리 집에서 피난 갈 첫 번째 목적지는 경주 사라리였다. 경주 사라리는 아버님께서 공덕리로 양자 오시기 전 태어난, 몇 백 년 집성촌을 이루고 살던 고향마을이다. 공덕리에서 사라리까지는 걸어서 60리길이 넘는다. 식량, 이불, 옷, 각종 가재도구 같은 큰 짐은 소 등에 싣고, 개인의 필수품들은 각자 둘러메고 걷기 시작했다.

가는 길은 새꼴재로 해서 산등성이를 몇 구비 넘어 사천, 대천으로 나와 영천, 북안, 도리를 거쳐 사라리로 가는 길을 택했다. 여름땡볕에 우리 식구 각자가 나누어 진 짐도 너무 무거워 참기 어려운데 사람 몇 배의 크고 무거운 짐을 진 황소는 어땠을까. 이것저것 욕심껏 과다하게 소등에 짐을 얹다보니 산길을 올라가는 소의 다리가 후들거렸다. 아니나 다를까. 산길을 다 지나 사천, 대천 강가에 이르자 소는 그 무거운 짐을 등에 실은 채 강 한가운데로 뛰어 들어갔다. 강 한가운데로 뛰어 들어가는 소의 고통에 찬 몸짓을 지금도 잊을 수 없다.

영천-북안 국도를 가득 메운 인민군 시체

신라 수호의 삼신(三神)을 나림(奈林) 또는 나력(奈歷), 골화(骨火), 혈례(穴禮)라 한다. 나림(奈林) 또는 나력(奈歷)은 지금의 선덕여왕릉, 사천왕

사지가 있는 곳이며, 혈례(穴禮)는 경북 청도의 오례산이라는 설(說)과 경북 경주시 건천읍 송선리의 단석산 신선사 마애불상군 석굴(국보 제199호)라는 설(說), 경주시 안강읍 북부와 영일군 기계면 남부의 경계에 위치한 어래산이라는 설(說) 등이 있다. 단석산이 신라가 통일하기까지 수도방위의 군사적 중요성을 가진 산이었고, 이곳에 있는 신선사 마애불상군은 신라 화랑과 미륵신앙과의 관계를 추측해 볼수 있는 근거가 되고 또한 단석산 정상에서 지금까지 천제(天祭)를 지내고 있는 곳이기에 혈례(穴禮)는 단석산 마애석불이 있는 굴법당으로 보아야 할 것이다.

더욱이 고구려에서 김유신을 잡아오기 위해 보낸 간첩인 백석(白石)의 꾐에 빠진 김유신을 삼신이 구해주는데 그 장소가 단석산의 앞산 오봉산(五峯山)이라는 점에서 더욱 그러하다. 골화(骨火)는 금강산성이라는 이름과 같이 신라가 결코 양보할 수 없는 1차 방어선이다. 단석산은 부산성, 작산성 신라의 가장 강력한 통치집단이 살던 모량, 서악, 광명을 품고 있는 신라의 오악(五岳) 중 중악(中岳)이란 점이다. 통일신라기에 법흥왕, 진흥왕, 진지왕, 진평왕의 왕비가 모량리 출신이라는 점에도 짐작할 수 있다.

전륜성왕이 다스리는 지상불국토, 도솔천 세계, 후천 미륵불세계, 금선(金仙)의 나라를 세우기 위해 마애삼존불을 단석산 깊은 골에 봉안했다는 것은 당시 신라인들이 염원하던 통일국가 건설의 꿈을 중악(中岳) 깊은 골에 발원한 것으로 보인다. 그러므로 삼신(三神) 중 혈례(穴禮)는 단석산 신선사 석굴로 보아야 할 것이다.

한국전쟁 때의 여러 전투를 말할 때 영천전투는 그다지 많이 얘기되지는 않는 것 같다. 북한군 1개 군단 병력이 영천들, 북안들에서 전멸하면서 북한의 패전이 확실해 진 싸움임에도 불구하고 말이다.

미군과 한국군의 방어 포대가 부산성, 작산성, 오봉산을 중심으로 완벽하게 방어선을 구축하고, 미군의 폭격기가 보현산, 팔공산을 거쳐 영천(永川)들에서 인민군 1개 군단을 상대로 소나기 퍼붓듯이 하늘에서 땅으로 쏟아 부어 국도와 영천들은 인민군 1개 군단 병력의 시체로 가득했다. 북한 인민군은 이 전투에서 전멸하고 후퇴를 거듭했고, 한국군은 이를 기점으로 승세를 굳혀갈 수 있게 된 것이다.

영천 방어선 전투는 삼국시대 신라인이 영천 금강산성, 오봉산 여근곡(女根谷) 등 부산성, 모량, 서악(西岳)을 못 넘게 하는 건천의 작산성 방어전략과 일치하는 것이었다. 금강산성, 단석산, 부산성, 작산성이 한반도 최후의 방어선이고 외부세력이 이 방어선을 절대 넘을 수 없다는 것을 증명한 전투였다.

인민군 패잔병과의 1주일 동거

미군과 한국군의 최후 방어전략의 성공으로 인하여 경주 사라리에서의 피난생활은 빨리 끝이 났고 우리는 영천 공덕리로 돌아왔다. 공덕리로 돌아오는데 북안에서 영천에 이르는 도로에 지천으로 널려있는 것이 북한군의 시체였다. 시체에서 나는 썩는 냄새 때문에 코가 마비될 정도였다. 인간의 생명은 하늘이 준 것이라 누가 말했는가.

초등학교 5학년 어린 나이에 비친 전쟁의 비극은 눈뜨고는 볼 수 없는 것이었다. 누가 전쟁을 일으켰는가. 누가 꽃다운 젊은이를 전쟁터로 몰아넣어 그들의 생명을 빼앗아갔는가, 그리고 그들의 시체를 까마귀가 뜯어먹게 하고 도로에서 논에서 썩어지게 하였는가.

이들도 모두 사랑하는 부모형제가 있었고, 통곡하는 부모, 아내가 있었으리라. 고향 마을에 돌아와 잠을 자는데 밤중에 무슨 소리가 나 눈을 떠보니 어머님께서 인민군복을 입은 북한 군인들의 위협에서 가족의 안녕을 위해 식량과 김치, 된장, 소금 같은 것을 퍼주고 있었다.

인민군과 이렇게 동거하기 일주일, 이때 본 인민군은 식량과 반찬을 빼앗아 가는 일 이외에는 사람에게 위해(危害)를 가하는 일도 없고, 친절했으며, 북한 사정과 그들이 그리는 남북한 통일을 위해 전쟁을 한다는 것을 알려주려고 애쓰는 것 같았다.

이들이 공덕리 산골 깊은 곳에 머문 지 며칠 뒤 B-52 폭격기의 폭격이 있었고, 그 다음날 이들은 날이 어두워진 뒤 마을을 빠져나갔다. 1개 연대 병력은 되는 듯 했다. 이들 병력 중에는 17세 정도의 어린학생 군인이 많았고, 간호 임무를 띠는 여군들도 있었다. 전 국민 총 동원령을 내린 듯 했다. 이들은 국한문 혼용이 아닌 한글을 전용했다.

김일성은 남북한 수많은 가정의 행복을 파괴했고, 국민 생활을 도탄에 몰아넣은 전쟁의 주범이다. 어리석은 중생의 미친 꿈 놀이가 애달프고 애달프다.

생가 양가 고조부(高祖父)의 효행(孝行)과 효자 정려(旌閭)

아버님의 생가 양가(養家) 두 분 모두 증조부님이 군(郡), 도(道) 나라의 심의(審議)를 거친 나라에서 인정하는 효자이다. 공덕생가(公德生家)의 증조부는 나에게는 고조부이고 휘(諱)는 재(在)자 영(永)자이시다. 나라에서 내린 벼슬은 당상관(堂上官) 통정대부(通政大夫)이다. 묘소는 영천시 임고면 삼매리 마을 뒷산 만평을 매입하여 유택을 모셨는데 연화로 둘러싸인 길지이다. 묘소를 관리하기 위해 위토 답(畓) 600평이 딸려 있다.

삼매(三昧)에서 선원(仙院)에 이르는 두 마을이 영천에서 알아주는 정씨 집성촌인데 삼매마을 뒷산에 좋은 묘터를 매입하여 안장하고 위토 답(畓)까지 두신 것은 오대조께서 효자로서의 인망과 당시 세도가 정씨가 인정하는 명망있던 가문이었다고 생각된다.

재영 할아버지 비문에 의하면,

할아버지께서는 어머님이 겨울에 물고기, 홍시가 먹고 싶다고 하시면 천리 길을 마다하지 않고 구해드렸으며, 병중에는 옆에서 지극 간호를 하셨고, 부모님의 잠자리를 조석(朝夕)으로 지극 정성으로 살폈다. 돌아가신 후에는 3년간 시묘(侍墓)를 사시고 제삿날에는 집에서 산소까지 길을 말끔히 쓸고 닦았다고 한다. 지금도 공덕리 길 한가운데 이 할아버지의 효자각이 세워져 있다.

공덕리에 위치한 고조부 효자정려각

증조부는 호(號)를 야은(野隱)이라 하셨고 야은정사(野隱精舍)를 열어 인근 마을 젊은이에게 한학을 가르쳤고, 재산도 넉넉하여 천석부자라 했다.

경주 최부자와 재산관계로 송사가 있어 가세가 기울어졌다고 전해 온다. 이 송사에 아버님이 열세 살 어린 나이로 경주 부윤(府尹)에게 탄원서를 올린 것은 인근 마을에 잘 알려진 사실이다. 야은 할아버지도 효자로 널리 알려져 나라에서 효자 정려를 했다. 아버님께서 양자 가시기 전 일이라 나로서는 깊은 내용을 알 수 없다. 우리 형제로서는 아버님생가, 양가의 증조부께서 나라에서 정려(旌閭)하신 효자라는 점에 깊은 존경심 과 자손 된 도리로서 효자 가문의 후예로 마음을 가다듬게 된다.

30여 년 전 둘째 형님과 내가 힘을 보태서 고조부모 양위분, 증조부

이석우(둘째), 이창우(사촌형), 아버지, 이철우(셋째), 이경우(넷째)   뒷줄 왼쪽부터 시계방향

이준우(다섯째), 이철우(셋째), 이경우(넷째)

모 양위분, 조부모 양위분 여섯 분의 생가 조상의 상석돌과 묘지를 손보아 드린 것은 아버님을 대신한 조상에 대한 작은 성의를 올린 것이었다.

섭정왕(攝廷王)의 자리를 거절한 충신 익재공(益齋公) 이제현(李齊賢)

아버님이 태어난 생가는 경주 이씨 판전공파(判典公派)이고, 양자(養子)로 간 곳은 국당공파(菊堂公派)이다.

고려말 특히 공민왕 때는 경주 이씨가 정사(政事)를 좌지우지 하였다고 한다. 경주 이씨 중시조 거(居)자 명(明)자 할아버지의 배우자 김씨(金氏) 할머님은 영특하시어 아들, 손자의 스승이 되어 아들 3형제, 손자 5형제를 모두 대과에 장원급제시켜 정승, 판서 대열에 올렸다고 했다.

장자가 평리공(評理公), 둘째가 익제공(益齋公), 셋째는 국당공(菊堂公), 넷째가 판전공(判典公)이시다. 둘째인 익제공 할아버지는 학문과 문장이 뛰어나 원(元)나라에서 익제공에게 고려국 섭정왕이 되라고 여러 번 권했으나 섭정왕 되는 것을 사양해서 고려 왕실이 보존될 수 있었다고 전해온다. 익제공 할아버지는 고려 왕실을 지킨 진정한 충신이라 해야 할 것이다.

김범부(金凡父)선생과 이전문, 이심, 나 이렇게 네 사람이 낙원시장 국밥집에서 막걸리를 마실 때였다. 범부 선생이 술을 거나하게 드신 후 나의 손을 앞으로 당겨 잡고 "너희 할아버지 익제공께서는 섭정왕으로 고려왕이 될 수 있었는데 그것을 거절하고 고려왕실을 지킨 충신(忠臣)이었다."고 하셨다.

"너도 너의 할아버지 익제공을 배워라"

"나라를 위해 큰일을 할 사람은 막힘이 없어야 하는데 어디 대장부답게 확 트였느냐?"고 하신 말씀이 지금도 선하다.

어릴 때의 추억들

능구렁이가 두꺼비를 물고 두꺼비가 왕똥파리를 물고

내가 열 살 전후 아래채에 손님이 와서 주무셨고, 가는 비가 내리던 어느 날 아침상을 물리려고 사랑채로 가면서 마당 한쪽을 바라보니 지금 생각해도 말만 듣던 희한한 일이 벌어지고 있었다. 능구렁이가 큰 두꺼비를 입에 물고 입안으로 삼키려하는데 두꺼비는 큰 똥파리를 입에 물고 있었다.

지금 생각해도 이 장면은 사진을 찍어 두었으면 특선감으로 생각된다. 자연생태계는 약육강식의 생존현장이기도 하지만 앞일을 알리는 서징(瑞徵)이기도 하다. 능구렁이가 두꺼비를 물고 두꺼비가 똥파리를 물고 마당에 나타난 장면은 무슨 일을 알리려 한 서징(瑞徵)으로 생각된다. 두꺼비는 능구렁이에게 잡아먹힘으로 인해 능구렁이의 뱃속에서 번식을 한다고 한다.

늑대와의 사투

한국전쟁이 일어난 6학년 때 늑대 떼들이 아이들을 잡아먹기도 하고 마을을 공격해서 마을마다 늑대로 인해 공포에 떨었던 적이 있었다. 이들 늑대 때문에 학교에 등하교할 때 학생들이 조를 짜서 막대기나 지팡이를 들고 다니며 늑대 무리의 습격에 대비해야했다.

전날 아랫마을 어린이가 늑대의 공격을 받아 죽는 일이 있었다. 내가 학교수업을 마치고 교무실에 갔다 온 사이에 함께 하교해야 할 마을 학생들이 나를 남겨 둔 채 모두 먼저 집으로 가버렸다. 저녁시간에 가는 비가 내리고 안개까지 끼어 시야가 밝지 못했지만 가기도 해야 하고 비도 피해야 했다. 책보를 어깨에 메고 마대 포대를 어깨에서 등허리에 둘러매어 책보를 감싸게 하고, 그 위에 삿갓을 썼다.

이런 차림으로 학교에서 집까지의 거리 절반쯤 되는 자천재에서 어미 늑대와 새끼늑대 두 마리를 마주치게 되었다. 동물은 상대의 몸 크기를 비교하여 승패를 예견한다는 말에 따라 삿갓으로 내 몸을 크게 보이게 만들고 닥치는 대로 돌을 집어 던지면서 올라오는 늑대방향으로 뛰어 내려갔다. 안 비키면 죽는다고 소리를 질렀고, 늑대는 삿갓을 올렸다 내렸다 하면서 뛰어 내려오는 상대가 어떠한 존재인지 분별하지 못해 옆길로 도망갔다.

뒤로 옆으로 닥치는 대로 돌을 던지면서 집까지 달려오니 온 몸은 땀으로 범벅이 되었다. 죽음의 문턱에서 살아난 그때의 생각을 하면 지금도 소름이 끼치고 아찔하다.

죽음에 대한 깊은 고뇌

초등학교 6학년 때 둘째 형님께서 폐결핵으로 유명을 달리했다. 돌아가시기 전 1여 년 동안 형님의 밥상을 가져가고 물리는 일은 모두 내가 했다. 병세가 깊어지면서 고통도 심했고, 사람이 그리워 내가 가면 형님이 아는 온갖 옛 이야기를 들려주었다.

천재라는 주위 사람의 칭찬을 받은 형님이 돌아가시고 위패는 자천

봉림사(鳳林寺) 절에 모셨다.

　나는 죽음에 대해서 생각했고, 다시 돌아오지 않을 형님을 생각하며 죽음이란 무엇인가에 대해 생각하며 혼자 방문을 걸어 잠그고 엉엉 소리 내어 운적이 있었다.

　둘째 형님의 죽음에 이어 10년을 불매병으로 병석에 계시던 어머님께서 중학교 3학년 정월 초이틀 저녁 9시, 말 세 필이 집 앞에 와서 가자고 하신다면서 아버님과 네 아들 막내딸이 당신의 손발을 비비면서 지켜보는 가운데 조용히 숨을 거두셨다. 한평생 아버님을 위한 내조와 자녀교육, 마을사람, 손님, 걸인에 이르기까지 골고루 마음을 쓰시던 어머님께서 설 차사를 잘 모시게 죽음의 순간까지 자신을 인종(忍從)하시고 모든 일이 정리되자 조용히 운명하셨다.

　아버님과 우리 형제들은 물론이고 큰아버님 두 분, 조카들, 마을 사람들과 이웃동네 사람들의 애통과 칭송 속에 유명을 달리하신 것이다.

　죽음에 관한 기록에, 숨을 거둘 때 숨이 손발에서 차츰차츰 머리로 올라가서 조용히 숨을 거두면 좋은 곳으로 간다고 했는데 어머님도 그렇게 임종을 맞이하셨다. 나는 어머님이 돌아가셨다 쉬이 받아들일 수 없었다. 밤이면 묘지 있는 쪽을 바라보며 금방이라도 오실 것 같아 기다리기를 아버님 돌아가실 때까지 그렇게 했다.

　아버님은 어머님께서 돌아가시자 사는 의미를 잃어버렸고 멍하니 앉았을 때가 많았다. 아버님은 중풍을 앓아 더욱 고통스런 병고생활을 했다.

　나는 경주고등학교 입학시험을 치러 합격했지만 이 같은 가정형편 때문에 고등학교 진학을 포기했었다. 하지만 이모의 권유와 큰 형님의 입학금 지원으로 입학하게 되었다. 아버님의 병세는 점점 심해지셔서 1학년 겨울방학 때부터는 옆에서 간호할 사람이 있어야 했다. 1학년 2학기 마지막 시험을 치러야 1학년을 수료할 수 있었는데 옆에 간호해 줄 사람이 없어서 아버님 곁을 떠날 수가 없었다. 내일부터 학년말 시험이라 아버님에게 학년말 시험을 포기해야겠다고 말씀드렸더니, 자리 밑에 숨겨 두었던 돈을 내어 놓으면서 당장 학교에 가서 시험을 치르라고 하셨다.

아버님께서 "나의 병 때문에 너희들의 시험 치는 것까지 방해해서야 되겠느냐!"라고 말씀하셨다. 나는 이 일을 생각하면 지금도 가슴이 울컥하고 눈물이 비 오듯 쏟아진다. 아버님의 이 같은 교육열이 우리 5형제의 마음속에 새겨져 지금의 우리 5형제를 만든 것이라 생각된다.

나는 시험을 치르고 담임선생님께 아버님의 병세를 말씀드리고 병수발을 위해 전학해야겠다고 부탁드렸다. 담임선생님의 배려로 그날 즉시 전학 절차를 마치고 산동농고로 전학했다. 그때 경주고 담임선생은 탁정식 수학선생님이셨다. 내가 경주고등학교를 계속 다녔다면 내 인생은 달라지지 않았을까 하는 생각은 해보지만 후회하지는 않는다.

산동(山東)농고에서의 내 성적은 2학년 3학년 평균이 93점, 94점이라는 좋은 성적이었다.

일기예보를 대신한 서징(瑞徵)

요사이 일기예보는 라디오, 텔레비전, 핸드폰으로 필요한때 어느 때나 확인 할 수 있다. 내가 어렸을 때는 아침 학교 가는 8시쯤 아랫마을 쪽 앞산에 안개, 구름이 어떻게 이동하느냐에 따라 비가 올지 안 올지를 판단했고, 마을 위쪽 효자각 앞 계곡에 큰 구렁이가 나무 덩굴에 나와 있으면 다음 날 큰 비가 온다는 판단을 했다.

개미떼들이 줄지어 이동하면 장마철에 들었고, 비가 온다고 노인들은 알아차렸다. 아침 집 앞 감나무 가지에 까치가 와서 울면 그날 반가운 손님이 온다고 했고, 까마귀가 집 앞 오동나무에 앉아 울면 반갑지 않은 손님이 오거나 부고 등 반갑지 않은 소식이 전해진다고 했다.

1946년 10월 1일 폭동나기 전 타작마당에 도리깨질을 잘못하여 추녀 끝에 맴돌고 있던 커다란 황구렁이를 땅에 떨어뜨리니, 어머님께서 나락 두지를 지키던 황구렁이가 어디로 가고 보이지 않는다 하시면서 조상이 무슨 일을 알리는 것 같다며 걱정스럽게 이야기를 하셨다. 그리고는 새벽 가장 먼저 일어나서 개울에 나가 세수하고 정한수를 떠다 장독대 위 소반에 올려놓고 지극 정성으로 가정의 평안, 자식들의 소원성취를 비시던 그 모습이 선하다.

일제시대 큰 아들이 대구사범학교 입학시험에 떨어져 일본으로 유학을 보냈는데, 입학시험 합격 소식을 전화로 받기 30분전에 집에 있던 고장 난 자명종이 요란하게 소리를 냈다고 한다. 자명종 소리가 합격을 알린 것은 조상의 음덕(陰德)이라 모두 조상님께 감사해야 한다던 그 소박한 서징(瑞徵)의 시절이 그립다.

그때는 조상숭배, 용왕숭배, 산신숭배 그 중심에 어머님이 계셨고, 정한수 한 그릇을 매일 첫새벽에 장독대에 올려놓고 정성으로 기도하며 살아가던 행복한 때였다.

낮에 여우가 앞산에서 울면 7일 이내 마을에 초상이 날 징조라 했고, 초저녁에 부엉이가 울면 마을에 호랑이가 다녀간다는 신호로 밤에 문을 잠그고 바깥출입을 하지 못하도록 당부했었다.

꿈에도 예시적인 꿈이 있어서 특이한 꿈은 오전에는 이야기 하지 못하게 했다. 좋은 꿈은 오전에 이야기하면 듣는 사람에게 복을 주게 된다고 믿었던 것이다.

대학진학, 앞날을 위해 서울로

송아지를 팔아서 고향을 떠나다.

어머님 돌아가신지 1년 뒤 아버님마저 돌아가시고 큰형님은 농촌지도소장으로 객지생활을 했고 큰형수가 가정을 책임지고 있었다. 이때 우리 집 형편은 아버님, 어머님의 십년 병고생활과 다섯 아들의 학비 조달로 부채가 많았고, 농사지을 사람이 없었으며, 큰 형님은 실직상태인데다 한약방마저 아버님이 돌아가시니 문을 닫게 되었다.

새마을 노래 '잘살아 보자'를 외치며 그룬드비히처럼 농촌부흥운동을 해 보고자 생각했으나 나는 막내라 농사지을 땅 한 평도 없었다. 앞길이 전혀 보이지 않았고 대학진학은 더욱 막막했다.

2학년 1학기, 2학기, 3학년 1학기 93점, 94점 전교 최고 점수를 받아서 평균 90점 이상이면 받는 학비면제 혜택을 받았다. 그러나 현실적으로 대학 갈 형편은 안 되어 육사에 들어가려고 했지만 그조차 신장 미달이라 원서도 낼 수가 없었다. 그러나 궁하면 통한다고 하던가. 학교 성적이 우수한 사람에게 특별전형이 있다는 것이었다. 다행히 내 성적은 경북도내 어떤 대학교, 어떤 학과도 갈 수 있다는 것이었다. 그래서 경북대 사대 사회학과에 원서를 내려고 했는데 교장선생님이 사대 영문학과에 지원해도 아무런 문제없이 합격할 것이라고 강권하는 바람에 경북대 사대 영문학과에 원서를 내게 된다. 그런데 그것은 잘못된 선택이었다.

나는 그때 보통고시 준비를 한다고 영어공부를 전혀 하지 않았던 것이다. 면접고사는 영어회화로 진행되었는데 나는 영어 공부를 전혀 안 했기 때문에 면접고사 특차시험에 떨어지는 씻을 수 없는 오명(汚名)을 남겼다. 하늘이 노랗고 강물이 잿빛으로 변하고 하늘과 땅을 구별할 수 없는 그때의 그 참담함을 어찌 글로 다 표현할 수 있을까?

그해 음력 3월 13일은 아버님께서 돌아가신지 3년 된 탈상 날이었다. 이날은 큰형님의 생신날이기도 했다. 그때 나는 결심했다. '농촌에 남아서 내가 할 일이 없다. 아버님의 3년 상이 끝나면 정든 고향땅을 떠나 서울로 가리라. 그래서 나는 서울에서 새로운 운명을 개척 하겠다.'고. 마침 부채 청산을 위해 집에서 키우던 암소와 아직 젖을 떼지 않은 송아지를 함께 자천장에 가서 판 목돈이 있었다. 나는 큰형님과 이 소를 사줘서 농사를 짓게 해준 둘째형님의 승낙을 받아야 마땅하나 내가 서울에 가서 나의 앞날을 새로이 개척하겠다는 결심은 그런 절차를 밟을 정도로 한가한 일이 아니라고 생각했다. 돈뭉치를 머리맡에 두고 잠을 자고 아침에 일어나서 큰형수를 찾았다.

"큰형수님 어제 장에서 소 판돈 총액이 ○○ 얼마입니다. 큰 소 판돈은 형수님이 급한 부채 변제와 농비로 쓰시고, 송아지 판돈은 시동생 앞길을 여는 데 준다고 생각하시고 형님들이 오시면 그렇게 말씀드려주십시오."

큰형수님은 그렇게 급하게 떠나야 하느냐며 만류하셨다. 그러나 내 결연한 눈을 보시더니 말려도 소용이 없다는 걸 알고는 더 이상 붙잡지는 않으셨다.

어제 저녁에 평소에 읽던 책과 물건들을 책장에 넣어 묶고 책장을 못질하고 빗장을 친후 그 위에 내 결연한 의지를 써서 붙였다.

노상노방초(路上路傍草)
필유개화일(必有開花日)
길가에 자라나는 버려진 잡초도
반드시 꽃을 피우는 날이 온다.

모질게 마음먹고 집을 나오기는 했으나, 20리길 산재 넘어 고향을 떠나던 날 가랑비에 옷이 젖어 내 마음도 울고 하늘도 울고 자죽자죽 정든 고향땅 떠나기 서러워 발걸음도 무거웠다.

첫째 산재에 올라서 아버님, 어머님 산소를 향해 '불효자 성공하기 전에는 고향땅에 돌아오지 않겠습니다. 저 세상에서 행복하시고 소자의 앞날도 보살펴 주십시오.' 하고 두 번 절을 올렸다.

또 눈에 밟히는 것은 바로 아래 여동생이다. 늘 둘이서 의지하며 지내다 동생을 혼자 두고 떠나려니 비정한 가슴도 찢어지듯 아팠다. 아버님 어머님께 용서를 빌고 동생을 잘 지켜달라고 빌고 또 빌었다.

보현산 한줄기 동남으로 흘러 기룡산 되고
신라건국 통일의 광영서린 첫째 산재에
오봉산 문수보살님과 보현산 보현보살님 만나셨네.

아무도 반겨주는 이 없는 서울역

서울은 태어나서 처음 온 것이다. 집도 많고 사람도 많았으나 내가 찾아 갈 곳, 내가 머물 곳은 어디에도 없었다. 식당에서 저녁을 먹으면서 식당주인 아주머니께 식당에서 자면서 일할 수 없느냐고 물었다. 식당주인은 "자기 집에서는 그런 사람이 필요하지 않다."고 했다. 돈을 주고 잠잘 합숙하는 방은 없겠느냐고 물으니 그때 식당에서 식사를 하고 있던 두 젊은 사람이 나를 부르더니 시골에서 올라왔느냐고 물었다.

오늘 왔다고 하니 역전 근처에서는 시골에서 처음 올라온 사람을 속이는 일이 많다고 했다. 자기들 둘이 방을 같이 얻어 있으니 한 사람은 더 잘 수 있다고 하고, 식사는 이 집에 와서 사먹으면 된다고 했다. 빠른 시일 안에 직장을 구하고 방을 얻어 나가면 방세는 안 받겠다고 했다. 자기들도 시골에서 처음 서울 올라올 때는 서울에서 돈도 벌고 성공하겠다고 생각했으나, 마음대로 되지 않았다고 했다.

서울 온 첫날 나의 처지와 비슷한 인정 많은 두 사람을 만나 잠자리와 식사 문제까지 해결하게 되어 각박한 서울이라 하나 좋은 사람도 있다는 것을 알았다.

내가 머문 곳은 서울역전 근처 도동, 양동이라 부르는 지역 같았고, 밤이 되면 주먹 센 깡패들의 세상인 것 같았다. 홍등가의 몸 파는 여인네들이 남자를 유혹하며 술 먹고 노래하는 볼썽사나운 장면이 여기저기서 벌어지고 있었다.

가난, 실직자, 판잣집으로 얼룩진 서울의 달동네

내가 스무살 때 당시 자유당 시절은 먹고 살기 힘들었던 사람들이 서울로 몰려들어 무학동, 창신동, 신당동, 신림동, 관악동, 도림동 등은 자고 일어나면 판잣집이 우후죽순으로 생기고 있었다.

가난한 사람이 즐겨먹는 호떡가게, 국수가게가 즐비했고, 특히 노동자가 즐겨먹는 10원짜리 백반가게는 늘 장사진이었다.

내가 지금까지 기억하는 그 시절의 배고픈 이야기가 있다. 배는 고픈데 가진 것은 호떡 2개 값. 호떡집은 줄을 서서 기다리다가 구워진 호떡이 나오면 바로 바로 집어 먹는 방식으로 장사를 했다. 그날 나는 너무 배가 고파서 두 개의 호떡 값밖에 없었는데 덜컥 호떡을 세 개나 집어먹었다. 호떡 두 개 값을 내자 호떡장수가 세 개 먹지 않았느냐고 물었다. 나는 순간 양심을 속이고 두 개 먹었다고 시치미를 떼고 가게를 떠났다.

하루 종일 마음이 아팠던 그날이 지금도 기억에 선하다.

권중돈 의원과의 인연

그 당시 영천 국회의원이었던 권중돈 의원을 찾아 직장을 부탁하기 위해 편지를 썼다. 그래서 성북동 권의원 집을 확인하고 아침 8시경 집으로 가서 직장을 부탁해 보기로 했다.

오후에는 서울역 일대에서 을지로까지 가게와 사무실을 두루 방문하여 월급을 적게 받아도 좋으니 채용해 주면 열심히 일하겠다고 방문 구직하는 방법으로 직장을 찾아다녔다.

권중돈 의원 자택을 네 번이나 대문 앞까지 찾아갔으나 끝내 초인종을 누르지 못하고 돌아섰다. 대문 앞에만 서면 자존심이 살아나면서 '점포나 사무실 찾아 다니다보면 직장이 구해지겠지' 하는 생각이 들었기 때문이었다. 그러나 구직(求職)은 쉽지 않다. 전문기술자격도 없고, 막일로 다져진 체력도 아니고, 일꾼으로 훈련된 것 같지도 않으니 가게, 식당, 고용인으로는 낙제점에 가까운 촌놈에 불과했기 때문이었다.

결국 다섯 번째 권중돈 의원 대문 앞에서 용기를 내어 벨을 눌렀다. 권의원의 어머님께서 문을 열고 나오셔서 나를 보고 안으로 들어오라고 하셨다. 권의원은 조금 전에 일어난 듯 잠옷을 입은 채 나를 맞이했다. 내가 할 말은 편지에 모두 담았기 때문에 편지를 올리면서 "의원님, 염치없습니다만 앞길을 열어주시면 기대에 부응하는 사람이 되어 의원님을 돕는 일에도 최선을 다하겠습니다."라고 말씀드렸다. 의원님은 참으로 잘 생기셨고 위엄이 있었다. 야당인 민주당의 중진의원이셨다. 천천히 나의 편지를 다 읽고 나서 얼굴을 붉히면서 아무리 학생 몸이라 해도 지난 선거 때 귀문에서 자유당 공천을 받아 출마한 후보가 나를 낙선시키려고 온갖 짓을 다했는데 일가인 자유당 후보에게 가서 직장을 부탁해야지 나한테 직장을 부탁해서야 되겠느냐고 언성을 높이셨다. 순간 나는 눈앞이 캄캄했다.

"의원님, 지난 선거 때 저는 의원님이 영천 국회의원이 되어야 한다고 모든 사람에게 말했고, 저의 아버님께서도 남자들은 일문 후보에게 선거하더라도 여자들은 의원님을 선거해도 좋다고 하셨으며, 저는 의원님에게 투표하자고 제안했기 때문에 이렇게 찾아 온 것입니다. 의원님께서 젊은 학생의 생각을 그렇게 받아들이신다면 앞으로는 의원님을 찾아뵙지 않겠습니다. 저의 편지는 의원님께 드리지 않은 것으로 하고 가지고 가겠습니다." 하고 일어서려했다.

그러나 의원님은 대인이었다.

"이 사람아 앉아보게. 내가 자네의 뜻을 잘못 알고 실언(失言)을 했네."

그날 아침부터 의원님께서 지프차에 나를 태워서 이곳저곳을 함께 다니면서 직장을 주선하셨고, 새로 설립 중인 금융회사에 취업하게 해 주셨다.

그러면서 "야당 국회의원은 힘이 없다. 우리가 집권하면 좋은 직장을 마련해 줄 수 있다."고 하셨다.

의원님이 회사에 나를 소개할 때는 보기보다 용기가 있고 예절바르고 영특하여 일을 잘 할 것이라고 말씀해주셨다.

의원님은 품격 있고, 위엄 있는 야당의 지도자로 민주당의 신·구파를 초월하여 신익희, 장면, 조병옥, 윤보선, 곽상훈, 박순천, 현석호, 김상돈, 김준연 등 이 나라의 모든 지도자들과 교류하셨기 때문에 여러 정치인들을 가까이서 볼 수 있었다. 내가 한국정치를 이끌던 지도자적 정치인을 20대 젊은 나이에 가까이서 볼 수 있었던 것은 모두 권중돈 의원님의 폭넓은 교류와 인격 덕분이었다.

무교동 막걸리 집에 갈 때도 동행하게 해줘서 오늘날의 정치인과는 전혀 다른 품격 있고 소탈한 오직 애국애족에 힘쓰던 정치인들의 모습을 볼 수 있었다. 나는 이때의 소탈하고 절제 있는 정치인들을 깊이 흠모한다.

학생타임스사로 직장 옮겨

학생타임스사에서 사원모집이 있다고 해서 경남 남해 출신인 장찬옥 사장을 찾아가서 만나 일해 보겠다는 의지를 보였다. 업무, 취재, 교정, 독자관리 등 제반 업무를 다해야 한다는 말을 듣고는, 배워가면서 잘 하겠다 하여 입사 승낙을 받았다. 신문사는 종각에서 가까운 관철동에 있었다. 신문사에서 침식을 하면서 박봉의 급료로 어렵게 직장생활을 했다. 그러나 업무자체는 마음에 들었다. 주간지의 학교탐방 기사 작성을 위해 서울시내 각 고등학교, 경기고, 서울고, 보성고, 용산고, 경기, 이화, 숙명, 진명, 배화여고 등 학교를 찾아다니면서 각 학교의 자료를 수집했다.

인쇄, 교정, 발송작업 등을 도와야 했고, 구독신청 업무를 정리해야 했고, 전국에서 보내오는 학생들의 시, 수필 등의 투고를 관리해야 했다. 그때의 직원은 사장 장찬옥, 부사장 이철호, 총무 이영태, 경리 장상태, 기자 이승윤, 손경수, 이준우(수습기자겸 편집부 총괄업무), 편집국장 김성우(한국일보 편집부기자) 등이었다.

마음에 남아 있는 추억담

가정교사도 여건이 중요

4.19혁명 후 데모는 그칠 날이 없었고, 언론의 자유라는 이름아래 언론사도 기하급수로 생겨났다. 당시 언론사 기자의 급료는 각자가 알아서 해결하게 하거나 아니면 매우 박봉이었다. 나의 급료도 아주 적은 편이었다.

나의 경제 여건이 좋지 않은 것을 안 전직 경찰서장이셨던 분이 그때 혜화동 로터리에서 식당을 하고 있다고 하시며 나에게 저녁 퇴근 후 자기 집에서 자면서 자식들 가정교사를 해 달라고 했다. 잠자리와 식사는 자기 집에서 해결하고 교통비와 용채를 주겠다는 조건이었다.

집에는 두 딸이 있었는데 큰 딸이 중학교 2학년, 작은 딸은 초등학교 5학년이었다. 집안 청소와 식사관리는 스무 살 정도 된 가정부가 맡아서 했다. 나는 학생들을 잘 가르쳐보겠다는 의욕으로 승낙하고 혜화동에 있는 이 집으로 옮겼다.

집 주인 내외는 식당일이 저녁 늦게 끝나고 다음날 장사 준비로 바빠 집에 와서 잠을 자지 않고 식당에서 잠을 자는 날이 많았다. 나에게 동생처럼 생각하고 딸들을 잘 가르쳐 달라고 부탁했고, 딸들에게는 오빠처럼 생각하고 오빠 말을 잘 들으라고 당부했다.

내 나이는 그때 스물한 살 사춘기를 막 넘긴 시기였다. 모든 일은 교과서처럼 되지 않는다는 것을 알았다. 큰딸은 자기 일은 자기가 알아서 공부하고 모르면 묻겠다고 했지만 공부가 되어 있지 않으니 물을 것도 없고, 공부는 별로 하고 싶어 하지 않았고 식당일도 도우면서 노는데 더 관심을 가졌다.

작은딸은 "선생님, 선생님, 아버지나 어머니가 오시면 열심히 공부할 테니 나하고 놀고 나 하는 대로 내버려 두세요." 한다.

나는 이 두 학생을 가르쳐야 할 학생으로만 보지 못했다. 비슷한 나이의 식모도 식모로만 보이지 않았다. 나는 이 집에서 더 있어서는 안 되겠다는 결론을 내리고 한 달을 채운 뒤 학생 아버지께 그만두겠다고 말씀드렸다. 그러자 깜짝 놀라면서 아들처럼 생각하고 있고, 대학 다니고 제대로 된 곳에 취업할 때까지 내가 다 보살펴 주려고 했는데, 계속 있어주면 안되겠느냐며 말렸으나, 다른 좋은 선생을 구하시라고 하고 그집을 나왔다. 지금도 그때의 나의 결정이 옳았다고 생각된다.

진외 육촌형님 댁

혜화동 가정교사 일을 그만두고 또 다른 가정교사나 직장을 구할 궁리를 하던 중 대령으로 육본에 근무하던 진외 6촌 형님이 생각났다. 인사도 드릴 겸 한번 만나보아야겠다고 생각되어 그날 오후 5시가 넘은 시간에 집을 방문했다. 반가이 맞이해 주었다.

식구로는 운전기사, 집에서 가사 일을 도우는 병사 한 명, 어린 딸 세 명, 아들 한 명 해서 모두 8명이었다. 형님은 있을 곳이 마땅치 않으면 자기 집에서 있으라고 했다, 그때가 10월이었는데 내년에 고대, 연대에 대학 진학하면 학비를 대어 주겠다고 하셨다. 나는 형님 댁에 1년 정도 있었고, 이때의 고마운 마음을 깊이 간직하고 있다.

진흙 속에서 핀 연꽃

내가 서울에 처음 와서 어려울 때마다 신세를 진 가까운 친척 할머니 한 분이 계셨다. 일찍 서울에 와서 아들 둘, 딸 하나를 낳아 잘 교육시켜 크게 성공했으나 해방과 동시에 사상적으로 좌경했기 때문에 일본으로 건너가서 조총련계에서 활동했다.

큰아들은 의사, 둘째아들은 조총련계 학교의 교장을 지냈다. 그러다 일본에 살던 조총련계가 대거 북송할 때 북한으로 건너갔다. 북한으로 가기 전 나에게 편지를 보낸 적이 있었다. 그 요지는 앞으로 한반도의 통일은 북한이 주도할 것이라는 것과 북한이 남한보다 여러 면에서 앞선다는 것이다. 자기 아들 셋을 잘 보살펴 달라는 내용이었다.

나는 이 편지의 답장을 썼다. 역사적인 고증과 지정학적인 예를 들어 한반도의 통일은 남쪽이 할 것이라는 것과 삼국시대 한반도의 통일은 고구려가 할 것으로 생각했으나 변방의 작은 신라가 통일했다고 썼다.

나의 생각이 확고한 것으로 판단했는지 지금까지 연락이 없고, 아들 셋도 아버지와 삼촌과의 연락을 끊고 잘 살고 있다.

큰아들은 주요 보직을 역임한 대학교수로 정년퇴직했고, 둘째는 대한항공 노조위원장, 연수원장 등을 역임한 후 정년퇴직했고, 셋째는 아이스하키 국가대표선수, 대학교수 등을 지냈다.

할머니께서 남편을 일찍 사별하고, 아들들은 해방과 동시 분단국의 비극으로 생별하고도 손자 셋을 훌륭히 교육시켜 모두 대학교수, 국가의 지도자로 잘 키운 지덕(智德)을 갖추신 분이다.

내가 잊지 못할 집안 가까운 친척 할머니이시다.

4. 19 학생혁명의 소용돌이

방산시장에서 가방 도매점을 열다

내가 대학 2학년 때 첫 번째로 손댄 사업이 비닐가방 도매점이다. 나의 시골 중고교 친구 중에 조규동 교장선생님의 조카가 있었다. 친구의 이모부가 서울에서 가방 제조공장을 하고 있었다. 친구가 하는 말이 가방도매점을 하겠다면 자기가 적극 도움을 줄 수 있다는 것이다. 동대문시장에 가방판매점을 열기만 하면 상품은 이모부 공장에서 공급해 주겠다고 약속했다.

그래서 며칠 동안 동대문시장, 방산시장을 누비면서 적당한 점포를 얻어 계약을 했고 '한팜가방도매점'이라 간판을 걸었다. 3월초 점포 문을 열었는데 4월에 부정선거 규탄집회가 4.19혁명으로 이어졌고, 이해 4월 26일 이승만 대통령은 결국 하야(下野)해서 미국으로 망명했다. 동대문시장, 방산시장은 그때 지하세계의 대부인 이정재, 유지광, 임화수의 본거지라서 타격은 더욱 컸고 결국 점포 문을 닫을 수밖에 없었다.

앞날이 막막했다. 신용 하나만으로 친구 이모부의 도움을 얻어 연 점포인데 점포의 운영은 고사하고 점포의 상품대금을 청산할 길이 없었다. 점포청산과 가방제품 정리로 깊은 고민에 빠졌다.

데일 카네기의 『고민의 정복』이란 책 내용에 따라 내가 고민하는 문제를 풀어보기로 했다. 내가 고민하는 것이 무엇인가를 차례대로 10번째까지 적어 보았다.

그랬더니 이상적인 해결방법이 떠올랐다. 가게의 모든 물건을 친구 이모부 공장에 실어가서 전세보증금과 현재 가지고 있는 돈을 솔직하게 말씀드리고 가게 문을 닫지 않으면 부채가 누적되어 변제가 더 어려울 것 같아서 찾아왔다고 솔직하게 말하고 청산해 줄 것을 간곡히 사정드려보기로 했다.

친구 이모부는 나의 제의를 받아들이면서 잘 생각했다고 칭찬까지 해주시며, 가방 외상대금은 가방 반품으로 모두 청산된 것으로 해주셨다. 고시준비나 열심히 하라고 했다.

며칠 동안 잠 못 자며 고민하던 점포정리, 부채 정리가 완전 해결된 것이다. 이때 해결하지 못한 것은 둘째 형님께서 지원해 주신 사업자금을 청산하지 못한 것이다.

조선일보 옥상에서 본 4.19혁명

나는 동대문 5가 방산시장에 가방도매상을 열어 아침 8시에 가게 문을 열고, 상품진열을 마친 후 아침 9시 직원이 출근하면 낙원동 대학교에서 강의를 듣고, 대학도서관에서 공부를 했다. 저녁 6시에 점포로 돌아와 하루 판매상황을 점검하고 저녁 9시까지 점포의 상품을 판매하다가 저녁 9시에 점포 문을 닫는 일과를 되풀이했다.

4월 18일에 고대생들의 데모가 있었고, 이 곳 동대문 5가 6가에서 이정재, 임화수, 유지광 등 동대문을 무대로 하는 주먹패들이 자유당 정권의 앞잡이로 고대생들을 습격 테러한 사건이 일간지에 크게 보도되었다.

다음날인 4월 19일에는 서울시내 모든 대학의 학생이 총궐기 했을 뿐만 아니라 고등학교 학생까지 들고 일어났다. 광화문 네거리에서 청와대 입구까지 점점 사람의 물결이 몰아쳐 청와대를 삼킬 듯했다.

계엄군은 데모학생을 향하여 발포하지 않았고, 오후 2시가 넘으면서 청와대 방어선이 위험했다. 청와대 쪽에서 총소리가 들렸고, 데모군중이 총탄에 맞아 차에 싣는 과정에서 피가 흐르는 장면이 보였다. 이어 경무대 앞에서 총탄에 맞아 죽은 시체를 트럭에 싣고 독재 타도를 외치니 데모군중은 이때부터 제어가 불가능했다. 천지를 삼킬 기세의 성난 파도와 같았다.

"부정선거 다시 하라." "독재타도"를 외치는 학생들에 의해 자유당 정부는 붕괴되었다. 그러나 이를 계승한 민주당 정부는 준비부족과 무능으로 정국을 안정시키지 못했다. 서울과 부산, 마산 등 대도시에서는 끊임없이 시위가 일어났다. 결국 5. 16군사정변의 빌미를 주어 군(軍)이 정치를 주도하는 비정상적인 상황을 초래하고 말았다. 이때의 군사정부는 경제부흥의 기틀은 만들었지만 의회주의를 후퇴시킨 오명을 남기고 말았다.

김범부 선생과의 인연

김범부선생과의 인연

생전에 아버님께서 범부선생에 관해 종종 말씀하셨다. 아버님께서 독사장으로 있었던 석부자댁에 범부선생이 일본에서 왔을 때 함께 있을 기회가 많았다고 했다. 내가 알기로는 아버님도 13살 때 주역(周易)까지 한학을 마치셨고, 17살에 경북 선비들이 다 모인 백일장에서 장원을 했다고 한다. 시율(詩律)에 막힘이 없었고, 초서(草

김범부 선생

書)는 일필휘지(一筆揮之)를 하셨는데도 범부선생의 재주는 타고난 천재라고 자주 말씀하셨다.

한시(漢詩) 짓는 방법을 몇 번 지도해주면 훌륭하게 한시(漢詩)를 지었다고 한다. 범부선생이 아버님과 젊을 때 교류했다는 것을 들어서 알던 나는 우연한 기회에 범부선생님을 찾아 인사드렸다.

범부선생은 처음 인사드리는 나에게 "네 아버지는 호(號)가 동천(東泉)이다. 내가 야촌(野村)이 어떻겠느냐고 했건만 끝내 동천(東泉)으로 정했다."고 했다. 시골에서 농사 짓기에는 아까운 사람이었다고도 했다. 이후 시간 있는 대로 동방사상연구소를 드나들었다. 사무실은 건국대학교 본관 유석창 총장, 이대위 부총장의 옆방을 사용했다. 2대 국회 법사위원장을 지낸 김정실(金正室) 교수와 함께 사용했다.

나는 이 사무실을 드나들면서 범부선생님 자택의 심부름, 개인적인 심부름 등을 도와드렸고 건국대 정치대학 4학년생의 정치철학 강의실에서 정치철학 강의를 청강하기도 했다.

4.19혁명이 일어나면서 새로이 세워지는 국가에는 국민도의재건(國民道義再建)이 필요하다고 하시면서 4학년 학생 7, 8명에게 국민도덕론(국민윤리론)이라는 제목으로 '국민도의재건을 위한 특별강좌'를 해 주셨는데 나도 특별강좌를 청강했다.

배성운(裵星雲) 도인(道人)

당시 인사동 사거리에는 정자나무가 있었다. 하루는 인사동 거리를 걸어가다가 한 노인이 불러 세워 멈추었더니, "임자는 대인이라며 후일 크게 이름을 얻을 것이다. 임자의 상은 동방사상연구소 김범부 선생이 알 것이다."고 했다. 나는 그때 범부선생 사무실에 가고 있는 중이라 곧바로 범부선생을 찾아뵙고 인사동 사거리에서 자기 이름을 배성운(裵星雲)이라 하면서 저의 상(相)을 범부선생은 알 것이라는 말을 들었습니다. 했더니 범부선생은 나의 말을 듣고 나서 그 노인네하고는 다솔사(多率寺)에 있었을 때 같이 있었는데 그런 말에 신경 쓸 것 없다고 하셨다.

동방사상연구소

동방사상연구소의 주된 강좌는 주역강좌였고 풍류, 화랑, 동학 등에 관한 강의를 범부선생이 직접 하셨고 가끔 외부인사를 초대해서 강의를 맡기기도 했다. 강의를 듣기 위해 왔던 사람으로는 이항령, 오종식, 최석채, 황산덕, 이종익, 유달영, 이대위, 천경자, 천관우 등으로 대학 교수, 정치인, 군인, 예술인, 언론인 등 다양한 분야의 많은 사람이 찾아 왔고 전국에서 종교인, 유림의 선비들이 찾아와서 담소했다. 이 시절 범 부선생은 한국일보에 한시선(漢時選)을 맡아 집필, 연재하셨는데 인기 있는 한시논단이었다.

낙원시장 국밥집에서

범부선생은 격식을 중요시 하지 않았고 소탈했다. 걸을 때는 바람을 가르듯 빠른 속도로 걸었고, 강의하시기에 앞서 눈을 감고 정신을 집중 할 때는 즉시 삼매(三昧)에 드시는 듯 잠에서 깨어난 듯한 모습이었다.

낙원시장 국밥집에서 막걸리와 수육을 안주로 해서 이전문(李銓文, 건 대신문 편집장, 조선일보대기자), 이심(李沁, 전 대한노인회 회장), 나 이렇게 네 사람이 선생님을 모시고 환담을 나누던 중, 선생님께서 이전문의 할아 버지는 고령에서 이름 있는 큰 선비라고 했고, 이심의 할아버지도 성주 에서 이름 있는 큰 선비였다고 했다. 이심의 아버지는 성주에서 서울에 올라오면 승복과 같은 잿빛 두루마기를 입고 동방사상연구소를 꼭 찾 았다.

그 말을 마치자마자 선생님은 내 손을 잡고 앞으로 잡아당기시더니, "너의 할아버지 익제 이제현은 고려 말 당대의 큰 학자이시고 충신이 다. 원나라에서 익제 선생에게 고려 섭정왕(攝廷王)을 맡으라고 여러 번 권유했으나 듣지 않고 고려 왕실을 지킨 충신이었다."라고 하시며 큰일 을 할 사람은 걸림이 없어야 한다고 말씀하셨다. 범부 선생님은 사람을 알아보는 안목을 가진 지인(知人)이셨는데 이때 이 말씀이 지금도 무슨 뜻인지 생각에 여운을 남긴다.

참의원 선거운동

자유당 정권이 4.19혁명으로 무너지고 민주당 정권이 들어서면서 의회정치의 민주화를 위해 미국의 상하원 선거제도를 받아들여 참의원 선거가 중선거구제로 실시되었다.

건국대학교 노교수인 안호상 박사와 김범부 선생도 참의원에 출마했다. 김범부 선생은 부산지역, 안호상 박사는 경남지역에 입후보했다. 학생회 간부였던 신동림, 이복상 등은 안호상 박사 선거운동을 위해 경남지역으로, 나는 김범부 선생 선거운동을 위해 부산으로 내려갔다.

안호상 박사는 참의원 선거에 당선했고 이로 인해 신동림 선배는 후일 안호상 박사가 재건국민운동 본부장이었을 때 재건국민운동 초대 사무총장을 맡아 일을 했다.

나는 김범부 선생의 선거운동을 도와서 열심히 일했는데 범부선생의 선거자금은 선거운동한지 얼마 되지 않아 바닥이 났고, 선거조직원들은 아예 움직이지 않았다. 그러자 김범부 선생께서도 당신의 선거일을 이웃집 불구경하듯 남의 일인 양 하셨다.

나는 이 선거 기간 영도 산동네, 부산진역 산동네, 동래 등을 다니면서 지원유세, 투표, 개표, 참관인 등 1인 5역을 할 수밖에 없었다. 지난 일을 생각하면 범부선생과는 전생에 무슨 인연이 있었는가 싶다.

이때의 참의원 선거는 내 인생 최초로 선거에 관여하게 된 웃지도 울지도 못할 흘러간 과거사이다. 막걸리 선거, 같은 성씨 찾아 표몰아 주기 등 주권 행사의 존엄성은 전혀 없었다. 5.16군사정변 이후 일어난 재건국민운동과 새마을운동은 김범부 선생님과 동방사상연구소, 유석창

건국대학교 총장 같은 애국애족의 기상을 갖춘 분들의 후원과 안호상 박사, 유달영 교수 같은 한민족 중흥의 사상을 갖춘 분들이 있기에 가능했던 일이라고 생각된다. 이후 나는 사법시험 준비에 들어갔고 범부선생은 1966년 70세에 세상을 떠났기에 5.16혁명과 범부선생의 숨은 비사는 알 수 없다. 범부선생은 정유생이시고, 아버님은 병신생으로 아버님이 한 살 위다.

4.19혁명, 5.16군사정변과 범부(凡父)선생

5.16 군사정변은 1961년 5월 16일 새벽 2시에 일어난 군사쿠데타였다. 이 날짜를 전후하여 동방사상연구소에는 장군, 영관급 군인들의 출입이 잦았고 5.16군사정변의 주축세력으로 결성된 5.16동지회는 박정희 장군이 의장, 범부선생, 이주일 장군이 부의장을 맡았던 점에서 5.16 군사정변은 김범부 선생과 관련이 깊을 것으로 생각된다.

일민주의(一民主義)를 제창하던 안호상 박사가 건국대학교에서 재건국 민운동을 일으켰고, 건국대학교에서 국제문제연구소를 운영하던 이동원 원장이 외무장관으로 발탁되었으며, 건국대학교에서 축산대학 등 농촌문제 연구에 각별한 지원을 했다.

4.19혁명으로 민주당이 집권했으나 정국은 안정되지 못했고, 장면총리가 이끄는 민주당 정부는 신·구파의 갈등, 끊임없는 시위로 인한 안개정국이어서 경제는 어려웠고, 국민의 생활은 진흙구덩이에 빠져있었다.

『국사대전』이란 책을 저술한 정명악(鄭明岳) 선생은 자기가 제안한 경제발전 장기계획을 민주당 정권이 무너지자 이를 군사정부가 도용한 것이라고 했다. 사실여부는 내가 경제전문인이 아니기 때문에 모른다.

나는 이때 청파동 함석헌(咸錫憲) 선생 자택을 드나들면서 1960년 4.19

혁명으로 정권을 잡은 민주당이 정치하는 모습도 보았고, 김범부 선생의 건국대 동방사상연구소에서 국내 저명학자들에 대한 주역강의 외에 군사혁명주체세력이 범부선생 사무실을 드나드는 것도 목격했다.

1961년에 5.16군사정변이 일어났을 때 거사 당일 날짜가 5월 16일 축시(丑時)로 정해진 것은 범부선생의 자문에 의한 것이라고 생각된다.

5.16동지회 의장에 박정희, 부의장에 김범부·이주일(李周一)로 결정되고, 혁명주체세력이 범부선생의 혁명의 방향에 대한 강의와 자문을 받은 점 등이 그 사실을 뒷받침한다. 당시 건국대학교 명예교수로 안호상 박사, 윤치영, 유달영, 동방사상연구소 김범부(金凡父), 국제문제연구소 이동원, 농촌문제연구소 김일주, 유석창 건국대총장, 이대위 부총장 같은 분들이 나라의 앞날을 걱정하던 애국애족하는 사상가이자 지사들이었다. 5.16군사정변 이후 이분들이 중심에 서서 재건국민운동과 새마을운동을 펼치면서 민족중흥과 청년실업자 취업 등의 문제해결에 공을 세웠다.

나의 둘째 형은 폐결핵으로 군에서 의병제대했다. 후일 건강이 회복되어 재건국민운동 요원으로 채용되어 창녕군청에 발령받았고 바로 위의 형은 동아대학교 재학 중 고려대 모의국회, 전국 대학생 웅변대회 등에서 2등을 하는 등 이름을 얻어 재건국민운동 교수로 발탁되어 취업했다.

당시 동아대 재학 중이었던 숙형 이경우는 서석재 의원이 학생회장이었을 때 의회의장을 맡았는데, 고려대 이기택 총재, 부산대 박관용 국회의장, 김우석 대통령 비서실장 등은 4.19동지이자 친한 사이였다.

동리목월문학관-범부선생 사상 재조명

나의 벗 장윤익(張允翼) 총장에 의해 경주 진현동에 동리목월문학관이

건립되었다. 동리(東里)는 범부선생의 아우로 한국문단을 대표하는 문인이다. 동리선생이 소설 부분이라면, 목월(木月)선생은 시(詩)부문에서 한국을 대표하는 경주가 낳은 걸출한 문인이다.

이 두 분의 기념사업의 일환으로 범부선생의 사상, 동학사상을 재조명하는 학술발표회가 지금까지 계속되고 있는데 필자도 범부선생의 사상 재조명을 위해 발표자로 참여한 적이 있다.

여기에 참여한 학자로는 박재목, 정다운, 진교훈, 김정근, 장윤익, 이완재, 이용주, 박맹수 등이 있으며, 많은 연구와 성과가 있는 발표회가 열렸다는 점에 대해 범부선생을 존경, 흠모하는 필자로서는 크게 환영하는 바였다. 최제우(崔濟愚)론, 음양론, 범부선생의 정치철학 특강, 국민도덕론(윤리론), 풍류사상, 화랑외사 등이 연구 조명되었다. 신라의 정신과 문화를 화랑, 풍류, 국선과 연결시키고 이를 한국사상의 등뼈로 세우려는 큰 뜻이 이루어지길 바라는 마음 간절하다.

범부선생의 풍류사상을 멋·화(和)·묘(妙)로 표현하기도 한다. 서정주(徐廷柱)선생은 선생님을 "하늘 밑에서는 제일로 밝은 머리"라고 했고, 진교훈 교수는 범부선생 막내 사위로 범부선생은 만권 서적을 두루 읽어 무불통지(無不通知)한 천재라고 했다.

범부선생이 쓰신 『화랑외사』 중 '화랑가' 한 구절을 소개하면

화랑이 피어 나라가 피어
화랑나라 영원한 꽃을
말은 가자고 굽이쳐 울고
칼은 번득여 번개를 치네
장부의 숨결이 시원하구나.

함석헌 선생을 사숙私熟

　함석헌(咸錫憲) 선생의『씨알의 소리』,『뜻으로 본 한국역사』사상계(思想界)에 집필한 논설 등을 빠짐없이 읽었고 함석헌 선생의 고난 받는 역사의 의미, 구원의 메시아를 기다리는 민중의 저항정신에 점점 매료되었다. 나는 함석헌 선생을 꼭 찾아뵈어야겠다고 생각하던 중, 어느 날 밤 꿈에 천상 신선세계에서나 볼 수 있을법한 온갖 기화요초, 기기묘묘한 바위로 꾸며진 아름다운 꽃동산을 맨발로 뛰어다니며 놀다가 깨어났다.

　함석헌 선생의 정신세계가 천상의 꽃동산과 같아서 탐욕으로 가득한 중생세계와는 다른 삶의 모습을 예시한 꿈이라 혼자서 생각했다.

　다음날 아침 8시경 청파동 자택을 찾아 집 앞 골목에 이르자 아침 산책을 마치고 돌아오시는 듯 빠른 걸음으로 집 쪽으로 걸어오고 계셨다.

　함석헌 선생은 기독교적 역사관에 서서, 이스라엘 민족의 구세주 신관에 의해 고통 받고 고난 받는 민중 속에 태어난 예수의 구원 사상을 이어받으신 씨알 민중운동가이다. 예수를 기다리고 예수의 길을 여는 모세와 같다고나 할까? 한국을 길거리에 벌거벗고 앉은 여인에 비교하기도 했다.

　나는 "함석헌 선생께서 백두산 높이 2,778m, 한라산 높이 1,950m,

1950년 6월 25일 한국전쟁이 통일전쟁의 시작이라고 하셨는데, 3.8선의 3과 8은 목(木)기운을 나타내는데 남북 중 어느 쪽이 목(木)의 기운을 많이 가지고 있고 통일을 주도할 것으로 보시느냐?"고 물어 보았고

또 "앞으로 태어날 통일 한국의 메시아로서 지도자는 어떠한 모습으로 올 것인가?"를 물어보았다.

백두산 높이 2,778m 인도 히말라야의 높이, 엠덴해연의 깊이는 8,000m가 넘고, 중국의 고비사막, 양자강, 황하강의 광대함에 비추어 보면 한국에 태어날 메시아도 인도의 석가, 중국의 공자·노자, 사하라사막을 배경하는 예수, 마호메트와는 다르지 않겠느냐고 물었던 기억이 난다.

나는 함석헌 선생을 도울 방법을 생각했으나 경제 여건이 좋지 않은 나로서는 『씨알의 소리』를 나의 친지, 친구들에게 정기구독 하도록 하고, 서울의 청파동 함석헌 선생 댁에서 열리는 성경 모임에 자주 참석해서 성경 강의를 들었다. 함석헌 선생 성경모임은 무교회파에 속하는 종교 모임이다.

성경을 읽고 해석하고 기도하는 방법으로 진행했다. 부산에 있을 때는 복음병원 장기려(張起呂) 원장 댁에서 부산 성경모임이 열려 여기에도 몇 차례 참석했다. 함석헌 선생은 부산 모임에도 자주 참석, 설교하시고 기도회를 주재하셨다. 모임에는 30~40명의 기독교 신도가 주로 참석했다. 불교인도 이 같은 형식의 불교모임이 사찰이 아닌 가정이나 사무실에서 열리면 불경, 참선공부, 명상공부에 많은 성과가 있을 것으로 생각되었다.

길이 추억에 남는 이야기

존경받는 박영복(朴永福) 선생님

초등학교 5학년, 6학년 때 담임선생은 박영복 선생님이시다. 선생님은 사범학교를 갓 나와 보현산 아래 자천초등학교에 처음 부임하셨는데 마음과 몸을 다 바쳐 학생사랑, 학교사랑의 진정한 스승으로서 사랑을 펼치신 참 교육자이시다.

학생 가운데 농사일 때문에 학교에 못나오는 학생이 있으면 수업을 마친 후 같은 반 학생들을 이끌고 가정을 방문하여 농사일을 도왔다. 선생님이 직접 나서서 모심기, 밭매기 등을 몸으로 실천했다.

학비가 없어 중학교 진학을 못하면 박봉인 월급을 털어 입학금을 마련해 주었고, 학생을 가르치는데 마음과 몸을 다해 가르쳤다. 가르쳐도 안 될 때는 회초리로 때리면서 선생님께서 펑펑 우셨다.

내가 여러 권의 책을 쓰고 국회의원에 출마했을 때 그렇게 좋아하실 수 없었다. 모임에서 자랑을 해 주셨고 격려의 편지도 잊지 않으셨다. 이때 함께 공부한 친구들이 선생님의 제자 사랑하던 그 마음을 이어받아, 몇 년 전까지 일 년에 한번 씩 가지는 동문회 모임에 선생님을 모셨고, 선생님은 특별한 일이 없는 한 꼭 참석하셨다.

박영복선생님과 함께 초등학교 5학년 (1949년)

　동문 모임은 김규병 교장, 조규호 친구가 많이 힘썼고, 총무를 맡은 친구, 여자 동기생도 많이 참석했는데 그러고 보니 고인이 된 친구도 많다. 그 당시에는 월반제가 있어서 나는 3학년 과정을 마치고 4학년으로 올라간 것이 아니라 5학년으로 월반했다. 그래서 5학년에는 기존 우수한 학생에다 월반한 학생이 함께 공부했다.

　어느 날 국어 시간에 박영복 선생님은 학생 전원에게 그날 배울 국어 교재 한 단원 전량 10페이지가 넘는 것을 한 시간 안에 모두 외우라고 했다. 외우기에 소요된 시간은 나는 20분이 걸려서 모두 다 외웠고 두 번째로 외운 사람은 5학년에서 가장 머리가 좋고, 공부를 잘한 정각동에 사는 친구 구자복이 외웠는데 40분정도 걸린 것으로 기억난다.

　나는 외우기에 단연 모든 학생을 앞질렀다. 한번은 국어 시간에 내가 졸고 있었는데 선생님이 두 글자를 넣어서 짧은 문장 글짓기를 하라고

했다. 내가 벌떡 일어나서 즉석에서 글짓기를 하자 선생님은 자던 인우
(지금은 준우)가 글짓기를 잘한다고 칭찬했다.

어려운 여건에 피어난 연서(戀書)

때는 경주고등학교에서 산동농고로 전학 후 양친 부모를 다 여읜 나
로서는 학비가 큰 부담이었을 때이다. 이 고통에서 벗어나려면 그때 학
교에서 주는 학비면제혜택을 받아야만 했다. 학교성적이 평균 90점이
넘으면 주는 혜택이었다.

나는 학교 성적이 90점이 넘도록 노력하지 않으면 안 되었다. 이렇게
학교 성적을 올리자니 15리길 학교에 가고 오는 시간도 아껴야 했다. 소
먹이는 일, 소꼴 베는 일, 방아 찧는 일, 소죽 끓이는 일, 밭 메는 일 등,
할 일이 산적해 있어서 학교 수업을 마치고 교실에 혼자 남아 공부하다
어두워져 글자가 보이지 않으면 15리 길을 걸어서 집으로 돌아왔다.

이때 이 길을 다니면서 나무 베어오고, 농사지을 퇴비풀을 베어 나르
던 일꾼 사이에, 책이나 책보자기가 떨어지는 소리가 나면 나의 책이나
책보자기가 소 짐에 부딪쳐 떨어진 것으로 알았고, 그들 가운데 나를
눈여겨 본 사람들은 저 학생이 앞으로 무엇 하려고 저렇게 열심히 공부
하나 이 골짜기에 인재가 날 것이라 했으나 나는 그 기대에 부응하지
못했다.

이러한 때 나의 이 모습을 측은하게 본 나와 초등학교 동기로, 월반할
때도 함께 월반한 동기 여학생이 있었다. 나는 학급에서 가장 키가 작고
왜소하나 달리기, 씨름할 때는 만만치 않았다. 씨름할 때 키 순서대로
두 줄로 갈라놓고 씨름을 붙이면 반대편 3, 4명을 남기고 다 넘어뜨리
기도 해서 작은 고추가 맵다는 소리를 듣기도 했다. 달리기는 여자 친구

가 잘하고 나도 잘해서 두 사람을 달리기 경주를 붙인 적이 있었다. 달리기 경주에서 여자 친구가 출발점에서 앞서 버리니 도저히 앞설 수 없어 중도 포기해 버린 어릴 적 생각이 지금 새롭게 회상된다. 이런 관계의 측은한 마음에서 연서를 보냈는지 어느 날 고등학교 졸업을 얼마 앞두고 여학생 친구 집 앞 강가 길을 걸어 학교에 가고 있던 중, 친구 여학생은 빨래를 하고 있고 7, 8세의 어린 여자 아이가 나에게로 다가와서 편지 한 장을 불쑥 내밀었다.

편지를 열어보려고 했는데 '주의' 라고 적혀 있어 학교에 가서 뒷동산 묘등에 앉아 읽어 보았다. 이 편지를 쓴 나의 여자 친구의 마음이 진정한 사랑, 사랑하는 사람을 위해서 모든 것을 아낌없이 주는 사랑의 편지라고 생각되었다.

그 뒤 졸업을 앞두고 한 번 더 편지를 받았다. 나는 대학에 들어가고 직장을 가진 뒤 서로 연락하고 사랑도 하고 결혼도 하겠다는 생각을 했다. 내가 연서에 대한 답장을 하고 편지를 보낸다면 시골에서 소문이 잘못 나서 여자 친구의 앞길에 장애가 될 수 있다고 생각되어 답장을 하지 않았다. 그런데 우연인지, 필연인지 내가 고향을 떠난 지 4년 만에 처음 밟는 고향 땅 여자 친구 집 앞에 이르렀더니 잔치가 있었다. 누구 잔치냐고 물었더니 여자 친구의 결혼식이라고 했다.

축하를 해 줘야할 여자 친구의 잔치였지만 말할 수 없는 비애와 허탈감이 엄습했다. 여자 친구는 그 사이 여러 번 청혼을 받았지만 반대하다가, 우리 집 택호가 배반인데 혼사처가 경주 배반이라 하니 이곳에 시집가면 나를 보리라 생각하고, 결혼을 승낙해서 오늘 결혼식을 올리게 된 것이라 생각했다.

나이 50이 되어서 서울에서 한 번 만났는데 3남매를 두었다고 했고 큰아들은 서울공대, 둘째는 딸로서 연세대, 셋째도 딸로서 중앙대를 나와서 모두 직장에 다닌다고 했다. 자녀들을 잘 교육시키고 훌륭한 어머니로 변해 있었다.

사랑을 이야기하고 꿈을 함께 한 친구여, 영원히 행복하게 사시라.

호랑이굴에서 살아 돌아온 기적

내가 초등학교 3학년, 4학년 때 한국전쟁이 일어나기 한해 전으로 기억된다.

산에 나무하러 간 마을사람이 어두워도 돌아오지 않아 마을이 발칵 뒤집혔다. 마을의 힘센 장정들이 죽창 등으로 무장을 하고 범(虎)에 의해 변을 당했을 수도 있다고 해서 밤중에 골짜기 중턱에 있는 범의 굴까지 마을의 청년들이 찾아갔더니, 실종됐던 마을사람이 굴 앞에 머리를 동쪽으로 하여 의식을 잃고 반듯이 누워 있었다고 했다.

옛날부터 전해 오는 이야기에, 범은 잡아간 사람이 머리를 동쪽으로 해서 누워 있으면 잡아먹지 않는다는 말이 있다. 변괴를 당한 이분은 집안 아저씨뻘 되는데 나이 오십이 넘어 돌아가셨는데 잘 놀라고 마음이 고와 남에게 싫은 소리를 하지 않았고 장가를 가서 자녀도 두었다. 마을의 이장 일도 보았다.

범이 등에 업고 갔는지, 물고 갔는지 모르나 몸에 범에게 물린 상처가 전혀 없고 의식을 회복한 뒤 2, 3년 정신 나간 사람 같았으나 그렇다고 해서 아주 정신이 나간 사람도 아니고 제정신이 아닌 미친 사람도 아니었다. 점차 회복하여 가정생활, 농사일을 잘 했고, 착한 사람으로 기억에 남는다. 범에게 물려가도 정신만 차리면 산다는 기적 같은 이야기가 실제 우리 마을에 있었던 실화(實話)였다.

2

사법시험 준비에서
선불장選佛場으로

단석산 석굴법당 48일 기도
영축산 통도사 백운암 백일기도

양구의 매서운 한파

나는 공부를 하면서 대학학보에 발표한 「작심불과삼일(作心不過三日)」이라는 수필 1편(건대학보 11호), 「광란하는 양구의 밤거리 18번가」라는 시(詩) 1편(건대학보 10호)을 여기에 게재한다.

영하20℃를 넘나드는 한파가 몰아치는 양구의 겨울은 매섭고 차가웠다.

그 당시 형님은 사단 병참 중대장으로 근무했다. 부대 행정요원들의 이야기를 들으면 병참 중대는 사단 사병들의 군수물, 식량, 피복, 기름의 보급 업무를 담당하는 부서다. 그런데 헌병, 정보요원, 기자, 감독기관 요원들의 부정한 물자 유출이 많은 듯 했다.

양구에서 시험 준비를 하면서 수마(睡魔)와의 싸움이 첫 번째 겪는 어려움이었다. 영하 24~25℃ 되는 추위에서 수마(睡魔)를 쫓기 위해 찬물 대야에 물수건으로 눈을 비비고 얼음물에 세수를 하면서 잠을 쫓았다.

이 같은 가혹한 수마와의 싸움으로 밤마다 잠자리에 들면 가위에 눌렸는데 지금 생각하면 이불에 풀을 먹였기 때문에 도둑이 칼로 목을 베려는 꿈, 바닷가 푸른 물결이 잡아 삼키려는 꿈 등으로 가위에 눌리곤 했다.

정신 집중은 점점 잘 되었으나 이에 비례하여 가위에 눌리는 횟수도
점점 많아졌다.

광란하는 양구의 밤거리 18번가

이부대학 법과 3 건대학보 10호

양구의 토요일 밤거리는 광란의 거리
양구의 홍등가는 희미한 불빛의 거리
양구의 밤하늘은 초롱초롱 통일의 거리

양구의 홍등가는 찢어지는 노랫가락
양구의 목노주점은 둔탁한 장단가락
양구의 홍등가는 술취한 병사 꿈속 고향길

양구는 관창이 계백을 이긴 恨의 거리
양구는 사다함이 가야 일본 이긴 승전의 거리
양구는 사다함 무관랑이 약속지킨 거리

아 통일이여! 아 통일이여!
6. 25가 남긴 서러운 전쟁의 거리여!
백성은 전쟁없는 평화 행복만 바란다네

작심불과삼일(作心不過三日)

수상(隨想)-〈二部大學·法科三〉건대학보 11호
이준우(李俊雨)-改名 전 本名
이인우(李寅雨)

옛말에 작심불과삼일(作心不過三日)이라 했는데 나와 같은 소인(小人)에게는 작심불과일일(作心不過一日)도 과(過)함을 느낀다. 하물며 정신일도 하사불성(精神一倒 何事不成)이란 어불성설(語不成說)이다.

한 달에도 몇 번씩 세워 보는 계획표와 하루에도 몇 번씩 외워 보는 생활신조(삶바라 생명 사루어 큰 앎 얻어 큰 길 밝히리!)가 하루를 생활화하여 만족을 느껴 본 적이 없으며 "남아입지(男兒立志)하거던 초지일관(初志一貫)하라"는 고시일념(高試一念)은 공념불(空念佛)이 되고 말았으니 나의 지기(志氣)가 옅은 탓이랄까?

직장생활에서 겪는 물정(物情)과 학문에 대한 매력- 이율배반(二律背反)된 전선(戰線)에서 그 어느 하나도 얻을 수 없어 직장을 버리고 공부를 해 보겠다는 나의 작심(作心)이 이렇게 공염불(空念佛)이 되어 세운 바 계획표대로 하루를 제대로 못 지켜 열흘을 헛탕치니 나의 마음의 약한 소치(所致)라기에는 너무나 잔인한 자학(自虐)이다. 내가 나를 측할 수 없으니 스스로 회의(懷疑)를 품지 않을 수 없다.

「파스칼은『인간은 생각하는 갈대』라 하여 인간은 만물의 영장(靈長)임을 일찍 설파하였거니와 나의 입장에 있어서는 실천력 없는 사고(思考)가 아무런 자랑 될 것이 없다고 생각된다. 선인(先人)이 남겨둔 금언(金言)을 읽을 때 하루에도 몇 번 사색에서 자아(自我)을 잊고 달관(達觀)의 경지에 이르나 책을 덮고 사색(思索)이 끝남으로써 어처구니 없이 보

잘 것 없는 나의 본연의 마음 그대로임에 쓴 웃음을 짓게 하곤 한다.

공부하는 시간을 가장 늘리고 능률을 최대로 올리기 위하여 수면시간을 여섯시간 이하로 줄인다는 것이 일곱시간, 여덟시간 잠자기 예사이며, 밤에 여섯시간 자고 보면 낮잠 투성이기 마련이다.

잡념을 제거하기 위하여 생활을 단조롭게 만들고 규칙적인 생활을 한다는 것이 하루 종일 책장은 책장대로 넘기고 생각은 생각대로 시간을 낭비하기 예사이니 그래도 남 보기에는 공부를 하고 있노라는 듯 책상을 지키고 앉아 있게 되고 보니 나를 속이고 남을 속이는 이중사기를 범하고나 있다 할까?

오래전부터 「카네기」가 말한 『남을 즐겁게 함이 나를 즐겁게 함이라.』는 생활금언(生活金言)은 복잡한 시내버스에서나 거리에서 숙녀들을 도와주어야 할 일이 생길 때는 용기가 잘 나지 않아 모른 체 하고 그냥 지나쳐 버리기가 일수이다.

모 철학교수님의 강의에 의하면 『참다운 앎에 실천이 따르지 않을 수 없다.』고 하셨는데 나의 생활신조. 나의 계획표가 참 다운 앎이 아닌가를 교수님께 물어 보고 싶다.

석가, 공자, 예수는 그의 생각하고 아는 바가 위대하고 존귀해서가 아니라 당신께서 알고 생각하신 바를 생활화, 실천하는데서 인간은 영원히 그들과 함께 살게 됨일 것이다.

경주 사라리 숙부님 댁

 사법시험 준비는 정신과 체력의 싸움이다.

 이듬해 여름 초가 단칸집에서 어렵게 사시는 숙부, 숙모님의 도움을
받아 증조부의 야은서실(野隱書室)에 가서 공부하기로 하고 경주 사라리
로 내려왔다. 경주, 영천, 포항, 울산, 언양 일대는 경주 이씨(李氏) 중 판
전공파가 가장 많이 사는 곳이다.

사라리(舍羅里)

 아버님께서 태어나신 경주(慶州) 서면(西面) 사라리(舍羅里)라는 지명에
대해 몇 자 적어 보고자 한다.

 신라의 국명은 인도의 사위국에서 사위성, 서라벌, 서벌, 사로, 사라,
신라로 변했고, 경주는 서월, 서울에서 변해왔고, 현재의 서울도 경주
서울에서 온 것이라 한다.

 그렇게 보면 신라의 처음 국명은 사로(舍盧), 사라(舍羅)였다고 생각된
다. 그렇게 보면 신라를 일으킨 가장 강력한 세력의 중심지는 사라, 운
대(雲臺) 두 동네가 있는 서면, 건천 일대의 넓은 터였다고 생각된다. 그
다음 이동한 왕성(王城)이 모량(毛良), 광명(光明), 서악(西岳) 일대가 아닌
가 싶다. 그래서 법흥왕, 진흥왕, 진지왕, 진평왕과 왕비의 무덤까지 모

두 이곳에 있고 『삼국사기』에 법흥왕비, 진흥왕비, 진지왕비, 진평왕비가 모량리 사람이라고 했다. 왕과 왕비의 무덤이 모두 이들 지역에 있고 중악(中岳), 오봉산의 부산성(富山城) 궁(宮)과 성(城), 건천의 작산성 등이 모두 신라 방어의 중요 요충지가 되고 중악(中岳) 단석산(斷石山)은 하늘의 도솔천(兜率天), 지족천(知足天), 불국건설, 신선사상과 미륵불의 불국건설의 신앙이 인도의 정반국과 비교되는 인간 세상의 성지로 신라국의 현세 불국건설, 세계일화(世界一花)의 꿈을 키운 곳으로 생각된다.

영천의 금강산성, 보현산, 팔공산이 모두 신라인의 불국건설의 큰 그림 속에 있었던 것으로 보인다.

공동묘지(共同墓地)에서 기거(起居)

나에게 고조부 되시는 야은(野隱) 할아버지의 재실이 공부하기 좋을 것으로 생각하여 천리 길을 멀다않고 양구에서 경주 사라리 숙부님 댁까지 내려와서 사법시험 준비를 했다.

그러나 이 시기는 5.16군사정변 직후라 아침 7시부터 저녁 6시까지 마을 전체는 스피커의 고성으로 '새벽종이 울린다. 새아침이 밝았다' 는 재건국민운동 새마을운동의 노래가 잠시도 멈추지 않고 울려 퍼졌다. 나는 이때 신경쇠약에 접어들고 있었기 때문에 이 스피커에서 나오는 고성방가를 견뎌내기가 어려웠다. 그래서 공부방을 마을 뒷산 공동묘지 옆 복숭아밭에 있는 움막으로 옮겼다. 복숭아 철이 막 끝난 터라 여기에서 공부를 하면 마을의 스피커 소리가 들리지 않아 좋았다.

아침저녁은 집에 와서 밥을 먹고 점심은 큰어머님이 가지고 오시겠다고 하여 그렇게 하도록 하였다. 그러나 마을 공동묘지 옆에서 밤에 잠까지 자면서 공부한다는 것은 담력의 문제가 첫 번째 시험대다.

첫날밤을 이곳에서 보내보니 제일 먼저 찾아오는 손님이 여우였다. 출입문 5m 전방에 앉아 여우의 냄새와 기운을 보내니 바로 알 수 있었다. '내가 너의 영역을 침범했지만 나의 공부를 위하여 너의 자비를 부탁한다. 나의 처지를 이해하고 도와다오.'

　다음은 공동묘지라 여러 영가, 혼, 귀신들이 몰려들어 이곳은 공부하기에는 나쁜 기운이 많은 곳이니 며칠 못 버틸 것이라 하는 듯했다. 나는 귀신들이 싫어하고 두려워할 것으로 생각되는 예수와 링컨의 사진을 책상 한가운데에 걸고, 책상 옆에는 낫 두 자루, 부엌칼 한 자루, 듬직한 막대기 하나, 곡괭이와 삽 한 자루씩 걸쳐두었다. 이 정도면 귀신이나 짐승의 방어에 충분할 것 같았다. 귀신들에게 말했다. '현재 나의 처지는 너희들 귀신의 처지보다 못하다. 너희들은 가만히 있는 것이 나를 도와주는 것이다.' '점심 먹고 남는 밥이 있으면 너희들에게도 적지만 골고루 나누어 줄 테니 내가 공부하는데 방해치 말아 달라.'고 마음속으로 부탁했다.

　이곳에서 두 달을 공부하고 남은 세 달은 완전한 방실로 지어진 이웃 과수원 안에 방 한 칸을 얻어 시험 준비를 마쳤다.

　나는 공동묘지에서 공부를 하면서 공동묘지나 지기(地氣)가 좋지 않은 나쁜 곳을 생활 근거지로 하거나 함부로 기거하는 것은 좋지 않다는 것을 체험으로 확인했다.

　내가 타고난 기(氣)는 사람, 귀신, 동물, 정령(精靈)의 기(氣)를 누를 수 있고 도움을 받을 수 있는 힘이 있다는 것을 체험을 통해서 경험하기도 했다.

과객(過客)이 "이 집에 서기(瑞氣)가 비친다고"

이 이야기는 내가 직접 들은 이야기가 아니고 큰어머님으로부터 전해 들은 이야기이다.

하루는 점심을 먹기 위해 집에 왔더니 큰 어머님이 큰 비밀 이야기라도 할 듯 나를 옆에 앉히고 오늘 칠십이 넘은 과객(過客)이 우리 단칸집에 와서 마을 입구에서 보니 이 안 어느 집에 서기(瑞氣)가 비치고 있어 서기를 따라 오다보니 이 집에 도착하였다고 했다. 아주머니 아들이 무엇을 하느냐고 묻기에 단명으로 먼저 보내고 노인 둘이 산다고 하니 고개를 갸우뚱하고 갔는데, 내가 생각해 보니 네가 여기에 와 있어서 그런 것 같다고 하고, 이번 시험에 합격할 모양이라고 하셨다.

사람 마음은 간사한 법이다. 나는 속으로 이번 시험에는 합격할 것이라 생각했다. 그러나 시험을 치르기 위해 서울에 갈 짐을 다 꾸린 다음 아화역까지 갈 1톤 트럭을 기다리던 중 너불대 한 마리가 어슬렁어슬렁 기어 와서 내가 잠자던 부엌아궁이로 들어가는 것을 보고 시험은 또 틀렸구나 생각되었다.

서기가 비친다는 서징과 너불대가 내가 잠자던 방 부엌으로 기어들어 가는 서징의 해석은 다른 것이 분명하다. 그러나 두 서징은 별개의 서징으로 해석할 수도 있다. 서징이 왜 이렇게 뒤죽박죽인가?

경주 황오동 이모님댁

 고시(考試) 준비를 하면서 경주 서면 사라리에서 세 번째로 경주 황오리 이모님 댁으로 옮겨 공부할 때 이야기를 적어 본다.

 어머님 네 자매 중 어머님이 맏이였고, 황오동 이모님이 막내였다. 막내 이모님의 첫째 아들은 나의 바로 위 형과 경주중학교 동기이고, 둘째는 나와 경주고 동기인 황억근(黃億根)이다.

 내가 경주고에 들어간 것도 다 이모님 덕이었다. 어느 날인가 경주에 놀러갔더니 이모님이 그렇게 놀지 말고 경주고등학교에 시험이나 한번 쳐보라고 적극 권하셨다. 그래서 경주고등학교 입학원서를 한 장 받아 학교에 가서 입학서류를 만들어 시험에 합격했던 것이다. 그 뿐이 아니었다. 이모님은 나를 데리고 큰형님을 찾아가서 "다른 사람은 시험에 떨어져 많은 돈을 주고 입학시키는데, 앞으로의 문제는 생각하지 말고 등록마감일이 하루밖에 남지 않았으니 입학금을 빨리 마련해 주라."고 적극 권유하여 결국 경주고에 입학하게 된 것이다.

 막내 이모님 댁에는 외사촌. 이종사촌들이 모두 내 집 드나들 듯 했다. 이모님은 초등학교 때부터 나의 옷을 모두 만들어 주셨다. 이모님은 독실한 불자(佛子)다. 이모님 댁에서 몇 달 머무는 동안 이모님 댁에 소장되어 있던 불교와 관련된 서적, 특히 원효(元曉) 스님에 관한 모든 서적을 읽었다.

황오동 이모님 댁에 머물 때 새벽 두세 시에 일어나 2㎞가 조금 더 되는 안압지까지 밤거리를 지팡이 하나 짚고 담력을 시험했다.

일체무애인 일도출생사(一切無碍人 一道出生死)

'일체에 걸림 없는 사람이라야 생사(生死)를 벗어난 사람이라 할 수 있다.'고 외치면서 인적이 끊어진 안압지, 반월성 밤거리를 혼자서 헤맸다. 안압지와 반월성 거리는 역사가 묻어나는 달밤의 정취가 있는 낭만의 거리만은 아니다. 생사를 방황하는 영혼, 불보살, 원효(元曉), 무애도인(無碍道人)이 거닐던 밤거리는 무서움과 호방함이 함께 한다.

생사를 초월한 무애도인(無碍道人)이 되겠다고 서원(誓願)을 세우기도 했지만 안압지와 반월성의 밤거리는 무섭고, 무애인의 경지는 멀고도 아득했다.

사법시험 준비하다 도인(道人), 무애인(無碍人), 불보살이 되겠다고 인적 끊어진 새벽에 지팡이 하나 짚고 무서움과 싸우면서 어디서 공격할지 모르는 모습 없는 밤 귀신을 항복받겠다고 안압지와 반월성 밤거리를 걸어 다녔다. 도인(道人)과 광자(狂者)는 종이 한 장 차이라고나 할까?

일체는 공(空), 일체는 무(無)

천년 역사의 한(恨)을 품은 밤 귀신의 기(氣)가 이기는지 일체무애인(一切無碍人) 일도출생사(一到出生死)하려는 부처님의 제자의 기(氣)가 이기는지 해보자.

천년의 한을 품은 밤귀신아! 일체는 공(空)이다. 일체는 무(無)다. 색수상행식(色受想行識) 오온(五蘊)은 공(空)이다. 무(無)다. 불(佛)이다 하면서 밤거리를 거닐었다.

극도의 신경쇠약

이때 나의 신체조건은 마음 하나에 끌려 다니는 나무토막과 같았고, 신경은 극도로 예민하여 하루 종일 누워서 염불을 하거나 대승기신론 같은 책을 즐겨 보면서 법서를 읽었다. 이때의 나는 고시지상주의자(高試至上主義者)는 아니었다. 오히려 부처님 제자로서 눈을 뜨기 시작했다. 이때부터 나는 홍복(鴻福)의 길에서 청복(清福)의 길, 곧 불제자의 길로 들어서고 있었던 것이다. 건강에 문제가 있다고 생각했다. 앉아서 버틸 수 있는 시간이 하루 1시간을 넘지 못했고 그 이상 버티려고 하면 온 몸에 신경의 물결이 파도쳤다.

병원을 찾아 진단을 받았더니 치료와 요양을 해야 한다고 했고 극도의 신경쇠약으로 폐인이 될 수도 있다고 했다. 원장이 나의 팔다리에 다섯 손톱으로 약하게 긁어보였는데, 팔다리와 온 몸의 신경이 노한 듯 벌겋게 달아올랐다.

나는 이때 옆에서 일어나는 조그마한 소리, 행동에도 민감한 반응이 일어났다. 병원에서 치료를 받을 처지가 못 되는 나로서는 마음 다스리는 자가 치료를 할 수밖에 없었다.

'일체는 없는 것이다. 일체는 텅 빈 것이다. 오온(五蘊)은 마음이 만들어 놓은 허상이다. 나에게는 마음도 신경도 원래 없는 것이다. 신경쇠약도 없는 것이다.'고 마음속으로 되뇌었다.

"관세음보살, 관세음보살, 대자대비 관세음보살, 감로(甘露)의 큰 가피를 내리소서!"

관세음보살 주력기도가 이때부터 나를 떠나지 않았다. 빌고 또 빌었다.

창령 화왕산 하河고향 댁

둘째 형님이 군에 의병제대 후 쉬다가 재건국민운동 행정요원 시험에 합격해서 창녕군청에 근무하게 되었다. 형님께서 창녕에 내려와서 시험 준비를 하라고 했다.

창녕에서 머물 방을 구하던 중이었다. 우연히 멋진 집을 구경하다가 만석꾼의 집을 제일모직 성상영(成尙永) 사장이 사들여 옛날보다 더 훌륭하게 요새 말로 리모델링했는데 별채에 사는 관리인을 제외하고는 아무도 거처하지 않은 빈집이라는 사실을 알게 되었다.

관리인을 찾아 "고시준비를 하는 사람인데 다음 시험 때까지 공부방을 하나 줄 수 없겠느냐?"라고 했더니, 관리인이 서울에 있는 제일모직 사장 집에 전화를 해주었다. 통화 후에 관리인이 말하기를, "이 집의 주인이신 제일모직 사장 아버님의 방을 사용해도 좋다는 허락을 해주셨다."는 것이다.

그 넓은 저택의 많고 많은 방 중에서 주인의 방을 사용하라고 한다니 고맙기도 하고 무슨 사연이 있는 것 같기도 했다. 그러나 나는 그러한 사정을 따질 처지가 아니라서 그날로 형님의 도움을 받아 짐을 옮기고 시험 준비에 들어갔다.

말발굽소리와 괴성(怪聲)

첫날 밤 8시 30분경 잠자리에 들자 멀리서 말발굽소리 같은 뚜벅뚜벅 일정한 간격으로 점차 나의 방 쪽으로 통로 천장을 밟고 사람의 혼(魂)을 빼려는 괴물이 걸어오는 소리가 들렸다.

30분이 지나자 내가 누워있는 방의 천장 위에 도착했다. 그리고는 발걸음 소리가 멈추고 조용해졌다. 나로서는 물러설 수 없고, 귀신이든 짐승이든 천장으로 가려진 이상 나의 영역을 침해하면 불법(佛法)으로 겁주고, 자기의 영역임을 주장하는 짐승이든 귀신이든 호통쳐서 쫓아낼 수밖에 없다고 생각했다. 방에 소등을 하지 않은 상태였기 때문에 긴 빗자루가 든든하게 보여 의자를 놓고 올라서서 빗자루의 자루 부분으로 천장을 힘껏 두드렸다.

"귀신이든, 짐승이든 사람이 가장 존귀하며 이 방은 존귀한 사람이 거처하므로 당연히 잘 지낼 수 있도록 도와줘야 하거늘, 너는 요망하게 가장 존귀한 사람을 겁주어 쫓아내려고 하는구나. 앞으로 더 수명을 보전하려거든 조용히 살아야 할 것이다. 어서 이곳을 떠나라."고 호통을 쳤다.

그랬더니 발톱으로 천장을 요란하게 긁으면서 앙탈을 부리기에 더욱 더 세게 천장을 두드리고 호통을 쳤더니 조용해지고 온 곳으로 돌아가는 것으로 느껴졌다.

이 날 이후 괴물은 다시 나타나지 않았다. 나는 이 일 이후 귀신이나 천년 묵은 짐승의 정령(精靈)이나 사람이 대의(大義)에 맞게 호통을 치면 항복한다는 것을 알게 되었다.

관리인에게서 이 집이 빈 이유를 나중에 듣게 되었다. 이 별장을 다 수리한 후 제일모직 사장의 아버지 성종호(成宗鎬) 대인이 몇 번이나 이

별장 방에서 잠을 자려고 했으나 결국 자지 못해서 집을 비워두고 있었다는 것이다.

어느 날 아버지 성종호(成宗鎬) 대인과 아들 성상영(成尙永) 사장 두 분이 함께 오셨는데, 노인이 아들에게 "이 젊은이는 보통사람이 아니다. 내가 몇 번 이 집에서 자보려고 했으나 하루도 잠을 잘 수가 없었는데, 이 청년은 아무런 일 없이 잠자고 공부하고 있다."고 말하는 것을 들었다.

화왕산(火旺山) 정상에 올라 소리 내어 울다.

사법시험 공부를 시작할 때 3년을 기약했는데 마지막 시험이 다음 시험이었다.

나는 공부를 하는 방법이 모든 과목을 축약한 노트정리를 하고 출제될 만한 제목을 과목당 20여 항목을 정해 모범답안을 만들고 시험 치르기 3개월 전에 1차 정리를 완료하고, 1개월 전에 2차 암기, 이해, 모범답안 정리를 완성하고 7~10일 전에 3차 정리를 완성하고, 최종정리로 3~5일 전에 4차 정리를 완성하여 시험에 임했다. 그런데 3차 정리를 앞두고 머리가 잠기기 시작하더니, 4차 정리 때는 한 글자도 읽고 이해하고 암기할 수 없을 정도가 되었다. 머리가 자물통에 채워져 열리지 않는 것이었다.

시험을 치르기 위해 올라가기 3일 앞두고 오후 2시경 화왕산(火旺山) 정상에 올라 대성통곡을 했다. '시험을 치르기 위해 서울에서 내려온 후 나라와 국민을 위해 뼈를 깎는 노력을 하겠다는 일념으로 시험 준비를 해왔는데, 하늘은 무심하게도 나의 앞길을 가로 막고 있습니다. 이번 시험에 합격하게 해 주시고 못난 저의 앞길을 열어 주십시오.' 라고 하늘과 화왕산 산신에게 간절하게 빌고 하산(下山)했다.

겨울의 화왕산 정상은 갈대밭으로 장관을 이루었다. 내가 공부하는 별장에서 2km되는 곳에 대성사(大成寺)라는 오래 된 암자가 있어서 몇 번 기도를 올린 적이 있는데, 이날도 시험을 잘 치르게 해달라고 부처님께 108배 기도를 올렸다.

그러나 시험을 치르는 동안 머리는 꽉 잠겨서 풀리지 않았고 결과는 3년의 기약을 허무하게 무너뜨렸다.

80세 넘은 노인과의 기연

음력 이월 초하루 보자기에 쑥떡을 해서 찾아온 노인이 있었다.

지난해 초가을 흰 수염을 가슴 아래로 내려뜨려 산신과 같은 자비와 위엄을 느끼게 하는 팔십 넘은 노인 한 분이 이 별장이 잘 가꾸어졌다고 해서 구경하러 왔다고 하셔서 집을 한 바퀴 둘러보면서 친절하게 안내한 적이 있었다. 산신 풍모로 잘생기고 키 큰 노인이 이날 다시 찾아왔다. 날씨가 추워서 방안으로 모셨다. 지난 번 왔을 때 나에게 고마움을 느꼈고, 객지생활은 명절이 외롭고 쓸쓸하다고 하시면서 보자기에 담아온 쑥떡과 잡곡밥을 내어 놓았다.

"군자(君子)는 무미(無味), 무취(無臭)로 먹는다오."

더운 물을 가지고 와서 노인과 함께 점심을 나누어 먹었다.

노인에게 사는 곳과 존함을 물었더니 화왕산(火旺山) 어느 계곡 마을이라고 했는데 마을 이름은 기억나지 않는다. 이름은 성병현(成炳賢)이라 했는데 지금까지 기억에 남는다.

나는 3년 기약으로 공부를 했고 지난번 시험이 기약한 3년이었는데 머리가 잠겨 최선을 다해보지 못하고 실패했다고, 날씨가 풀리면 약속한대로 서울로 돌아가서 취직해서 하늘이 정한대로 살아가려고 한다고 말했다.

노인은 "지금부터 내가 하는 말을 참고해서 멈추지 말고 계속가면 반드시 뜻한 바를 이룰 것" 이라고 했다. 마음을 어떻게 쓰느냐에 따라 성인(聖人)도 되고, 현인(賢人)도 되고, 왕도정치(王道政治)도 하고, 폐도정치(廢道政治)도 하게 된다고 했다.

노인이 그날 나에게 들려준 이야기

첫 번째 이야기는 염구(冉求)에 관한 이야기였다.

공자의 3,000명 제자들 가운데 재주는 염구(冉求)가 가장 뛰어났다. 하루는 그가 스승에게 말씀드리기를, "소생의 공부가 이만하면 천하를 다스려볼 만하지 않겠습니까?" 하니, 공자가 말하기를 "너의 학문은 거기서 끝났다." 고 했다. 과연 뒷날 염구는 그 뛰어난 재주에도 불구하고 도와 덕을 이루지 못했고, 열두 제자의 반열에도 오르지 못했다. 정치는 왕도정치(王道政治)가 아닌 패도정치(覇道政治)를 펴는 데에 그쳤다.

두 번째 이야기는 물은 근원에서 막는다는 이야기[防水根源]였다.

옛날에 두 형제가 살고 있었는데, 형은 농사를 짓고 아우는 학문을 하였다. 형이 나들이를 떠난 뒤 큰 비가 내려 아우가 들에 나가 보았더니 방천둑에 구멍이 뚫려서 터질 위험에 처해 있었다. 그는 그 구멍을 막으려고 물이 흘러나오는 바깥쪽을 흙으로 막고 또 막곤 하였다. 그러나 물구멍만 점점 더커졌다. 이때 형이 돌아와서 아우가 둑 구멍 막는 현장을 지켜보았다. 형이 아우에게 묻기를 "책에서 터진 물을 어떻게 막아야 한다고 하였더냐?" 하고 물었다. 아우가 대답하기를 "물은 근원에서 막아야 한다[防水根源]고 했습니다."라고 말하였다.

　동생의 말을 들은 형이 흙을 한 삽 떠 둑의 안쪽에서 구멍을 막으니 물이 새지 아니하였다.

　세상이 다 아는 큰 재주꾼, 세도가도 이 무변광대한 우주 가운데에 지구의 한 평 남짓한 생활공간을 점령하고, 처음도 끝도 없는 영겁(永劫)의 시간 속에서 오래 살아야 100년이다. 그러나 깨달은 사람 · 현인 · 대인은 우주를 내 몸으로 생각하고, 국민을 형제처럼 알고, 진리와 자비와 어짐과 의로움을 실천하고 자신을 믿는다.

50세 전후의 청수(淸秀)한 여인의 예언

　학교에 다닐 때는 점을 친다든가 운명에 대한 이야기를 한다는 것은 상식 밖의 일이었다. 한 시간에 50㎞ 달리는 차, 70㎞ 달리는 차, 120㎞ 달리는 차는 출발점에서는 큰 차이가 없으나 1년, 2년, 5년, 10년이 지나면 엄청난 차이가 난다.

　나는 쉬지 않고 달리는 차로서 지도자의 덕목과 지혜를 갖추겠다는 생각으로 스스로를 채찍질했다. 공부에 들어가기 전에 마음의 샘터, 채근담, 유태인이 즐겨 읽는 탈무드를 두세 쪽 읽는 것을 습관화했다.

　이 같이 자신을 채찍질하고 공부했으나 당초 형님과 기약한 3년의 세월이 흘렀고, 시험은 1차는 두 번 합격했으나 2차는 세 번 낙방하여 고배를 마셨다. 군(軍) 복무도 마치지 않아 취직도 어려웠다.

　이런저런 생각으로 노인이 쑥떡을 가지고 와서 함께 점심을 먹은 일주일 뒤쯤 앞길에 대한 깊은 번민을 하는데, 형님이 사시는 주인댁 막내아들이 "아랫방 아주머니가 아저씨 집에 모시고 오라고 그래요."라고 하면서 데리러 왔다. 형수가 오라니 급한 일로 생각하고 형님 집에

갔다.

방에 들어가니 백학처럼 곱고 단정한 50대의 중년 여인이 앉아있었고 형수는 그 여인을 소개했다. 한 달에 한 번씩 외출을 하여 급한 사람을 구해주시는 분이라며, 오늘은 이곳 창녕에 왔는데 형수가 시동생의 앞날을 한번 봐달라고 졸라서 기다리는 중이라는 것이다.

"삼촌이 그렇게 열심히 공부해도 시험에 합격하지 못하니 무슨 마장이 있는지 한번 알아봅시다." 했다.

참으로 딱한 처지가 되었다. 군자(君子)가 앞길을 두고 점을 친다는 것은 지극히 온당치 못한 것으로 생각되었다. 그러나 어머니와 같이 나를 돌봐주는 형수가 말하니 거절할 수 없었다.

그래서 "과거에 급제할지 한 번 보아 주세요." 했다.

밥상 위에 정한수 한 그릇, 쌀 한주먹이 놓였고 쌀을 만지작거리던 여인의 첫마디가 "남이 하는 일을 나라고 못할소냐, 평생을 두고 맺혔다. 이제 하늘 문이 모두 열렸다. 고향으로도 가지 말고 친척 형제 집도 가지 말고 지금 머무르고 있는 형님 집을 떠나라."고 말했다.

하늘 문이 열렸으니 지금 하늘이 인도하는 길로 떠나면 모든 일이 열린다는 것이다. 연필과 글 쓰는 종이가 가득하니 공부를 많이 하고 글도 많이 쓸 것 같다고도 했다.

참 이상한 노릇이다. 어제 경주 건천에서 약방을 하는 이모님 막내아들이 편지를 보냈는데, 이곳 단석산 신선사에 1년 동안 고시합격자가 네 명이나 나왔는데 형님도 단석산 신선사에 와서 공부해보지 않겠느냐는 내용의 편지였다.

저녁에 퇴근한 형님과 형수가 의논하더니, 내일 당장 단석산 신선사로 공부방을 옮기자고 했다. 결론을 내리기에 앞서 그래도 절에 공부할 방은 있는지, 방을 줄 수는 있는지 알아보고 가는 것이 옳지 않겠느냐고 형님이 말했으나, 만약 그 점을 치는 중년 여인이 용하다면 가면 모든 일이 되도록 되어 있는 것이 맞으니 허락을 받을 것 없이 내일 아침 일찍 출발해보자고 내가 형님께 말했다. 경주 서면 사라리에 사는 종형님에게 내일 건천에 12시경에 도착한다고 알렸다.

난지난사(難之亂事)라 했던가. 사람의 일은 알 수 없다더니 점치는 사람의 말에 따라 다음날 절의 승낙도 없이 찾아갔다. 운명의 여신은 한 젊은이의 마음을 이렇게 쉽게 빼앗았다. 참으로 사람은 간사하고 믿을 바 못 된다는 말이 맞는가.

다음날 일찍 출발하여 오후 2시경 절에 도착했다. 마침 전날이 4월 초파일 부처님 오신 날이라 봉축행사를 마치고 모두 하산(下山)하고 공부하는 방 두 개가 비어 있었다. 공부방은 쉽게 얻을 수 있었고, 하늘 문이 열렸다더니 부처님이 인도하심인가, 좋은 징조라 생각되었다.

단석산 석굴법당에서 48일 기도

우징골(雨徵谷) 마을 위 계곡 다리를 건너니 단석산 정상이 눈에 들어왔다. 정상에는 산의 기운이 서기(瑞氣)로 가득 차 있고 청룡 백호의 기운이 병풍처럼 감싸 나의 입산(入山)을 환영하는 것 같았다.

단석산으로 인도받기까지는 전생의 인(因)인지 금생의 연(緣)인지 조상님의 돌봄인지 전생에 맺어 놓은 자신의 인(因)인지 알 수 없다.

단석산에는 통일을 발원해 세운 마애삼존불(국보 199호)이 있는 신선사가 있고, 방내(房內) 마을 쪽에 신라시대 대찰(大刹)이었던 월생산(月生山) 대흥사(大興寺)가 있었으나 근세에 저수지를 만들면서 수몰되었다.

그다음은 김유신 장군의 신검(神劍)으로 단석한 하늘고입 바위 근처에 천주암(天柱庵)이라는 사격(寺格)을 갖춘 절이 있는데, 처음에 조계종 사찰이던 것이 근년(近年)에 관음종 사찰로 바뀌었다.

신선사 들어가는 넓은 계곡에는 일만여 평의 사찰 부지를 확보하여 신선사까지 넓게 도로를 개설하고 '아름답고 향기롭게 오덕선원' 이라는 사명(寺名)으로 새로이 대찰(大刹) 규모의 문화재 사찰로 지정받을 준비를 하고 있다.

2000년 경진년 사찰 창건할 때부터 수행과 자립자족(自立自足), 신라인의 정신, 사상, 불교관을 계승하는 사찰을 세우고자 오가피. 헛개나무, 땅두릅을 재배했고, 2020년 봄부터는 산삼 밭을 만들기 위해 1,000여 평 산에 산삼재배단지를 만들었고, 가을에 500평 산에 산삼 밭을 넓힐 계획을 세우고 있다.

통일신라 김유신이 내려친 검에 의해 갈라졌다는 단석바위

48일간의 기도 중에 증험證驗한
이적異跡과 불가사의

용마(龍馬)의 등에 올라 탄 달의 황금빛 위용(威勇)

사찰에서 공부하기 시작한 날로부터 다음시험 날까지는 50일이 남았다. 이곳에 머무를 수 있는 날은 48일이다. 48일간 미륵불 마애삼존불께 기도하겠다고 결심하고 저녁 잠자리는 8시, 아침 기상은 새벽 2시 평소에 하던 대로 정했다.

새벽 2시에 일어나 가볍게 몸을 씻고 세수를 하고 단석산 새벽 정경과 하늘을 쳐다보니 맑고 깊고 그윽하여 한 폭의 선경(仙境)이다. 신선의 상주처(常住處)로 느껴졌고 하늘을 쳐다보니 초열흘 달이 붉은 광명을 뿜어내는 용마(龍馬)가 하늘을 가로 질러 날려는 모습으로 보였다.

어제 낮에 이 산을 오를 때 산 정상에 황금빛 서운(瑞雲)이 감싸더니 그 구름이 붉은 광명을 뿜어내듯 하늘을 가로지르려는 용마(龍馬)의 모습으로 변한 것으로 보였다.

이 현상은 4월 18일 지장재일까지 내내, 구름으로 하늘이 덮인 날이나 비오는 날에도 변함없이 붉은 광명을 뿜어내는 황금빛 용마가 하늘 한가운데서 달을 등에 태우고 달리려는 모습 그대로였다.

달을 등허리에 싣고, 붉은 광채를 뿜으면서 하늘을 가로질러 날려는

황금빛 용마(龍馬)의 서운이 지금도 눈앞에 선하다.

지장재일 대호(大虎)의 포효(咆哮)

믿으려야 믿어지지 않은 자연이 만든 대서사시

새벽 2시 1㎞가 넘는 수림과 높고 깊은 산 정상 700m에서 자연석굴 마애불상 미륵삼존불상 앞에서의 기도는 무서움이 가슴을 파고들고 놀란 새들의 푸드덕 푸드덕 나는 소리도 심장을 멈추게 한다.

깊은 산 노천(露天)에서 어둠을 뚫고 나무숲을 뚫고 다니면서 하는 기도는 생명 자체를 바치는 기도라 생각되었다. 경주 서면 사라리 마을 뒷산 공동묘지에서 공부하던 생활은 야산과 깊은 산의 경계차이로써 담력의 시험이 다르다.

창녕 하(河)고향 댁 만석꾼의 저택에서 귀신
인지 영매인지 알 수 없는 영체와의 싸움에서
도 느낄 수 없는 무서움이었다.

9일째 되는 날 저녁 8시 잠자리에 들기 전에
소변을 보고 무심히 건너편 산등성이를 바라보
았다. 그 순간 푸른빛을 땅에 뚝뚝 흘리면서 큰
호랑이가 내가 공부하고 있는 방쪽으로 오는 듯
했다.

얼른 방으로 들어왔다. 이 산에 아직도 호랑
이가 있는가, 호랑이가 사람을 해칠까 생각하
면서 잠이 들었다. 다음날 새벽 2시에 일어나
기도하러 나가려니 어제 밤에 본 호랑이의 푸
른 불줄기가 마음에 걸렸다. 그렇다고 시작한
기도를 중단할 수도 없었다.

기도하러 가는 길 중간에 있는 옹달샘에서 가
볍게 목욕하고 바위 위에 벗어둔 옷을 입고 바위 건너편을 바라보는데,
대호(大虎)가 바위 옆에 웅크리고 앉아 푸른 불빛을 뚝뚝 흘리고 있었다.

혼비백산했다.

방으로 달려간다 해도 죽겠고, 마애석굴로 기도하러 간다 해도 죽음
을 면할 수 없다고 생각되었다. 순간 관세음보살 염불을 계속하고 기도
를 이어가야한다고 마음으로 다짐했다. 옛날부터 호랑이는 산중(山中)에
사는 스님을 지켜주는 산신(山神)이라 하지 않았나.

나무아미타불, 관세음보살을 무념(無念), 무상(無想), 무심(無心)의 경지
에서 염불(念佛)하면서 마애석굴 쪽을 향해 발걸음을 재촉했다. 석굴 앞

에 도착하자 부처님이 나를 살리고, 산신(山神)이 나를 살렸다. 나는 이
깊은 산의 기도에서 살았다고 생각되었다.

　석굴 입구에서 길 아래를 내려다보니 대호(大虎)가 먼저 와서 웅크리
고 앉아 있었다.

　부처님 감사합니다.
　관세음보살님 감사합니다.
　단석산 산신님 감사합니다.

오체투지의 큰절이 누구의 가르침 없이 절로 되었다. 이 시대에 꼭 필요한 사람, 가난한 사람을 위해서 최선을 다하고 통일을 위해서 최선을 다하는 사람으로 살겠다고 기도했다.

기도를 마치고 마애석굴 입구 바위 위에 서서 하늘을 바라보니 4월 18일 지장재일의 달빛은 유난히 둥글고 밝았다. 산 정상에서는 부엉이가 부엉부엉 울고 마애불상 법당 입구에는 대호(大虎)가 숫 송아지 울음소리로 대지(大地)를 포효하는 장엄한 대서사시가 펼쳐졌다.

대자연이 펼치는 화음(和音)의 극치 속에 내가 그 가운데 서 있다는 그 환희, 꿈(夢)인지 생시인지 알 수 없는 무념(無念)의 경지(境地).

더 가질 것이 없고, 더 바랄 것이 없고, 더 버려야 할 것도, 비워야 할 것도 없고, 놓을 것도 없다. 이 자리가 마음이 만들어 놓은 환상(歡想), 묘연(妙然)의 극치(極致)라 할 것이다.

　　하늘은 낮고, 땅은 높다
　　물은 뜨겁게 타 오르고
　　불은 시원스럽게 흘러내린다.
　　믿음은 삼라만상이 산산조각이 난 것이고
　　깨달음은 나도 없고, 너도 없고, 너도 있고, 나도 있다.
　　얼씨구 절씨구 태양이 나이고 내가 태양이로다.

관세음보살(觀世音菩薩)님의 가피(加被)

점심을 먹은 뒤 절에 계신 노(老)보살님께 이 산이 깊고 높고 영험한 산인가 싶습니다. 근간에는 전국 산에 호랑이가 있다는 소리를 듣지 못했는데 어제 저녁에 대호(大虎)가 나타나 사람을 해치지 않고 기도에 힘을 얻은 기이한 현상을 이야기했다. 이 이야기가 바로 건천 무산중고등학교 재단이사장이면서 목재소를 경영하는 손경발 사장 집에 전해졌는지, 다음날 경북고에 다니는 사장 아들과 친구, 여자 친구 둘해서 네 사람이 올라와서 내가 공부하는 옆방에 며칠 머문다고 했다.

한창 나이의 젊은 남녀학생이 옆방에 머문다는 것은 나를 공부 할 수 없게 만들었다. 극도로 신경이 예민하고 도덕적으로 엄격한 생활을 하는 나로서는 공부를 할 수 없는 상황이었다.

다음날 아침 먹고 보살님을 찾아 50일 기도도 하고 시험 준비도 하려고 올라왔는데 도저히 더 이상 머물 수 없어 떠나야겠다고 말했다. 보살님이 한참 생각하더니 지금 산신각은 창고처럼 연등을 보관하여 문을 잠궈두었는데 그곳을 비워줄 테니 산신각에서 시험 준비를 하라고 했다.

그래서 산신각을 깨끗이 비워 그곳에서 새로운 각오로 공부를 했다. 산신탱화는 그대로 보관해서 모셔진 대로였다. 노(老)보살이 산신각을 폐방(閉房)시킨 연유(緣由)에 대해 다음과 같이 이야기했다.

언제부터인지는 알 수 없으나 단석산에는 산신각을 모셔서는 안 된다는 구전(口傳)이 내려왔다고 한다. 그런데 사업을 하는 한 처사가 이 구전을 믿지 않고 단석산 신선사에 산신각을 혼자서 불사했다고 한다. 산신각 상량식을 올리던 오후 늦은 시간에 아무 일 없던 청명한 날에 갑자기 비바람과 천둥, 벼락이 함께 몰아치더니, 벼락이 새로 지은 산신각을 부숴버렸다고 한다.

참으로 기이한 현상이었다. 시주자는 산신각의 위치를 잘못 선정했거나 정성이 부족해서 그런 것이라 생각하고 10m 더 높은 위쪽에 다시 산신각을 모셨다. 산신각을 지은 집의 모자(母子)가 트럭을 몰고 외출했는데 교통사고를 일으켜 어머니는 돌아가시고 아들은 큰 부상을 입었다고 한다. 이 일로 그때부터 지금까지 산신각을 폐문하여 산신각으로 사용하지 않은 빈집이라 했다.

이 이야기를 어떻게 받아들여야 할까하고 잠시 생각은 했으나 나와는 아무런 관계없는 일이라고 여겼다. 그저 50여 일 다음 시험기간까지 부처님과 산신에게 사용할 수 있도록 승낙해 주십사 삼배 올리고 시험 준비를 계속했다. 그러나 산신각으로 옮긴 다음날부터 이상한 현상이 일어났다.

책상 앞 양쪽 벽에 몸체는 연녹색이고 검고 붉은 무늬를 띤 대의신선(大醫神仙)으로 느껴지는 두 마리의 큰 나비가 나의 왼쪽 귓밥 위쪽에 두뇌와 연결시켜 두뇌치료를 한다고 느껴졌다. 지난해 사법시험 치르기 5일 전부터 큰 자물통으로 머리를 채운 듯 폐쇄하여 정상적인 사용이 어려운 두뇌를 치유하는 것으로 느껴진 것이다.

끊임없이 외부로부터의 기운이 뇌로 전달되었고 이 연결 기운은 언제나 의식할 수 있었다. 이 치료로 생각의 정리가 명확해졌고, 옛날 나의 뇌보다 훌륭하게 치유되었고, 이 일 이후로 머리가 아픈 적이 없었다.

단석산이 나에게 준 크나큰 첫 번째 선물은 부처님이 천상(天上)의 대의대사(大醫大師)를 보내시어 폐인이 된 나의 두뇌를 고쳐주시고 과로, 스트레스를 받으면 몸에 물결처럼 흐르던 신경을 완치시킨 크나큰 가피를 주셨던 것이다. 10여일에 걸쳐 뇌 치료를 해 주었다고 생각되어 삼보(三寶)님께 항상 감사를 드린다.

중생계(衆生界)와 색계, 무색계는 둘이 아니다.

단석산에 들어와 부처님의 큰 가피로 폐인이 된 몸이 모두 치유되었다. 치료된 며칠 뒤 취침 전 8시경 억제할 수 없는 성욕이 일어났다. 방안에는 산신탱화가 그대로 있기에 밖에 나가 불경한 짓을 한 것이다.

산천에 있는 온갖 귀신, 천상신, 허공신, 지신, 사람의 목소리가 혼합되어 웅성거렸다.

"천지산천에 가득 찬 눈이 지켜보는 가운데 그런 불경한 짓을 해! 모습 있는 생명은 물론이고 모습 없는 생명까지 다 지켜보는 가운데 불경한 짓을 하느냐!"고 꾸짖는 소리가 온 산에 가득했다.

지금까지 내 판단은 '사람이 보고 안 보고는 사람이 있느냐, 사람이 보느냐'로 판단했는데 이번 일로 모든 일은 사람이 보고 안 보고와는 관계없이 소소영영하다는 것을 알게 되었다.

사람이 안 보는데서 더욱 바르고 정직하고 진실되게 살아야 한다는 것을 깨달았다. 사람의 살아가는 모습이 우주인으로 우주 속에서 인과를 짓고 받는 우주인이라는 것을 알게 되었다.

아무도 안 보는 어두운 밤에 한 행위가 대천세계 우주 공간에서 천지가 밝고 밝게 보는 가운데 이루어진 행위란 것을 알게 되었다.

나의 불경한 짓이 군자로서는 우주법계의 모든 살아있는 영성(靈性)에게 크게 결례를 저지른 것이었다. 무명(無明)이 저지른 중생의 어리석은 행동이다.

사방이 불바다

무명(無明)이 저지른 중생의 욕망이 불러온 부끄러운 행동을 부처님과 천지신명께 참회하기 위해 법당에 들려 참회기도를 올렸으나 어리석은 나의 참회기도에서 오는 마음의 답변은 너의 행동은 불세계(佛世界)에서는 관여할 바가 아니고 산신에게 가서 참회하라고 하는 것으로 해석되었다.

산신각인 나의 공부방으로 오는데 길에서 2m 높이의 돌계단을 지나면 30m 거리다. 산신각을 마주보는 돌계단 위에 오르자 전면에 불꽃송이가 일어나더니 앞면 전체가 불바다가 되었다. 양 옆면 동서를 바라보자 삼면이 모두 불바다로 덮였다. 불에 태워져 죽는 것인가 하고 생각하는 순간 뜨겁지 않은 불이라 타서 죽지는 않겠다는 생각이 들면서, 앞길을 분간하지 못하고 기어서 산신각에 이르니 불은 모두 사라졌다.

살았구나! 산신께서 용서하신 것인가? 환각의 작용인가? 아니 마음이 만들어 놓은 불바다인가?

아! 인간의 한순간 마음의 묘용(妙用)이 기기묘묘하구나! 나무관세음보살!

나는 기도 중 산신각에 오르는 돌계단 앞에서 항상 두 마리의 두꺼비를 보게 되었다. 한 마리는 복스럽게 크고 황금빛이 나는 것이 잘 생겼고, 한 마리는 복을 짓지 못해 여위었고 빛깔도 밝지 못했다. 여윈 두꺼비가 나의 두꺼비로 생각되었다. 어서 복을 지어야 한다고 생각했다.

세 번 실패의 예시(例示)−풍악(風樂)소리

나는 불경한 일의 참회를 용서받는 뜻에서 이날 밤 잠자리에 드는 시간, 저녁 8시부터 아침 예불을 시작하는 새벽 2시까지 꿇어앉아 있겠다고 산신탱화와 약속했다.

그런데 꿇어앉는 것에 훈련되지 않은 나의 신체조건이라 밤 12시가 넘어서면서부터는 도저히 참아낼 수 없을 정도의 고통과 통증에 시달렸다. 밤 1시가 되자 죽었으면 죽었지 더 버틸 수 없는 지경에 이르렀다.

"못 참겠다." 하면서 다리를 앞으로 확 펴자, 법당에 온갖 풍악소리를 내는 큰 악단을 태운 차가 와서 3분여 동안 지상에서 들을 수 없는 환상적인 천상음악을 연주하더니 붕붕 소리를 내고 떠났다. 이와 같은 천상 악단의 음악연주차는 3분 시차로 세 번 떠나고 조용해졌다.

나는 앞날에 대해 스스로 약속을 해 놓고도 지키지 않았으니 앞으로 세 번 실패하리라는 것으로 받아들여졌다.

인내심이 부족한 나를 한탄해도 차는 이미 떠나버린 것이다. 자업자득(自業自得)이라 어쩔 수 없는 일이 아니냐? 새벽 2시가 되어 새벽기도를 위해 법당을 향했다.

내가 이렇게 해석한 연유는 앞선 일들이 있기 때문이다.

앞서 사법시험에 합격한 작고한 동부지검지청장을 지낸 조우현 선배와 마지막 행정고시에 합격하여 치안본부장, 내무부장관을 지낸 유흥수 의원 등이 내가 이 산에 들어오기 한 달 전에 고시준비를 했는데 두 분이 모두 합격했다. 조우현 선배가 시험 치르기 위해 서울에 올라 갈 짐을 챙기던 밤 12시경 법당 방향에서 말할 수 없는 청아한 피리 소리가 들려 노(老)보살에게 피리소리를 들어보라고 깨우니 피리 소리가 딱 그쳤다고 했다.

시험에 합격한 후 서울법대에서 자타가 인정하는 실력자인 유흥수 전 의원이 시험만 치면 떨어져서 조우현 선배가 단석산에서의 이야기를 하고 단석산에 가서 기도도 하고, 공부도 하고 시험을 한번 치러 보라고해서 내가 입산(入山)하기 한 달 전에 유흥수 의원이 한 달 동안 이 곳에서 시험공부를 하고 마지막 행정고시에 합격했던 것이다.

신선사 마애석굴 대청소로 묘한 향기 진동

나는 이 같은 엄청난 증험을 통해 누구에게 물어 볼 수도 없는 처지에 조심조심 하루하루 기도와 시험 준비를 위해 최선을 다했다. 그래서 나

단석산 신선사 마애불

는 한 가지 결론을 내렸다. 더욱 깨끗한 마음을 바친다는 의미와 주위를
더욱 맑고 깨끗하게 바친다는 의미에서 내가 공부하는 방인 산신각 안
과 밖, 마루 밑을 모두 깨끗이 대청소하는 것이었다.

그리고 오르내리는 길, 목욕터, 빨래를 하는 계곡일대를 모두 깨끗이
대청소했다. 노(老)보살이 건천장에 갈 때 부탁해두었던 창호지와 밀가

루를 푼 풀로 산신각 안쪽 벽과 문을 새로 바르자 저녁 7시경인데 산신
각에서 말할 수 없는 묘한 향기가 뿜어 나와서 사찰 경내를 향기로 가득
채웠다. 참으로 공즉시색(空卽是色) 색즉시공(色卽是空), 공(空)의 세계가
사바세계의 향기로 표현될 수 없는 또 다른 묘용(妙用)의 세계를 펼쳐 보
이는 것인가.

하늘의 별들이 손에 잡힐 듯 낮아지고,
다섯 연꽃 불덩이가 빙빙 돌다 하늘로 오르는 기이

기이(奇異)하고 기이(奇異)하다. 사바세계가 묘용(妙用)의 세계인가?

사바세계는 색(色)의 세계, 묘용(妙用)의 세계, 공(空)의 세계가 함께 한
것인가?

중생과 부처는 따로 있는 것인가? 같이 있는 것인가?

중생이 부처라는 한마음 자재묘용(自在妙用)의 세계가 맞는 것인가?

탐진치(貪瞋癡) 삼독심(三毒心)도 내 마음이요.

향기 넘치는 묘용(妙用)의 세계도 내 마음이 만드는 구나.

부처님 감사합니다.

나의 청정한 향기 넘치는 마음속에 극락을 건설하겠습니다.

공(空)과 색(色)이 모두 일심(一心)의 소작(所作)입니다.

목욕재계하고 소납의 일심(一心)을 부처님께 올리겠습니다.

하늘의 별들이 물에 씻은 듯 영롱하고 손에 잡힐 듯 낮아졌다.

기도에 앞서 길 옆 옹달샘에서 가볍게 목욕재계하고 옷을 입고 하늘
을 쳐다보니 하늘은 내가 선 자리와 같이 낮아졌고 나도 별 속에 우뚝
서고, 하늘의 모든 별은 물에 씻은 듯 영롱했다.

지혜와 덕과 용기를 달라고 최초발원 기도

한 별이 동에서 서로 길게 서서히 이동하면서 나의 별이라 생각되면서 어금니를 꽉 물고 법당 안으로 들어갔다.

"불보살님이시여!

소납(小納)의 일심(一心)에 지혜와 덕(德)과 용기를 주시어서 이 나라와 가난한 국민을 위해 일할 수 있는 일꾼이 되게 해주십시오."

간절한 기도를 올렸다.

법당 서문으로 나와서 하늘을 바라보니 한 가운데 조선 솥 크기의 불덩이와 같은 연꽃이 좌정하고, 동서남북 사방에 5개의 불덩이가 둥실둥실 떠서 오른쪽에서 왼쪽으로 시계반대 방향으로 다섯 바퀴쯤 돌더니 가운데 불덩이부터 하늘을 향해 일직선으로 올라 시야에서 사라졌다.

기이(奇異)하고 기이(奇異)하다.

뜨겁지 않은 불꽃이 사방을 불바다로 만들어 놓았고, 사방을 태우지도, 단석산을 불바다로 만들지도 않더니, 하늘 가운데 다섯 불덩이가 둥실둥실 원을 그리면서 돌다가 하늘로 올라가는 이 기현상(奇現像)!

부처님은 우리가 사는 세상은 한바탕 꿈, 전도몽상의 세계라 했고, 우리가 밤에 잠자면서 꿈을 꾸는 세계도 전도몽상, 꿈속에 꿈이 있고, 현상세계 속에 현상과 동일한 세계를 그려 놓았다.

마음의 세계가 펼쳐놓은 이 우주의 세계는 무량한 마음 그대로인가?

전도몽상의 단석산의 다섯 불덩이, 마음이 만들어 놓은 환(幻)의 세계!

다섯 불덩이, 진가중(眞假中) 진(眞)인가? 가(假)인가? 중(中)인가?

허공대계의 창조의 원리, 발전의 원리, 변화의 원리, 소멸의 언리가 연기연멸(緣起緣滅)로 이어짐을 표상으로 알림인가! 기이하고 기이하다. 다섯 불덩이!

"법당(法堂)을 청소하라."는 하늘의 소리

나는 환(幻)이 환(幻)을 만들어 내는 환(幻)의 세계에 갇혀 버린 것인가? 나의 정신세계는 언제 어디까지 환(幻)의 세계로 갈 것인가? 새로운 정신세계의 증험인가?

무슨 일이 일어날지 예측불가라는 깊은 생각에 잠기면서 마애불상 법당 안 돌 하나하나 쓸고 닦고, 법당으로 가는 길도 돌 하나하나 쓸고 닦기 시작한 2일째 새벽예불을 마치자 하늘에서 벽력같고 우레같은 소리가 계속 들려왔다.

"법당을 청소하라!"

이러한 소리를 천청(天聽)이라 한다.

나는 노(老)보살을 찾아 법당을 청소하라는 우뢰같은 소리가 들리지 않느냐고 물었더니 노(老)보살은 법당을 청소하라고 한다면 절에 스님이나 자기에게 해야지 왜 시험 준비에 바쁜 공부하는 학생에게 하겠느냐고 반문했다. 비행기 가는 소리를 잘못들은 것이라고 했다.

그래서 돌아와서 공부를 하는데 법당을 청소하라는 소리가 계속 들려왔다. 환(幻)이 환청(幻聽)을 만들고, 환청(幻聽)이 환청(幻聽)을 불러낸 것인가? 어렵고 어렵다. 환(幻)에 잡힌 것인가? 새로운 문을 연 것인가? 그래서 부득이 노(老)보살에게 다시 가서 사정을 해서 남은 기간 동안 공부도 열심히 하고 법당 청소도 정성껏 하겠다고 사정해서 미륵불마애삼존불굴법당 청소 승낙을 받았다.

돌 하나하나 자연석 바위 하나하나 들어가는 입구에 놓은 큰 돌 모두 들어서 빗자루로 쓸고, 걸레로 닦고 법당 안 바닥 기초를 놓는 청소부터 새로 시작했다.

정성껏 만족할 만큼 깨끗하게 청소를 하면 향기가 진동하는 바람을 일으켜 청소를 잘한다고 칭찬하는 듯 했고, 급하게 정성껏 청소하지 않으면 더러운 모습의 벌레들이 기어 나와 청소를 방해했다.

밥 먹고 쉬어가면서 청소를 하려면 퀴퀴한 냄새가 온 몸을 감싸고, 점심도 서서먹고 쉬지 않고 정성껏 하면 법당 온 둘레에 향기 넘치는 바람이 일었다.

마지막 시험 준비는 하루 2시간 이상의 공부를 허락하지 않았다. 법당과 법당 가는 길 등 청소에 전념해야했다. 시험을 3일 앞두고 절에서 내가 정신적으로 이상이 있는 것으로 여겨 건천에서 약방을 하는 이모님에게 이야기를 했고, 이모님은 경주에 있는 작은 이모님에게 이야기해서 두 분이 함께 절에 올라오셨다. 그런데 나는 하루만 더 법당 청소를 하면 계획된 청소를 끝낼 수 있다고 하였더니, 노(老)보살이 나머지 청소는 절에서 잘 마무리하겠다고 해서 그날로 청소를 끝내고 하산했다. 이모님과 함께 절에서 내려와서 경주 이모님 댁으로 가서 자고 다음날 사법시험 준비를 위해 상경했다.

그해 공부한 시간에 비해 성적은 아주 좋았다. 5명 합격에 전체 본 사법시험 2차 시험 성적 순위 22위였으니 다른 기 같으면 합격권에 들고도 남을 좋은 성적이었다.

머리가 맑으니 하루 두세 시간 공부로도 좋은 점수를 얻었으나 합격하지 못한 것은 관운 탓인가. 세 번 실패한다는 첫 번째 받아야 할 실패의 뼈아픈 시련 때문인가. 이 우주 법계에는 인간의 작위 위에 이 우주의 큰 그림으로서의 작위(作爲)가 있는 것인가.

대사(大蛇-능구렁이)의 등허리를 타 넘은 희유한 체험

하산하기 10일 앞서 점심을 먹고, 나의 공부방으로 가는 길에 2m가 넘는 붉은 반점의 능구렁이가 길을 가로막고 나를 쳐다보고 있었다.

빨리 지나가라 재촉하니 능구렁이가 자기의 등허리를 타넘고 가라는 듯 움직이지 않았다. 여러 차례 나는 빨리 가라고 했고, 능구렁이는 자기를 타넘고 가라는 듯 했다. 미안하다, 타넘고 갈 테니 꼬리로 감지도 말고, 물지도 말라 하면서 타 넘었다. 그랬더니 능구렁이는 잘 타넘었다는 듯이 길을 열고 빠져나갔고, 타 넘은 나는 이번 사법시험에는 안 될 것으로 알았는데 사법시험에 장원(壯元)할 서징이라 생각했다.

입산(入山)하고 9일이 되는 지장재일에는 2m 거리에서 대호(大虎)와 함께 있어서 새벽 2시 밤하늘 단석산을 대호(大虎)의 울음소리로 가득 채우더니 하산(下山)하기 9일을 앞두고 단석산의 수호신인 대사(大蛇)를 타 넘는 희유한 체험을 한 것이다.

'불보살님! 화엄성중님! 단석산 산신님! 나의 앞길을 열어주시고 이 시대의 책임성 있는 일꾼이 되게 해 주십시오.' 라고 발원했다.

이날 낮에 노(老)보살과 신선사 스님께 이번 시험에 안 될 것으로 생각했는데, 오늘 낮에 점심을 먹고 나의 방으로 가는 도중 아주 큰 능구렁이 등을 타 넘어 이번 시험에 장원급제할 것 같다고 이야기했다. 천기를 누설한 탓인가, 하지 말아야 할 말을 한 것인가,

현실 속에서 꿈같은 현상을 체험하며, 잠들어 꿈을 꾸면서 꿈속에서 다시 꿈을 꾸어도 꿈도 꿈속의 꿈도 깨고 나면 일심(一心)이 지어 놓은 허황된 꿈속의 꿈일 뿐이다. 그러니 이러한 일은 마음에 담고 말하지 말아야 한다고 한다.

이 해 시험에는 떨어졌고 이 해 사법시험 합격자 5명, 나의 성적순위

는 22위, 나는 이로써 고시와 인연을 끊었으나 500명 전후의 합격자를 내는 요즘의 합격자에 비하면 '나는 사법시험 합격자' 라고 법조인 앞에서 혼자 속으로 자부해본다. 모두가 텅텅 빈 그림자이고 환이며, 너도 없고, 나도 없고, 지은대로 거두어들이는데 닭 벼슬 뽐낸들 누가 알아주랴. 웃고 넘어가자.

능구렁이를 타 넘은 서징은 홍복(鴻福)으로 사법시험이 아니면 청복(清福)으로써 부처님 방으로 안내 받는 일일 것이다.

사법시험 재도전 물거품

남해 형님 댁

앞 선 화왕산 하고향 댁에서 시험 준비 때 글자 한자 읽을 수 없는 두뇌로 폐인이 되다시피 하였고 온 몸을 휘감아 도는 신경의 물결은 한 시간을 앉아서 버틸 수 없는 두뇌와 체력의 한계점에 이르렀다. 이 같은 나의 두뇌와 체력은 단석산에 들어와서 산신각으로 공부방을 옮긴 뒤 관세음보살의 가피라 생각되는 힘에 의해 열흘 정도 치료되어, 두뇌도 몸도 정상으로 오히려 이전 두뇌와 체력보다 더 좋게 완전 치유되는 기적을 경험했다.

지난 사법시험 때 하루 두세 시간 마지막 정리 공부를 하고도 사법시험 역사상 가장 적은 5명의 합격자에 비하면 나의 성적은 전체 22위였다.

아까운 성적 때문에 한번만 더 시험 보겠다고 남해군청에 있는 둘째 형님께 말씀드리고 승낙을 받았다. 그래서 남해군청에 근무하던 둘째 형님이 있는 남해로 내려갔다. 그런데 오비이락(烏飛梨落)이라 하기에도 너무나 가혹한 현실이 벌어졌다. 둘째 형님께서 폐결핵이 재발하여 심한 각혈을 일으키며 병원으로 실려 가는 일이 벌어진 것이었다.

운명은 시험을 한 번 더 치르겠다는 것을 허락하지 않았다. 운명이 허락하지 않은 시험 준비를 하면 형님이 죽거나 형님 가정에 어려움을 줄 것 같았다. 하늘이 막는 걸 난들 어찌하랴.

사법시험을 포기하고 새로운 운명을 받아들이자 갖고 내려 온 책을 그대로 둔 채 남해 금산 보리암에 올랐다. 보리암에 올라 하늘과 관음상 앞에 기도를 올리며,

"부처님이시여! 관세음보살님이시여! 나의 운명이 너무 가혹합니다. 앞으로 운명이 지어지는 대로 무소의 뿔처럼 걸어가려 합니다.

부처님이시여! 관세음보살님이시여! 소납의 앞길을 열어주십시오."

보리암 정상에서 불보살님께 기도를 한 후 하산했다. 서울에 돌아가려하나 막상 나에게는 여비가 전혀 없었다.

보리암에서 하산하여 시내버스를 타고 남해터미널에 도착했더니 구인광고가 눈에 먼저 들어왔다. 벽시계를 판매할 외판원을 구한다는 구인광고였다. 사무실을 찾아가서 외판원 일을 해 보겠다고 했더니 승낙을 했다. 여비 마련을 위해서는 어쩔 수 없는 선택이었다. 궁즉통(窮卽通), 살길이 열렸다.

다음날부터 열심히 벽시계 외판을 하러 다녔다. 군청, 경찰서, 초·중·고등학교, 소방서, 면사무소, 수산조합 등 사무실이란 사무실은 모두 찾아다녔다.

한 달 동안 면 단위 공공기관을 두루 찾아다니면서 한려수도의 아름다운 남해섬, 이순신과 임진왜란의 유적지를 두루 구경했다. 남해는 모든 사람이 얼마나 부지런하게 사는지 알 수 있었고 남해경관은 아름답고 사람들은 모두 총명해 보였으며 부지런하게 사는 모습이 한눈에 들어왔다. 남해 뒷산 망운산(望雲山) 기슭 숲에 앉은 백로(白鷺)는 장관을 이루었다. 한 달 벽시계 100여대를 팔아 첫 달 받은 판매수당만도 꽤 많았다. 서울 갈 여비, 두세 달 생활비가 준비되었다. 떠날 것을 결심했다.

세 차례 나누어 받는 수당 중 두 번의 수당을 포기하고 첫 달 수당만으로 외판원 일을 마무리했다.

용문사(龍門寺)를 찾아 출가(出家) 타진

서울로 출발하려던 발길을 잠시 멈추고 남해에서 출가를 하든지 남해에 몇 해를 머물렀으면 하는 생각이 떠올랐다. 그래서 첫 번째 찾은 곳이 용문사이고 그 다음이 화방사였다.

용문사 주지스님의 은사스님은 부산 범어사 동산 큰스님으로 조계종단 종정을 지내셨고 모든 승려로부터 존경받는 큰스님이었다. 효봉 큰스님이 출가하시기 전 일제치하에서 부장판사로 독립운동가에게 사형언도를 내리신 후 그 길로 법복을 벗고 금강산에서 석두(石頭) 큰스님을 만나 득도하신 것과 같이, 동산 스님도 의대를 나온 학식과 인격을 갖춘 큰스님이었다. 용문사 주지스님은 자기의 생각으로는 출가하려면 동산 큰스님의 문도가 되는 것이 좋을 것 같다고 말했다. 용문사는 왕실보호 사찰답게 사격이 훌륭했고, 고목들이 장관이었다.

동쪽에는 낙산사 홍련암에 관세음보살이 상주하고, 서쪽에는 강화 보문사 관음성지가 있다. 남쪽에 남해 보리암이 있으니 경봉선사께서는 관음성지라 말했고, 원효스님은 이 산을 보광산 보리암이라 이름했는데 어찌하여 보광산을 금산(錦山)이라 이름 했을까.

남해의 울돌목 노량 앞바다에서 이순신은 백의종군 12척으로 일본의 막강 해상군단 400척의 해상군을 오는 대로 격파했네.

삼면 바다 옹호하는 관음성지! 이 나라 수호 위해 나라가 어려울 때마다 관음군단 보내어 나라 지키신 고마우신 대자대비 관세음보살님, 구고구난(救苦救難) 관세음보살님!

범어사 동산 큰스님 친견

"단석산 마애불상 법당에서 부처님께 올린 최초기도에서 '나'는 지금까지의 관념, 나와 우주, 삼라만상에 대한 상념, 사물을 보는 지금까지의 관념이 송두리째 흔들려 이 모두가 정리될 때까지 큰스님의 가르침을 받은 뒤 출가를 말씀드리겠으니 그때까지 큰스님께서 저를 거두어 주셨으면 합니다."라고 말씀드렸다.

몸이 불편한 듯 비스듬히 누운 자세에서 벌떡 일어나서 호상(虎相)의 위엄을 갖춘 자세로 범어사 처음 들어올 때 문(門)에 무엇이라 쓰여 있었느냐고 하문(下問)하셨다. 대답을 못하자 시봉(侍奉) 일을 맡은 선과(善果) 스님이 현판에 '불이문(不二門)'이라 쓰였다고 일러줬다.

이 문(門)에 처음 들어오려는 납자는 한번 들어오면 돌아갈 수도 있고 돌아가지 않을 수도 있다는 두 가지 생각을 가지고는 들어 올수 없다고 하시고 다시 돌아가지 않겠다는 결심이 세워지면 3일 뒤 다시 찾아오라고 하셨다. 그렇게 하겠다고 말씀드리고 나와서 범어사 경내를 돌면서 각단에 예(禮)를 마치고 불이문(不二門) 현판 앞에 섰다.

불교의 진리를 모르고 불교의 교단에 대한 이해가 되어있지 않은 나로서는 3일 만에 어떻게 결론(結論)을 내겠느냐는 생각이 들었다. 불교만이 진리라 할 수도 없고 불교에 귀의하여 나의 일생을 맡기는 것이 옳다고도 할 수 없다는 생각이 들었다. 3일 뒤에 범어사 큰스님을 찾는 일보다 유랑(流浪)을 계속 하자. 제주도로 가서 100일 동안 한라산 1,950m에 올라 기도를 하자.

동산 큰스님

방랑 김삿갓

하늘도 푸르고
대지도 푸르고
산천초목도 푸르다.
오라는 곳 없고
가야할 곳 없으니
마음 따라 흘러가자.

제주행 뱃머리에 몸을 싣고

신라장군 이사부는 탐라국을 정벌했고 고량부(高梁夫) 세 씨(氏)는 제
주의 시조신(始祖神)이라고 했는데, 한라산 영산은 시조신(始祖神, 女神)이
다스리는 나라라고 한다.

삼다도(三多島) 제주에는 바람도 많고, 여자도 많고, 돌도 많다는데 뱃
머리 몰아치는 바람은 거세기도 하다.

한라산에 인사하고 기도하려는 겁 많은 청년의 앞길을 열어주소서.

제주에 관해서 아는 지식도 없고, 들은 이야기도 별로 없다. 오직 토
속신앙이 불교와 함께 뿌리내리고 관음사라는 큰 절이 있고, 어승생악
(御乘生岳) 오르는 어느 길목에 용문사(龍門寺)라는 절이 있고 비룡(飛龍)

스님이라는 큰스님이 주석해 있다는 것을 들어 아는 정도이다.

남해에서 벽시계 외판할 때 제주에도 얼마 전에 벽시계 외판 점포가 열렸다고 해서, 전화번호를 챙겨둔 것이 고작이다.

벽시계 판매대리점에 전화를 해서 위치를 알아 택시를 타고 대리점을 찾았다. 판매사원으로 일하고 싶다고 했더니 승낙했다. 제주시내에 있는 공공기관, 공공단체, 큰 회사 등이 표기된 전화번호부를 받아 판매 전략을 세웠다. 제주에서의 판매전략도 대성공이었다. 자전거를 빌려 견본 벽시계를 싣고 도청 등 큰 기관부터 빠뜨리지 않고 모든 기관을 차례대로 판매하는 방법을 취했다.

외판원이면서도 외판원답지 않은 늠름함. 학문의 깊이, 무엇을 이야기해도 막히지 않는 답변, 참으로 두 달 동안 많은 시계를 팔았다.

벽시계 700여개를 팔았다. 세 달 나누어 주는 판매 수당 중 첫 달 수당만 해도 제주도 도청 옆 목장용지로 개간된 토지는 15,000평, 개간되지 않은 것은 20,000평을 살 수 있는 돈이었다. 개간된 것은 평당 15원, 개간되지 않은 것은 8~10원이었다.

한 10,000평 사두려 하다가 사지 않은 것은 지금 생각해도 잘못된 판단이었다. 제주도청에서 500m 거리 내 토지 가격은 지금은 제주시내서 가장 높은 거래 가격인 것으로 안다. 돈이 나쁜 것이 아니라 누가 가지고 어떻게 쓰느냐가 문제이다. 돈은 소중한 것이다.

제주에서의 꿈 이야기

제주 전역을 자전거를 타고 돌아다니던 어느 날 자고 나니 간밤에 꿈이 너무나 생생해서 마음에 걸렸다.

그 당시 숙소는 새로 지은 도청 근처였다. 사무실은 금은방이 즐비했던 곳이었고, 주인의 성씨는 양씨(梁氏)였다. 제주도청은 새로 건축했으나 군사정권 밑에서 제주 개발이 지금같이 되리라고는 예측하지 못했다. 외판을 하던 어느 날 꿈에 용당동 바닷가에서 저 멀리 바다 한 가운데 청룡(靑龍)이 물살을 가르고 치솟는데 거대한 용(龍)이었다. 이 용(龍)의 사방에서 화광(火光)이 진동하며 온 바다에 불기둥이 치솟았다.

깜짝 놀라 깨니 새벽 4시라 불길한 생각이 들었다. 오늘 집에서 정리할 것이 있고, 몸이 불편해서 하루 쉬겠다고 하고 회사에 나가지 않았다. 오후 4시가 넘은 시간에 아무 일이 일어나지 않아 꿈은 허망한 것이라고 생각되어 회사에 나갔다. 용당동 마을 앞 버스길이 바다 한가운데를 지나게 되었는데 내가 자전거 타는 솜씨가 서툴고 다리가 짧아 버스를 피한다는 것이 바다에 떨어지지 않으려고 버스 쪽으로 쓰러져 버스는 급정거를 했고 사람들은 큰 사고가 난 줄 알고 야단법석이었다. 그런데 다행히 입었던 아래 위 옷은 모두 찢어지고 자전거는 버스 앞에 충돌해서 형체를 알아보기 힘들게 구겨졌지만 몸은 다친 데가 없었다.

헌 옷 수선 가게를 찾아 아래위 옷 찢어진 곳을 꿰매고 집으로 돌아왔다. 바다에 빠져죽든지 버스와 정면충돌하든지 눈 깜짝 할 사이에 벌어진 사고였다. 꿈 때문인가?

태산명동(泰山鳴動) 서일필(鼠一匹)인가, 태산이 난리날 것 같았는데 쥐한 마리가 소란을 피운 격이다.

비룡 스님의 권유에 따라 한라산 어승생악 아름다운 계곡에 위치한 석굴에서 100일 기도를 시작한 첫날 자다가 잠에서 깼는데 너무나도 흉몽(凶夢)이었다.

앞 트럭의 인도를 받아 계곡을 따라 나가는데 내가 탄 큰 짐차가 급정

차를 했다. 앞을 보니 검은 옷을 입은 귀신이 머리를 산발한 채 차를 계속 몰고 앞으로 오라는 신호를 보냈다. 귀신은 깊고 넓은 바다 가운데 떠있고 내가 타고 있는 트럭의 앞바퀴는 공중에 떠 있었고, 뒷바퀴는 전진하지 않고 낭떠러지에 걸려 있다. 놀라 꿈에서 깼다.

한라산 산신이 기도를 하지 말고 돌아가라는 것인가, 어찌됐든 한라산은 기도와는 인연이 없다고 생각되었다.

내일 부산으로 해서 서울로 돌아가기로 하고 다음날 기도를 그만두고 하산했다. 서울에 돌아간다고 하고 다음날 부산으로 가는 배를 탔다. 떠나면서 달력을 보니 제주도에 들어 온 날부터 떠나는 그날까지 꼭 100일이었다. 한라산 산신이 100일 머물게 하고 여비를 챙겨 주신 것을 고맙게 생각했다.

서울에 돌아와 새 출발

제주도 일을 정리하고 나 자신의 앞날에 대해서 생각해 보았다.

'공부를 더 할 것인가? 출가를 할 것인가? 아님 물 흐르는 대로, 바람 부는 대로 떠돌아다니는 생활을 더 할 것인가?' 많은 생각을 하였다.

세상만사는 생각대로만 되는 것이 아니다. 그 당시 5.16군사정변이 난 후 군(軍)에 갔다 오지 않으면 취업의 길이 막혔고, 공무원 시험 외에는 마땅한 길이 없었다. 대망의 큰 꿈을 꾸고 고시공부를 하던 나로서는 일반직 공무원은 자존심이 허락하지 않았다. 군 입대시기를 놓친 나는 군(軍)에 자원입대형식으로 지원해두고 서울 거리를 어슬렁거렸다. 낙원동 동방사상연구소를 찾아 범부선생께 인사를 올렸다.

옛날에는 당대의 명망가, 학자, 예술가, 정치인, 언론인의 출입이 많았는데 지금은 5.16과 관계된 사람들의 출입이 많았다.

새벽 2시 대낮같이 밝혀진 전깃불 – 세 번 켜지고 꺼지다.

하늘의 별들이 물에 씻은 듯, 영롱하게 손에 잡힐 듯 낮아지며 뿌리와 줄기 없는 연꽃 조선 솥 크기의 불덩이가 빙빙 돌다가 줄지어 하늘로 오르고, 사방을 불바다로 만들 수 있는 묘유(妙有)의 능력을 보이고도 잠자는 문제, 먹는 일로 노동회관 한 모퉁이에 앉아 있는 나 자신의 한심함을 한탄하던 새벽 2시, 이것이 생시인가 꿈인가, 노동회관 3층 층계계단에 앉아 깊은 고뇌를 하는 중에 난데없이 4층짜리 노동회관 큰 건물전체에 밝게 전기불이 켜졌다가 나가고 켜졌다가 나가는 현상이 세 번 반복되었다.

"무엇을 의심하느냐, 무소의 뿔처럼 의롭고 바르게 살아가면 될 것이 아니냐, 뚜벅뚜벅 가는 길을 헤쳐가라."고 하는 듯 했다.

노동회관이면 어떻고, 만석 재벌 하(河)고향 집이면 어떻고, 홍제동 신당동 판잣집이면 어떠하며, 하늘의 별들이 찬란히 내려다보는 들판이면 어떻고, 깊은 산 계곡 바위 위 잠자리면 어떠한가, 나는 쉬어가는 나 그네 뚜벅뚜벅 시키는 대로 바르고 의롭게 나의 길을 걸어가리라.

나옹선사 청산가

청산은 나를 보고 말없이 살라하고
창공은 나를 보고 티 없이 살라하네.
탐욕도 벗어놓고 성냄도 벗어놓고
물처럼 바람처럼 살다가 가라하네.

청담큰스님 친견-도선사 참회도량

   고시(高試) 수험생이 많이 모이는 대형 독서실에 한 달, 한 달 주야 이용할 수 있는 독서실 이용권을 끊어 거처를 정했다. 동방사상연구소, 국제문제연구소, 이철호 회장이 운영하는 대한근로장학회, 학생타임스사 등 모두 건국대학교 낙원동 분교에 같이 있거나 가까이 있었기 때문에 이곳을 드나들면서 앞길을 모색했다.

청담 큰스님

도선사 참회도량에서 기도

   도선사 가는 길은 종로구 관철동에 있던 사무실에서 시내버스를 타고 도봉산 수유리 버스종점에서 내려 산길을 따라 50분 정도 걸어야 했다. 사무실 잔무를 정리하고 저녁 6시경 종로 2가 버스정류장에서 버스를 타고 1시간 정도 가면 버스종점에 도착했다. 여름철을 제외하고는 도선사에 도착하면 어두울 때가 많았다. 그때 도선사에는 대한불교조계종 종정, 총무원장을 역임하신 청담(青潭) 큰스님이 주석하셨다.

100일 기도, 일일일선(一日一善)권유를 받음

청담(靑潭) 큰스님을 친견하고, 이곳 참회도량에서 1시간 정도 기도를 마치고 돌아가려는 인사를 올렸더니 방에 들어오라고 하셨다. 주차장까지 가는 산길이 험해서 여간한 결심이 아니면 어려운 야간기도라고 하셨다. 당신께서 쌀 한 홉에 솔잎을 가루로 만들어 기도한 일 등 기도에 관한 이야기를 들려주셨고, 사람은 타고난 운명이 정해진다고 하나 큰일을 할 사람은 100일 기도를 정성껏 올리고, 일일일선(一日一善)을 실천에 옮기면 하고자 하는 일이 성취된다고 하셨다.

좋은 예로, 조선조 말 영의정을 지낸 정관용(鄭寬容) 대감을 들었다. 정관용 대감이 사주(四柱)를 잘 보는 역술가를 만나 사주를 보았더니 지난 일이 모두 적중했고, 앞으로의 일은 자녀는 두지 못할 것이나 벼슬은 관찰사(현 도지사)까지 오르겠다고 예언했다고 한다. 정대감은 지금까지의 일이 모두 적중했기 때문에 크게 노력하지 않고 시서(詩書)를 즐기면서 큰스님이 머무는 유명사찰을 많이 찾았다. 어느 날 금강산 유점사를 찾아 큰스님을 친견하고 여러 가지 담론(談論)을 나누었다. 그러던 중 사주(四柱)이야기가 나와 정대감은 태어날 때 운명은 정해진 것이니 노력해서 되는 것은 아니라는 자기 견해를 말씀드렸다. 이 말을 들은 유점사 큰스님은 "사주는 정해진 것이 아니라 본인의 노력에 의해 더욱 키울 수도 있고 줄어들 수도 있다. 영감께서도 하루 한 가지씩 매일 좋은 일을 하신다면 사주에 없는 아들을 낳을 수도 있고, 관찰사 밖에 못한다던 벼슬도 일인지하 만인지상인 영의정까지 오를 수 있다."고 했다.

정대감은 큰스님의 가르침대로 일일일선(一日一善)을 꾸준히 실천하고 부인까지 일일일선(一日一善)을 실천하여 몇 해 지나지 않아 아들을 낳았고, 후일 영의정을 지냈으며 많은 사람으로부터 존경받는 사람이 되었다고 한다.

또한 조선은 태조 이성계가 남해 금산(錦山)에서 100일 기도를 해서 세운 나라이고, 조선시대 때 지혜 특출한 박문수 암행어사도 어사의 부모님께서 자식이 없어 100일 기도를 통해 얻은 아들이라고 하셨다.

청담 큰스님은 소납에게 인연 있는 곳에 가서 정성을 다해 100일 기도할 것을 권했고, 나라를 위해 일하는 훌륭한 인재가 되기 위해서 일일일선(一日一善)을 꾸준히 행하라고 하셨는데 나의 기도나 정성은 큰스님의 자비에 이르지 못했다.

靑潭 큰스님과 도선사 참회도량

남해에서 부산으로 부산에서 제주도로 제주도에서 서울로 한 바퀴 돌았다.

서울에서는 관철동에 사무실이 있는 학생타임스사에 근무하면서 매일 저녁 7시가 되면 도선사 참회도량을 찾아 108배를 하고 관세음보살 주력염불을 1시간하고 집으로 돌아왔다. 도선사에는 청담스님께서 주석하셨는데 청담스님께 인사를 올리고 한가할 때는 가르침을 받았는데 큰스님께서는 매일 어두운 밤길을 걸어 다니는 소납의 믿음을 대견하게 생각해서인지 연등에 촛불을 밝혀주시기도 하고 자상하게 거두어 주셨는데, 지금까지 생생하게 기억되는 말씀은 "일일일선을 꾸준히 실천하여 그릇을 키우고 보살이 되라."는 말씀과 "자기를 비우고 견성을 한다는 결심으로 백일기도를 해보라."고 하신 말씀이다.

스님께서 솔잎, 쌀 몇 홉으로 100일기도, 수행 정진한 이야기도 들려주셨다.

극락암에서 경봉큰스님 친견

경봉 큰스님

경봉 큰스님의 수계제자
불명(佛名)을 의명(義明)

어느 날 달력을 보니 포항에 집결해서 논산훈련소로 갈 군 입대 일자가 110일쯤 남았다. 군에 입대하기 전 청담큰스님의 권유도 있고 100일 기도를 올리고 싶은데 마땅한 기도 장소가 정해지지 않았다.

그때 소문으로는 당대의 선지식이 경봉 큰스님이라 했다. 경봉 큰스님을 찾아가서 100일 기도할 장소를 말씀드려보자고 생각했다. 그래서 아무런 준비도 없이 연락도 드리지 않고 양산 통도사 극락암을 찾았다.

통도사를 지나 극락암을 오르는 중간쯤 계곡물이 맑고 시원스럽게 흘러 가볍게 목욕을 하고 큰스님을 친견해야겠다고 생각했다.

나는 유랑생활을 하면서 사찰이나 큰 스님을 친견(親見)하기에 앞서 가볍게 목욕을 하는 것이 습관이 되어 있었다.

목욕을 마치고 벗어둔 옷을 입으려고 바라보니 보통 크기의 능구렁이가 옷 주변을 빙그르 한 바퀴 돌고 오늘 큰스님이 기다리고 계시니 친견(親見)을 잘 하라는 듯 산 쪽으로 사라졌다. '능구렁이야 고맙다. 친견을 알리기 위해 이렇게 마중 나와 주다니 미안하고 고맙다.'

극락암에 들려 큰스님 시봉하시는 스님께 큰스님을 친견하기 위해 서울에서 내려온 연유를 말씀드렸다.

큰스님께서 친견을 허락하신 후 툇마루로 나오셔서 나를 한참 바라보시다가 오른팔을 잡아당겨 앞에 앉게 하시고는 진맥하듯 한참 잡고 계시더니, 백일기도하러 이 산에 잘 왔다고 하셨다. 영축산 백운암이 100일 기도하기에는 가장 좋은 곳이라고 하셨다.

그리고는 먼저 "불자(佛子)가 되겠느냐?"고 물으셨다.

"불자가 되겠습니다."라고 말씀드리니 시봉스님께 벼루, 붓, 종이를 가져오라고 하시고 불자가 되려면 오계(五戒)를 수지해야 하고 불명(佛名)을 받아 불법승(佛法僧) 삼보(三寶)에 귀의해야 한다고 하셨다. 큰스님께 오계(五戒)를 받아 잘 지킬 것을 약속드렸다. 불명(佛名)은 가지고 온 백지에 의명(義明)이라 적으셨다.

의명(義明)이란 올곧고, 의로운 말과 행동으로 세상을 밝게 하는 것이라 하시고 백일기도를 하는 뜻은 만경(萬頃)의 넓은 들도 한 알의 성냥개비의 불로 다 태울 수 있으니 일념일념(一念一念) 백일기도 동안 뜻을 되새기라 하시고, 백일기도를 하고 세상을 살아가려면 어려운 일이 문득문득 닥칠 것이니 몽수경(夢授經)을 항상 수지독송하고, 세상 살아가는 데는 재물이 항상 부족하여 고통 받는 일이 많을 것이니 여의주(如意珠) 주문을 몽수경과 함께 100일 기도 중에서부터 일상생활까지 항상 수지독송하면 재물과 어려운 일을 이겨내고 생각한 바를 이룰 것이라고 하셨다.

백운암(白雲庵)에서 100일 기도(百日祈禱)

백일기도는 양산 통도사 팔경(八景) 중 제일경(第一景)인 백운암(白雲巖)에 올라가서 그곳 암주인 노장스님께 당신이 보내서 왔다고 하고 방을 정해 주거든 그 곳에서 기도를 잘하라고 하셨다.

'큰스님의 백일기도, 오계(五戒), 불명(佛名)을 주신 큰 은혜 바다보다 넓고 하늘보다 큽니다. 그러나 성이불성(成而不成) 이 세상에서는 큰스님의 큰 은혜 보은하지 못해 뼈를 깎는 아픔입니다.'

나는 가진 것이라고는 혈혈단신에 이 시대의 어렵고 고달픈 국민의 지팡이가 되고자 하는 간절한 애국애족심, 자기완성을 통해 깨달은 지도자, 항상 깨어 있는 지도자가 되고자 하는 간절한 마음 하나뿐이었다.

백일기도도 새벽 2시에 일어나 세수하고 염불하고 독경(讀經)하고 관세음 42주 중 여의주, 몽수경을 수지 독송하는데 힘써 노력했다. 새벽 6시에 아침공양을 하고 경내와 사찰 입구 길을 깨끗이 청소하고, 법당 툇마루 청소하고, 불단(佛壇), 향로를 모두 깨끗이 정리정돈 했다. 10시에 사시예불 올리고, 12시에 점심공양을 함께 했다.

오후 4시에 백일기도 성취를 위해 관세음보살 정근을 하면서 천배를 올리고 백일기도 중 하루 두 번만 공양하기로 하여 저녁 공양은 아니 하기로 했다. 암주스님, 공양주보살 등의 도움으로 기도는 잘 진행되었다.

기도에서 오는 마장을 항복 받아야 한다.

언제부터인가 백운암 암주스님은 나에게 기도나 열심히 하라고 하시고 도량청소, 법당청소, 불기(佛器) 닦는 일은 절에서 하겠다고 했다. 이 말을 암주스님이 몇 번 되풀이하니, 기도하는 사람으로는 큰 부담이 되고 왜 그러한 말씀을 하는가를 생각하게 되고 이것도 기도의 마장인가를 화두처럼 성성하게 생각하게 되었다. 더욱 열심히 기도하고 며칠을 더 견뎌 보자고 마음먹었다.

3일째 되는 날 새벽 4시에 법당 문을 열고 들어가려고 하는데 법당에서 기도하던 큰절(통도사)에서 올라온 두 스님이 곤하게 잠에 떨어져있었다. 한 스님은 목탁을 잡은 채, 한 스님은 독경 염불하던 그대로 피곤을 이기지 못하여 곤히 잠에 떨어진 것이다. 탁자 머리맡에 밝혀둔 소주병으로 만든 호롱이 넘어져 활활 불길이 오르는 것도 의식하지 못한 듯했다.

나는 다급하게 스님을 깨우고 옆에 있는 좌복으로 호롱불을 덮어 불길을 잡았다.

이 일을 암주스님까지 알게 되었고, 불행 중 다행한 일이라며 크게 안도 하셨다. 이 일이 있은 후로 암주스님은 절에 오는 사람, 신도에 이르기까지 기도하는 처사의 신심이 스님들 신심보다 장하다고 극구 칭찬하셨고, 기도를 잘 마치고 회향 할 수 있도록 마지막까지 도와주셨다.

이것이 백일기도의 마장을 이겨내는 경봉 큰스님의 자비이시고 불보살, 신중님의 가피력, 영축산 산신의 외호(外護)로 생각되었다.

기도 회향일 앞날 천수(天授)한 오덕사상(五悳思想)

21세기의 인류가 고도의 과학문명에 살지만 생(生)이 무엇이며, 인생이 무엇인가 하는 근본문제는 모르고 있다. 방황하는 인류에게 참된 길을 열어주자면 나와 자연과 우주에 대한 깊은 지관(止觀)을 통한 깨달음이 있어야 한다.

깨달음이란 어려운 말 같으나 '옛길이 새 길이라' 는 옛 성현의 말을 굳게 믿고 행하는 것이다. 옛 성현의 가르침에서 우주와 인간의 근본이 무엇이냐를 두 가지로 대별한다면 정신과 물질이라 말할 수 있다.

물질이 근본이 된다는 유물론을 주장하는 사람에게는 성인(聖人)의 칭호를 주지 않는다. 이 같은 주장은 인간과 자연과 우주의 근본진리에 이르지 못했다고 보기 때문이다.

정신으로 보는 방법에 있어서도 석가는 우주의 근본을 마음으로 보았고 삼계유심조(三界惟心造)라 했다. 공자는 하늘(天)과 사람(人)을 연결한 윤리관, 도덕관으로 인(仁)·의(義)·예(禮)·지(智)(맹자의 사단설)가 근본이 된다고 했다. 예수는 전지전능한 절대자로서 하나님의 뜻에 합당한 인간을 요구했다.

이 같은 성현의 모든 가르침이 근본은 하나로 돌아감을 알아야 한다. 사람들이 하늘은 높은 곳에 있는 것으로만 생각하지만 모든 천체가 둥근 것을 안다면 가장 높다는 것은 가장 낮다는 것을 알아야 한다.

또한 성인의 가르침이 가장 위대하다는 것은 가장 낮고 가장 겸허한 텅 빈 하나에 돌아간 인간의 마음에서 오는 소식임을 알아야 한다. 가장 위대하고 가장 낮아진 텅 빈 하나를 천부경은 '일시무시일 석삼극(一始無始一 析三極)'이라 했다. 하나라 해도 하나라 이름 할 수 없는 텅 빈 그 하나가 지극한 셋으로 갈라졌다고 했다. 텅 빈 하나, 지극한 셋이 나를 완성시키고 우주세계를 완성시키는 원리를 나는 오덕(五悳)이라 한다.

오덕운동은 인간혁명운동이요. 인류광명화운동이며, 갈라진 우리국토의 통일운동이요. 이화세계 건설운동이다.

석가모니부처님은 공즉색(空卽色), 색즉공(色卽空), 이 텅 빈 하나인 자기 본성을 들어내는 길은 육바라밀행으로 보시, 지계, 정진, 인욕, 선정, 지혜라 했고, 공맹(孔孟)이 천도와 인도의 근본을 인의예지(仁義禮智)라 함과 같다. 예수는 전지전능한 하느님은 진리요, 길이요, 생명이라 하고 하느님을 사랑이라 함과 같다.

오덕이란 무엇인가? 텅 빈 하나가 지극한 셋으로 갈라지고 지극한 셋이 지극한 다섯으로 갈라져 천지만물을 사랑으로 감싸는 생명운동의 원리이며, 인간혁명, 사회혁신, 국가건설의 지고한 덕이다.

첫째, 덕이 텅 빈 하나로 돌아감이다. 이 운동은 종교적으로는 자기 깨달음(自覺)운동이 되고, 깨달음에 이르는 믿음(信仰)이 된다. 사회운동으로는 자기를 자기답게 드러내는 주체성 운동, 자주성 운동이 된다. 모방과 종속이 사대를 낳고 사대(事大)는 깬 혼, 산 정신의 소리가 아니다. 신라의 한반도 통일이후 1,400년의 역사는 죽은 역사다. 나를 살리고 역사를 살리고 이 민족을 살리는 운동이 자각운동이요. 주체성운동이다.

둘째, 덕은 텅 빈 하나의 근본 바탕이 지극히 맑고 깨끗함인 진여(眞如)의 자성회복운동이다. 사회운동으로서 진여, 진리운동은 온갖 부정부패, 탐(貪)·진(瞋)·치(癡)로 가득한 사회와 국가를 청소하는 바르게살기, 깨끗하게 살기, 검소하게 살기 운동을 말한다.

셋째, 덕은 텅 빈 하나가 우주를 조화롭게 장엄하게 하는 근본 힘인 사랑과 자비이다. 사회운동으로 자비운동은 7천만 동포가 하루 한 가지씩 남을 위하여 좋은 일을 하고(一日一善) 하루 한 번씩 남과 다툴 일을 참는(一日一忍) 것이다. 지역 간, 종교 간, 이념 간의 대립을 모두 받아들일 수 있는 사랑의 마음을 열어야 한다.

넷째, 덕은 이 우주와 천체를 생명으로 굴리는 것은 자전운동이다. 인간이 우주와 하나되는 텅 빈 하나로 돌아가는 길은 지성의 덕을 실천함에 있다.

민족통일을 하고 이화세계를 건설할 우리들은 세계 어느 민족보다 한 시간 더 일하는 국민운동을 일으켜야 한다. 또 지성의 일은 참되고 진실된 일이어야 하며 부도덕하고 퇴폐적인 일을 해서는 안 된다.

다섯째, 덕은 텅 빈 하나가 지극한 셋으로 갈라져 끝없는 생명을 굴리는 우주대계(宇宙大界)는 공전운동을 한다. 인간의 자기완성을 위한 공전운동은 도의의 실천, 준법생활이다. 따라서 오늘날 물질로 타락한 이 사회를 구제하는 방법은 정신운동으로 건전한 국민도의 회복운동을 일으켜야 한다.

오덕운동은 자아완성, 사회완성, 국가완성 운동이요. 이화세계 건설운동이다. 이는 갈라진 국토와 민족을 통일시키는 민족통일사상이며, 21세기를 이끌어 나갈 새 세상이요. 새 철학이며, 홍익인간, 이화세계 건설을 위한 한사상이다.

※ 이 생각은 27세 때 영축산 백일기도에서 얻은 첫 깨달음이다.

오덕사상(五悳思想)

백일기도를 마치기 전날, 산 정상 바위에 앉아 저녁노을을 바라보다가 무릎을 탁치면서 "바로 이것이다."라고 외쳤다.

육안으로 볼 수 있는 것 중 가장 완전한 것은 태양이다. 현상계의 모든 생명은 자기완성을 위해 끝없이 노력한다. 현상계에서 가장 완전한 태양에서 자기완성을 하는 원리를 터득하면 된다.

태양의 본체를 태양이라 하는 대신 참이라 진여라 해보자!

태양의 용체를 광명, 광선이라 하지 말고 자비라 사랑이라 해보자!

태양은 자전운동을 통해 진여, 진리의 본체를 여여하게 한다. 자전운동을 정진운동, 지성운동이라 해보자!

태양은 공전운동, 황도운동을 함으로 태양계의 모든 천체가 공존할 수 있게 한다. 태양의 공전운동, 황도운동을 지계, 준법, 예도운동이라 해보자!

진여는 자전운동(정진, 지성운동)을 함으로, 자비는 공전운동(지계, 준법)을 함으로 있다고도 없다고도 할 수 없는 생명운동, 구심운동, 천하만물이 하나되는 운동을 한다.

이 영원한 생명운동이 자기완성, 시공을 초월하는 반야바라밀이다.

시공을 텅 비운 한 점이 일심이고 반야바라밀이다. 한 점이 끝없는 우주이고, 끝없는 우주가 한 점 일심 진여이다.

이 구심점, 일심이 공이고 도이고 불이고 하느님이고 자성청정의 본체의 자성이다. 자기완성이 구심점 일심에 대한 믿음이요, 깨달음이다.

일심을 찾는 운동을 육바라밀에서는 선정이라 한다. 자기완성의 원리를 불교의 육바라밀로 표현하면 보시, 지계, 인욕, 정진, 선정, 반야바라밀이 되고 유교의 오상(五常)으로 표현하면 인(仁), 의(義), 예(禮), 지(智), 신(信)이 된다. 역(易)의 원리로 표현하면 수(水), 화(火), 목(木), 금(金), 토(土)가 된다.

이 우주 대계의 삼라만상은 자기완성을 위해서 끝없는 운동을 한다. 자기완성 운동, 우주의 근본 도가 구심점으로 돌아가는 일심, 편안한 마음, 여여한 공이다.

인간의 삶도 자기완성을 위해 끝없이 노력하는 삶이다. 부처님이 그렇게 말하고, 공자 노자가 그렇게 말하고, 모든 성인이 그렇게 말하고 있다.

백일기도를 마치는 전날 저녁노을 지는 해를 보고 일으킨 이 한 생각으로 군복무 3년 동안 자아혁명이라는 책을 써서 300부 한정판으로 출판했다.

이 책은 책명이 『자아혁명』에서 『자아혁명과 한국통일』, 『5천년 만에 피는 꽃』으로 세 번 바뀌었다. 이름을 무엇이라 했건 자아발견, 일심발견, 오덕사상이다.

하나가 셋이고 셋이 하나이다

하나가 다섯이고 다섯이 하나이다

하나가 형상 있는 것 형상 없는 것 모두이고

하나가 있는 것도 아니고 없는 것도 아니다

하나는 나도 아니고 있고 없고 한 것도 아니다

하나는 있고 없고, 없고 있고 이다

우렁찬 염불송(念佛頌)

백일기도 전날 영축산 뒷산에 올라 저녁노을을 보면서 지금까지 기도 중 꽉 막혔던 나와 자연과 우주와 진리에 대한 큰 의문이 확 풀어졌다. 삼라만상 두두물물(頭頭物物)은 모두 자기완성을 위해 살아간다.

생명은 끝없는 자기완성을 위한 노력으로 향일성(向一性), 진여성(眞如性), 자비성(慈悲性), 정진성(精進性), 지계성(持戒性)을 갖고 살아간다. 이 것이 불교에서는 육바라밀, 유교에서는 오상(五常), 오행(五行)의 운기(運氣)에 의한 자기완성을 위한 삶을 살아가고 있는 것이다. 백일기도 회향

일인 이날 밤 꿈에는 서울이 온통 형형색색, 기기묘묘한 장의차로 장의
행렬, 성불의 완성, 극락정토로 가득한 꿈을 밤새도록 꾸었다.

회향일 사시(巳時)예불을 올리려 하는데 부산에서 영축산 등산 온 등
산객을 태운 버스 한 대 40여명의 불자 등산객이 특별초청을 받은 듯
도착하여 회향법회에 동참 예불했다.

영축산을 뒤흔드는 관세음보살 정근 염불송 이것이야말로 진정으로
자연이 만들어낸 조화의 하모니, 회향잔치였다.

백일기도 회향의 대향연!

부처님 감사합니다. 경봉큰스님 감사합니다.

백운암 노장스님 오늘 회향법회에 동참하신 모든 분 감사합니다.

모두 성불하시고 이고득락 하십시오.

소납 군대생활 잘 마치고, 부처님 닮은 참다운 불자가 되겠습니다.

군입대-카투사로 3년만기 제대

1968년 29세 늦깎이로 군 입대

1968년 6월 29일 백일기도 회향일 다음날에 29세 늦깎이로 논산훈련
소에 입대했다. 이때는 병무행정이 지금과 같이 밝지 않은 탓으로 학
업, 시험 등의 사유로 늦어지는 것이 법적으로 크게 문제되지 않았다.
그러다 5.16군사정변 이후 사회분위기는 많이 달라졌다.

나는 사법시험을 치르지 않기로 했기 때문에 군에 자원입대하여 입대
일자를 미리 받아 두었다. 그때의 나이는 다른 훈련병보다 7~8세 많
았다. 포항 집결지에 도착하니 형님 세 분 모두 막내동생인 내가 군에
가는 것을 송별해 주기 위해 먼저 와서 기다리고 있었다.

세 분 형님이 모두 나에게 훈련받는 동안 쓸 용돈을 주었으나 나는 모
두 돌려드렸다. 나는 나의 모든 것을 하늘과 불보살에게 맡겼기 때문
에 사병생활 3년 동안 어떠한 고난이 있어도 누구의 도움도 받지 않고
훈련이 끝나면 월남 파병에 지원하려고 생각했다.

논산훈련소에서 훈련병의 고된 병영생활

막상 논산훈련소에 입소하고 보니 각종 훈련, 특히 완전무장한 장거
리 구보훈련은 백일 동안 하루 두 끼 채식을 한 나로서는 몸의 진기(眞

氣)를 다 뽑아버렸기 때문에 매우 힘든 죽음과의 싸움이었다. 나는 논산 훈련소 신병교육 기간 내내 설사를 했다.

훈련을 마치고 병사들은 자기에게 정해진 병과와 부대로 배속되어 떠났지만 나만 훈련소에 15일간 배출대에 머물렀다. 첫날 배출병이 다 떠난 뒤 밥과 부식이 지천으로 남아 훈련기간 동안 제대로 먹지 못한 나로서는 앉은 자리에서 몇 사람 분 식사를 혼자 먹었는데, 먹은 밥과 반찬이 그대로 엿가락 뽑아 올리듯 입으로 다시 토했다.

죽고 사는 것이 숨 한번 들이쉬고 내쉬는 것과 먹는 것에 달렸다는 것, 배가 고프면 사람이 짐승과 다르지 않다는 것을 철저히 깨우쳤다.

백일기도는 보직 배치의 가피로 나타나

훈련소 졸업일을 3일 앞두고 중대장 막사 앞에 대위 계급장을 단 장교가 와서 중대장 막사로 들어가고 있었다. 한참 생각하니 그 대위 장교가 나의 중학교 동기 동창인 고향 친구 권종대였다.

중대장 막사 앞에서 한참 기다리니 그 친구가 나오고 중대장도 따라 나왔다. 나는 친구 옆으로 가서 팔을 툭 쳤다. 훈련병에게 대위 계급은 하늘의 별과 같은 존재다. 한참 쳐다보더니 나를 알아보고 이름을 불렀다.

"3일 있으면 훈련이 끝나지? 오늘 오후 6시쯤 데리러 올 테니 기다리고 있어."

훈련감독관으로 몇 중대를 더 돌아보아야 한다고 했다.

저녁 6시가 넘어 친구의 지시를 받은 하사관이 중대장의 승낙을 받고, 같은 막사에서 훈련을 받는 영천이 고향인 서강대를 졸업한 김홍주와 나 그리고 다른 훈련병 둘을 더 데리고 훈련소 부소장 방으로 갔다.

저녁 대접을 받고 부소장의 초청받은 영천출신 훈련병과 고향이야기를 나누다 자네들이 가고 싶은 곳을 권대위에게 이야기하라고 했다. 이날 부소장 방에 온 사람 열세 명 모두 영천출신으로 학벌이 모두 대졸이었다. 부소장은 영천 출신 권오태(權五泰) 장군이라 했고 각자가 원하는 보직대로 보내줄 테니 가고 싶은 곳을 말하라고 했다.

나는 친구에게 특별히 가고 싶은 곳이 없다고 했다. 친구는 훈련소에 데리고 있으려고 해도 부소장이 떠나고 자기도 떠나고 나면, 내 나이도 많은데다 힘들 수 있다고 했다. 그러면서 권장군에게 말해서 카투사로 가는 것이 가장 좋을 것 같다고 했다.

나는 미군부대 소속 카투사로 근무하는 것이 별로 탐탁하게 생각되지 않아서, 호의는 고맙지만 어디에 가서 근무한들 3년이야 못 견디겠냐고 했다. 매일같이 배출되는 병사는 너무나 많았다. 15일을 배출대에서 견디다보니 어디라도 가야겠다고 생각되었다.

친구가 다시 찾아와서 아무리 갈 자리를 만들어 보아도 카투사가 제일 낫다고 다음 배출 때 카투사로 가라고 했다. 나는 고맙다고 하고 카투사로 보내 달라고 했다.

군대생활 3년 근무지로 카투사를 배정받는 행운을 잡은 것이다. 나와 같이 논산훈련소에서 같은 막사를 쓰던 김홍주는 부소장의 수행비서 일을 했고, 후일 부소장이 국회의원이 된 뒤 권의원의 국회의원 보좌관 일을 했다. 나에게 카투사를 보내준 고향 친구 권종대 대령에게 고마운 마음을 담아 이 지면을 통해 감사 인사를 전한다.

훈련병 시절 병영생활을 같은 막사에서 함께한 유명을 달리한 김홍주 보좌관의 명복도 빈다.

카투사의 병영생활

1968년 8월 입대하여 1970년 10월, 32개월 꽉 채우고 만기제대 했다. 카투사 생활 30개월은 내가 살아온 지난 세월 30년 중 가장 안정되고 편안하고 행복하고 자유가 보장된 시기였다.

근무처에서 일과가 끝나면 어느 누구의 간섭도 받지 않고 영내에서 책을 읽고 싶으면 책을 읽고, 외출을 하고 싶으면 외출을 하고, 도서관을 가고 싶으면 도서관을 찾아 읽고 싶은 책을 읽었다.

미군들은 세계 각지에서 자원해온 병사들이어서 교육수준, 문화수준의 차이가 있었으나 대체적으로 병사들은 법규를 지키고 근무시간에는 열심히 일하고 남이 싫어하는 일, 규칙과 규정에 어긋난 일은 하지 않았다. 근무시간에 잡담을 하거나 신문을 읽거나 도로를 걸을 때 왼쪽, 오른쪽을 구별하고 담배를 함부로 버리거나 가래를 뱉는 일도 없었다. 반면 카투사들은 규칙이나 규정을 어기고, 잡담을 하고 담요, 군수물품, 차량 기름 등을 몰래 훔치는 등 규정을 위반해서 미군들의 멸시를 받는 일이 있었다.

카투사 중에는 뛰어난 모범병사도 있었다. 영어회화에 능통하고, 바둑도 1급, 프로 유단자가 있는가 하면 초등학교를 나와 운전기사, 경비 근무를 담당하는 병사도 전체 병사 중 절반은 되었다.

카투사로 부산보급창에서 3년 근무

군에 입대하기 하루 전 백일기도 회향 하루 전날 영축산에서 『자아혁명과 한국통일』이란 책명으로 통일국가의 비전을 제시하기 위한 목차까지 완성했지만, 훈련소의 고된 훈련을 마치고 카투사로 배정되어 군대생활에 적응하는데도 정신이 없어 책을 쓴다는 것은 엄두도 못 냈고 완전히 잊어버린 것과 다름없는 상태였다.

카투사 병영생활은 한국군에 비해 많은 자유가 있었다. 초소병, 운전병 등 학력이 낮은 병사가 많았으나 부잣집 자녀, 고위층 자녀, 학벌이 우수한 병사도 있었다.

내가 보직 받은 곳은 부산기지 범일동 해변에 있는 48보급창으로 이 창고에는 미군병사나 미군 군인 가족이 쓰는 물품 등 없는 것이 없었다. 내가 살아가면서 묘하게 느낀 현상은 보급창에서 본 모든 물자가 제대 후 하나하나 상품화되어 신문에 광고되고, 기업체에서 생산해서 시장에 모습을 드러내어 상품화되는 것이었다. 이 세상의 모든 생산품은 모두가 창의 창조된 것이 아니라 모방 모조된 것이 대부분이란 것을 알았다.

내가 근무하던 보급창에는 한국군이 창고의 물품을 인수하러 오거나 물품 반납할 때 결탁하여 미군의 군수물자를 절도하는 일로 발견되면 처벌받고, 한국군으로 원상복귀되는 위험한 근무지였다.

내가 근무지로 48보급창에 배정받았을 때도 근무하던 카투사 네 사람이 이 같은 불미한 사건으로 한국헌병대에 잡혀가서 카투사 요원이 한 사람도 없었다. 나는 보직 받는 날부터 한국군 카투사로 최고 고참병사가 되었다. 나는 근무하는 동안 한국인의 자존심을 위해서도 부정한 일을 하지 않겠다고 결심했다. 또 업무를 어느 병사보사 깔끔하게 매듭짓고 모든 군인의 모범으로 근무하겠다고 근무 목표를 확실히 했다.
나의 이러한 근무 태도는 미군 장교, 선임상사 등 감독 계층의 지휘관으로부터 즉시 반응이 왔다. 나의 이러한 근무 자세는 부산 카투사의 한국군의 지휘관인 선임하사 장교들의 일용품 보급을 막아버렸다. 그들은 나를 불러내어 엉뚱하게 벌주기 시작했다. 그래도 꼼짝하지 않으니 보직을 변경시키려 했다. 보직을 변경시키려고 하자 미군 장교들이 한국 카투사 중 최고 우수하고 정직한 군인을 이유 없이 보직 변경시켜서는 안 된다고 항의했고, 한국 카투사와 같이 쓰던 막사를 미군과 같이 쓰는 막사로 바꿔주었다. 그리고 보급창에 근무하는 세 사람의 보직권은 미군이 갖도록 한 것 같았다. 나는 군대생활 30개월을 같은 근무처 같은 막사에서 별 탈 없이 제대했다.

사병생활 3년 『자아혁명』 저술 집필

자기완성의 운동이 하나님의 구원을 받는, 부처되는, 도(道)를 이루는 나와 우주가 하나되는 것이고, 나를 알고 우주의 실체에 접근하는 자아완성(自我完成)의 원리가 행복한 국가 건설, 세계 평화를 위한 길이 된다는 것을 자각했다.

우주는 일심(一心)의 운동이고, 일체는 끝없는 자기완성의 운동을 한다. 자기완성의 운동을 하는 객관 사물은 항상 변한다. 변화는 무상(無常)의 원리에 따른다. 여여(如如)는 묘용(妙用)의 원리에 따른다. 무상(無常)은 중생계(衆生界), 묘용(妙用)은 공(空)을 바탕으로 한 법계(法界)의 실상이다. 중생계(衆生界)는 자업자득(自業自得) 인과법(因果法)에 따라 윤회한다.

법계(法界), 불계(佛界)는 인과(因果)가 없는 공(空), 묘용(妙用), 여여세계(如如世界)라 자기완성의 원리는 자기마음(一心)에 건설해야 한다.

윤회(輪廻), 인과(因果), 무명(無明)의 세계는 나(我)를 알지 못하고, 나(我)를 알지 못하는 현실세계는 인연생기에 의하여 살아가는 윤회(輪廻)의 삶이다.

공(空)의 세계는 우리가 알 수 없고 측정할 수 없는 것이다. 색(色)의 세계에서 가장 완성된 것이 태양이다. 태양의 완성 원리에서 모든 태양계의 생명을 배워야하고 인간도 태양의 완성을 위한 운동에서 인간의 완성을 위한 삶의 길을 열어야 한다.

공(空), 무(無)의 세계는 일체가 없고 일체가 쉬고, 일체를 원하는 바가 없는 세계다.

색(色)의 세계에서 공(空), 무(無)의 여여(如如)한 세계에 가장 접근한 묘용(妙用)의 세계가 태양의 여여(如如)한 모습이, 태양계의 모든 생명은 태양의 자기완성의 원리에서 개체 완성, 공동체 완성의 원리를 배우고 깨우쳐 열어야 한다.

태양의 완성원리를 본체(本體), 용체(用體), 자전(自轉), 공전(公轉), 향일성(向一性)을 오덕(五德)이라 하고, 자아건설, 사회건설, 국가건설, 세계건설의 원리로 받아들여 자아완성, 자아혁명의 원리로 체계화한 것이 카투사 복무 3년 동안 내가 쓴 『자아혁명』의 내용이다.

카투사 복무 3년 동안 도서관과 막사를 오가면서 이 책을 완성하여 300부 한정판을 내었다.

이 책이 완성되기까지 같은 업무를 함께하던 윤경준 병사, 워드를 도와준 민간인 이여사, 복사 일을 도와준 김선생, 미군 장교와 선임상사 모든 분에게 이 지면을 통해 감사를 드린다.

카투사 3년 추억담(追憶談)

(1) 술내기로 소주 13되 13병 마신 어리석은 객기(客氣)

카투사 생활 3년 동안 기억에 남는 일은 경남고를 졸업하고 서울법대에 재학 중 인사참모부에 근무하던 황요섭 군과 우연히 술자리에서 술

내기가 벌어진 일이다. 과메기 술안주에 1되들이 소주병으로 똑같이 잔을 채우고 비워 소주 13되 13병을 비우고 헤어졌다.

나는 다음날 아침 조회에 참여했으나 황요섭 병사는 1주일 동안 얼굴을 나타내지 못했다. 다음날 입안에서 독한 진액을 토해내고, 창자가 마디마디 끊어내듯 쓰라렸던 그때의 속쓰림은 술먹는 내기는 무모하고 어리석은 남자들의 객기(客氣)라는 사실을 몸에 각인시켰다.

(2) 연탄가스로 죽을 뻔 했던 일

카투사로 부산에서 사병생활을 하던 중 첫 휴가를 얻어 숙형(叔兄)님 댁에 갔다. 단독주택인데 벽지, 천장지, 장판속지를 깐 상태에서 방바닥을 건조하기 위해 연탄불을 피워 놓았는데, 방이 따뜻해서 좋을 것으로 생각되어 연탄가스는 생각도 않은 채 이 방에서 휴가 첫 밤을 보냈다.

잠을 자다가 꿈인지 생시인지 큰 고구마를 먹으려고 입으로 물었는데 온 몸이 휘감기는 강한 전류가 전신을 휘감아 문을 박차고 열고나가 문앞에서 쓰러졌다. 쓰러진 채 똥을 싸고 입으로는 토하고 나니 차츰차츰 의식이 회복되었다. 무 통김치를 먹어 뱃속에 스며든 연탄가스를 세척시켰다.

강한 전류가 온 몸을 휘감는 고구마 씹는 꿈이 아니었다면 연탄가스로 죽었을지도 모를 일이다. 아슬아슬한 죽음의 문턱에서 구조를 받은 것이다.

관세음보살, 관세음보살, 나무대자대비 관세음보살.

(3) 사랑은 병도 되고 약도 된다.

나는 직장생활, 가정교사, 방산시장에서 가방도매상도 하면서 몇 번 여인을 사귀거나 결혼할 기회가 있었지만 마음의 여유가 없었다. 그러던 차에 부산기지 교육을 담당한 사병이 몇 번 권유해서 만난 여인이 있었다. 점차 사랑으로 이어지고 외출로 해운대, 남포동, 송도, 범어사, 통도사 등을 함께 다니는 사이가 되었다. 가을 단풍이 한창 붉게 물든 통도사에 갔다가 너무나 많은 인파로 막차를 놓쳐버렸다.

두 사람은 걸어서 부산까지 가려고 걷기 시작했다. 그러나 여인은 먼 거리를 걷기에 맞지 않는 신발을 신고 있었다. 한 십리쯤 걸어 내려오다가 여인이 고통을 호소해서 방을 구해 밤을 보내고 내일 새벽 첫차로 가야겠다고 생각되었다. 근처 마을에서 잘살아 보이는 집을 찾아 딱한 사정을 이야기하고 방을 하나 빌려 줄 것을 사정했다. 인심 좋은 마을 주민 한 분이 깨끗한 방을 하나 빌려 주었다. 처음 빌릴 때는 앉아서 밤새고 내일 첫차로 부산에 갈 생각이었으나 사랑하는 두 사람의 젊은이는 이를 허락하지 않았다. 나는 제안을 했다. 우리 두 사람은 서로 사랑하고 결혼할 사이이므로 정한수를 떠놓고 조상님께 예의를 갖추어 혼인서약을 하고 부부가 되자고 하니 반대하지 않았다.

이날 두 사람은 한평생 부부로서 살 것을 굳게 약속했다. 그런데 부부로서 살기로 굳게 약속한 이 여인은, 자기 어머니가 점을 쳤는데 그 남자를 놓아주지 않으면 그 남자가 죽는다고 하니 헤어질 것을 강력히 권유한다고 했다.

"어머니가 그렇게 말씀하신다고 해도 우리는 부부로서 함께 살 것을 굳게 약속하지 않았느냐. 그 이야기는 점쟁이의 이야기 일뿐이다. 점쟁이이가 말하는 운명은 내 앞에서는 모두 물거품이다."

"내가 죽을 것 같으면 받아들이겠는데 당신이 죽는 일이니 받아들일 수 없다"

"그러면 우리가 약속한 부부의 인연은 끝이다. 앞으로는 만나지 않겠다."고 선언하고 헤어졌다.

헤어지자고 선언은 했지만 속마음은 미치기 일보직전이라, 몇 날 몇 밤을 미친 듯이 부대를 배회하다가 『자아혁명』을 저술하는 것으로 마음을 고쳐 먹었다. 그래서 여인과의 이별의 아픔을 도서관을 찾아 독서하고, 명상하고 집필하는 것으로 넘길 수 있었다.

이별의 아픔, 사랑의 고통은 병도 되고 약도 되는구나.

3

4.8 공휴제정 기념
남북통일기원 대법회 대성공

부산 마하사에서 백일기도

직장생활, 결혼과 독서실 개원

직장선택의 고민

3년 동안 카투사 병영생활로 안정된 군대생활을 하다가 제대를 하게 되고 보니 막상 오라는 곳도 없고, 갈 곳도 없었다. 억지로라도 취업을 해야 한다면 시골중학교 국어선생이나 수학선생 자리가 있었고, 부산에 있는 유지공장 관리직 정도였다. 마침 숙형(叔兄)이 소개하는 일자리가 하나 있었는데 기한부 공무원 자리였다. 부산시청이나 서울시청에 근무하던 공무원이 군대에 입대한 후 생긴 공백을 메꾸는 자리로 해당 공무원이 제대하면 나와야 하는 임시직이었다. 나는 기한부 공무원으로 근무하는 동안 이런저런 준비를 해서 앞날을 준비해보자는 생각이 들어서 흔쾌히 숙형의 제의에 동의했다. 심중에는 대중들로부터 선택받을 수 있는 지도자가 되고자 하는 꿈과 자부심이 있었으나, 현실 속의 내 모습은 그러한 꿈을 꾸는 것마저도 사치인 상태였다.

부산시 기한부 공무원

예전 이른 새벽 노동회관에서 앞날에 대해 깊은 고뇌에 잠겼을 때, 소등되어 있던 노동회관 5층 건물 전체에 전깃불이 세 번이나 밝게 켜지면서 '무엇을 의심하느냐, 바르고 정의롭게 무소의 뿔처럼 가면 된다'

173

는 예시가 떠오르면서 자신을 믿어보기로 했다.

유지회사는 개인 기업이고 교사는 학생을 가르치는 전문직종이기 때문에, 제약이 많은데다 생각이나 생활패턴이 협소해질 것이므로, 언제든지 기회가 있을 때 자유롭게 거취를 선택할 수 있는 공무원이 적합하리라는 생각도 들었던 것이다.

이때 나의 중형님은 서울시청에서 인사 업무를 담당했고 나의 숙형은 부산시청 행정계장으로 근무하고 있었다. 처음 나의 업무는 동래구청 거제동사무소 총무 자리였다.

결혼과 가정생활

1968년 군에 입대하여 1970년 만기 제대한 후, 1970년 10월 부산시 동래구청에 기한부 공무원으로 취업하고, 같은 해 11월 32세에 중매결혼을 했다. 남들은 나를 성실하고 공부 잘하는 영리한 젊은 청년으로 보았으나, 이때의 나는 사상(思想)으로 무장했고 세상의 불의에 맞서 뜨거운 불길을 내뿜을 각오가 되어있는 전사(戰士)와 같은 젊은이였다. 출발선에 선 단거리 육상선수처럼 신호만 울리면 언제든 튀어나갈 준비가 되어 있었다.

나에게 있어 결혼 반려자는 전사와 함께 살아갈 또 한 명의 전사여야 했다. 하지만 내가 선택한 배우자는 외모와는 달리 전혀 전사가 아니었다. 그러다보니 두 사람 다 살아가면서 마음의 고통이 많았고 특히 나의 아내는 마음 고통이 더욱 컸을 것이다.

2박3일 신혼여행을 다녀온 아내는 피로가 심해 입안에 고름 냄새가 났고 병원으로 가서 치료를 받아야 했다. 이것이 전도몽상의 세상사이다.

아내는 나에게 71년생 상민(相旻), 72년생 상협(相協) 두 아들을 선물했
다. 두 아들이 태어난 후 가정에는 즐거움과 행복이 있었고, 결혼 전보
다 경제적으로도 안정되어 평안했으며, 비록 전사는 아니었어도 아내
는 따스하고 밝은 심성으로 가정을 꾸려나갔다. 이는 아내의 복(福)과 두
아들의 복이 나의 복(福)보다 수승(秀勝)해서이리라.

나의 생각을 그때 부산의 유명한 역학자의 감명으로 대신할 수 있을
것이다. 감명자는 나의 사주(四柱)를 보더니, "해생(亥生)과 결혼했으면
성공, 술생(戌生)과 결혼이면 두 아들을 얻어 가정에 수국만정(水局滿庭)
이니 행복과 즐거움이 가득하나 이 사주는 성이불성격(成而不成格)이라"
고 했다.

지금도 생각한다. 큰 꿈을 이 시대에 펴지 못한다는 말인가, 왜 이런
말을 하는 것인가.

그는 이병철 회장이 집 한 채를 사주고 자문을 받았던 역학자이다. 그
러나 그도 사업실패로 전 재산을 날려버리기도 했다. 전도몽상의 세상
사다.

공무원 생활 10개월

내가 공무원 생활을 하면서 느낀 점 몇 가지가 있다.

첫째, 젊은 시절 거센 파도가 출렁이는 것 같은 다사다난한 삶을 살
았기 때문일까, 카투사 군대생활을 마치고 공무원으로 출발한 직장생
활이 가장 안정적이었다. 적은 급료에서도 만족했고, 출퇴근 근무시간
이 정해져 있어서 자유가 있었으며, 근무시간 외에는 시간을 활용하여
미래를 설계하거나 마음의 양식을 넓힐 수 있는 기회가 주어졌기 때문
이다.

둘째, 그 당시 공무원 한 달 월급이 하위직 현재 7급(그 당시로 5급) 25,000원 정도로 가족이 있을 경우 생활비에 전혀 미치지 못했고 한 사람의 하숙비로도 중하위급에 해당하는 금액이었다. 나는 바로 위의 형님이 공무원으로 근무했기 때문에 같이 공무원 생활을 하면서 월급을 타서 하숙비조로 15,000원을 주고나면 나의 용채는 10,000원 정도였다.

셋째, 공무원들의 근무방법, 살아가는 방법이 묘했다. 재산세, 적십자 회비 등 부과는 목표액의 150%나 200% 부과하고 징수는 실제 부과된 금액의 50%~60% 징수했다. 내가 부과된 금액의 90~95%를 징수하여 불입했다가 동료직원들로부터 주의와 눈총을 받았다. 세금에 대한 이러한 모순된 현상은 적은 월급구조에 대한 공무원들의 생존권과 관련된 현상이라 생각되었다. 월급은 생활비에 해당하는 최소한의 급료를 주고 부정부패로 새나가는 국고 손실을 막아야 하는 것이 바른 정치, 바른 공무원 상일 것이다.

넷째, 내가 공무원으로 근무한 처음 6개월 동안은 총무 직을 보다가 그 뒤 민원 직으로 자리를 옮겨보니 묘한 현상을 발견했다. 민원업무는 폭주하는데 민원업무를 대행하는 사법서사, 행정서사 사무실에서 민원 서류를 넣으면서 수수료 이외의 별도 속행료라는 것을 함께 첨부해 제출했다. 나의 공직 수행목표는 할 수 있는 일을 모두 성실하게 하는 것이었는데 수수료 이외로 주는 돈의 처리가 곤란했다. 민원업무는 폭주하고 돌려줘도 갖고 가지 않으니 뒤에서 차례를 기다리는 대기 민원인들에게 민망한 일이 자주 벌어졌다. 그래서 이렇게 들어온 돈을 봉투째 모아보니 월 50만원이 넘는 거금이었다. 나는 적립된 금액의 2/3는 뒷자리 책임자에게 직원회식비, 사무실관리비 용도로 주고 남는 돈은 저축했다. 형수의 권유로 300만원 계(契)에 가입하여 3번으로 계금을 타서 받은 돈과 그때까지 모은 돈 200만원을 더해서 500만원이라는 거금이 마련되었다.

양정독서원 개원

나는 그 동안 모은 돈과 계금으로 독서실을 운영해보고자 했다. 양정로터리와 서면을 물색하던 중, 양정로터리에 있는 양정회관에 지하 80여 평 대형식당이 보증금 200만원, 월세 40만원으로 임대광고가 나와 있었다. 그런데 이 건물이 부채로 소송에 휘말렸고, 1심에서 패소하여 명도소송을 다투고 있다는 것이다. 그러나 이 건물의 소송이 종료되려면 최소한 5년 내지 10년의 세월이 걸릴 것이므로 걱정하지 말라며 소개업자는 예단했다. 고민 끝에 이 건물을 임대하여 독서실을 열기로 했다. 내가 가진 500만원 예산으로 가장 적합했기 때문이다.

이때 국회의원 선거와 맞물려서 근무시간이 끝나면 각자 담당한 동네의 선거지원을 나갔다. 당시는 공화당 공천으로 출마한 후보를 위해 공무원이 선거운동을 하던 시절이었다. 이런 공무원의 모습에 깊은 회의가 들기 시작했다. 엎친 데 덮친 격으로 민원 업무를 보던 중에 구청장으로부터 전화가 오더니, 이 민원인은 귀한 분이니 민원 업무를 잘 처리해 드리라고 한다. 이어 총무과장이 민원업무를 잘 처리해 드리라고 확인까지 하며 민원인을 소개했다.

민원인이 가져온 민원 내용은 이랬다. 자신은 동생의 재산을 담보로 대출을 받으려는 사업가인데 동생이 통영에 있는 관계로 직접 올 수가 없어서 오빠인 자신이 대리허가신청을 한다는 것이다. 그러나 동생의 인감증명서가 정상적으로 발급된 인감증명서로 보기 어려웠다. 그래서 동생의 인감증을 가필하지 않은 인감증으로 교체해 주시면 바로 발급해 드리겠다고 했더니, 민원자리에 앉아 민원업무 처리규정도 전혀 모르고 겁 없이 민원인을 괴롭힌다고 노발대발했다. 그래서 본인이 직접 오지 못하는 경우라면 인감증 만이라도 제대로 된 것이 첨부되어야 하며, 그렇지 않으면 나로서는 윗사람들이 협조를 요청하더라도 처리가 불가하다고 잘라 말했다. 구청장, 총무과장으로부터 문책전화가 오고 한바탕 난리가 났다.

그때 양정에 차린 독서원은 좌석 150석을 들였는데 한 달이 안 되어 150석이 가득 찼다. 학생들의 이용시간이 서로 달랐기 때문에 150석을 300석 정도로 활용할 수 있어서 한 달 소득이 200만 원 정도 되었다. 학생들의 공부 분위기를 조성하기 위해서는 아침 기상부터 밤 12시까지 잠시도 관리를 게을리 할 수 없어 하루하루가 정신없이 흘렀다.

울고 싶은데 뺨 때린다더니, 독서원 일로 바쁜데다 공무원에 회의가 들던 참에 잘됐다 싶었다. 미련 없이 10개월 공무원 생활을 내려놓았고 독서실 관리에 전념하기로 했다.

'돈이 사람을 따라야지 사람이 돈을 따라서는 안 된다.'는 옛말이 옳음을 알게 되었다. 독서실 운영 전까지는 항상 돈이 마음대로 되지 않았다. 취직을 해도 박봉이었고, 가방도매상은 4.19혁명으로 망했다. 어린 시절은 가문이 몰락해서 부모님의 병고 속에 어렵고 고통스럽게 가사 일 하랴, 학교 다니랴, 병수발 하랴, 어려운 고난의 연속이었다. 가정을 이루고 두 아들을 얻은 복(福)인지 가정은 안정되고, 경제적인 어려움이 모두 해결되었다. 금전적인 어려움이 없으니 이제 남은 일은 보살로 살아가고 부처님의 은혜를 갚는 일이다. 상구보리 하화중생(上求菩提 下化衆生)의 바른 법을 배워서 아는 대로 행하고 실천하는 일이다.

부산불교거사림 법회에 참여

백봉 김기추(金基秋) 거사의 금강경 강의

나는 이때 영도 도서관에서 백봉 김기추 거사가 『금강경』 강의를 한 다는 소문을 듣고 눈이 번쩍 뜨였다. 선지식에게 불교의 가르침을 받을 수 있겠다는 희망에 부풀었다. 내가 이 법회를 찾았을 때는 제일예 식장에서 '부산불교거사림'이라는 불교단체명으로 백봉 김기추 거사 의 '금강경 독송 모임'과 별개로 마을 불교시대를 열어가고 있었다.

'부산불교거사림'의 주축 멤버는 김석배, 이인희, 유길영, 김경수, 진 상호, 이의득, 임채수, 고불심 보살, 김본심화 보살, 김청정심 보살 등 이분들은 재가(在家)의 선지식이고, 보살도를 실천하는 재가거사이자 재 가보살들이었다. 이 가운데는 속가로 환속하신 현성주(玄性株)라는 훌륭 하고 박학한 선지식도 있었다.

이 분들은 다겁생래에 많은 복을 지어 이 시대에 부처님의 법을 널리 펴기 위해 태어난 분들이었다. 이분들을 중심으로 수행과 복덕을 갖춘 많은 선지식들이 거사림에 모여들었다. 나는 회장단 일을 도와드리고 매월 정기법회에 참여하는 사람들의 명단과 연락처를 정리하고 법회 전 에 이달의 법사에 대한 안내문을 보내기 시작했다. 이러다보니 자연스 럽게 거사림의 총무역할을 맡게 되었고 회원관리, 법회관리, 임원회 운영 등 모든 업무를 유길영 총무부회장과 손을 맞추게 되었다. 실제적 회의 운영 중심이 된 이인희 회장, 김석배 회장도 나의 자연스러운 거사림 활동을 좋아했다. 모든 임원들이 나의 총무 일에 적극 협력하여 하루하루 '부산불교거사림'에 부산의 재가보살, 재가거사들이 모여들기 시작했다.

이같이 부산불교거사림회가 활성화되는 중심에 경봉스님이 계신 것을 잊어서는 안될 것이다.

불산불교거사림 회보 발간

포교를 위해 훌륭한 대덕 큰스님의 초청에 의한 법문공양과 함께, 법문을 직접 듣지 못한 불자를 위해 큰스님의 법문을 녹음해 두었다가 글로 정리하여 회보를 만들었다. 법회안내, 공지사항과 함께 읽을거리를 만들어 회보를 만드니 회원들 모두 좋아했다.

녹음정리는 대체로 집사람 반야행이 담당했다. 녹음 정리한 원고를 기초로 신문을 만드는 것은 내가 담당했다. 거사림 회보는 처음부터 1,500장에서 2,000장 가량 발송했다. 발송 작업도 꽤 힘든 일이다. 발송 작업은 집사람과 독서실 학생, 회사 여직원들의 도움을 받아 내가 전담했다. 발송 명단은 거사림 회원, 중·고등학생회, 대학생불교학생회, 홍범회원과 통도사 극락암 경봉 큰스님 법문을 듣는 신도였다. 거사림 회보발간은 회 발전에 큰 기폭제가 되었다. 회보발간으로 중·고등 불교학생회, 대불련불교연합회, 구도회 등 불교단체의 참여가 활발해졌고 이 과정에는 이인희 부회장님의 적극적인 재정적 뒷받침이 많은 도움이 되었다. 이때는 부산역전 제일예식장에서 서면 부전예식장으로 법회 공간이 옮겨졌고, 법회가 있는 날이면 500명을 수용하는 예식장에

복도까지 불자들이 가득차서 700~800명의 청중이 참여하는 대성황을 이루었다.

극락암 경봉 큰스님 일요법회 참여

나는 군에 입대하기 전 서울에서 내려와 경봉 큰스님을 친견했을 때, 스님께서는 100일 기도 장소를 영축산 백운암으로 정해 주셨다. 5계를 직접 설해주셨고, 수계의식을 해주셨으며 불명(佛名)을 의명(義明)으로 지어주셨다. 이 크나큰 은혜를 주신 경봉 큰스님께서 부산경남 일원의 모든 불자로부터 존경받는 도(道)를 얻은 큰스님으로써 법을 전하고 있었다. 경봉 큰스님의 일요법회에는 서울, 부산, 대구, 울산 등 전국각지에서 법문을 듣기 위해 모인 불자들로 가득했다.

큰스님에 대한 일화 두 가지를 적어 본다.

첫째, 경봉 큰스님의 첫 법문집 「원광(圓光)」이 완성되어 서울의 출판사 사장이 직접 법문집을 싣고 양산 통도사에 새벽 2시경 도착했다. 차를 통도사 경내에 세우자 차를 중심으로 통도사 일대가 광명으로 대낮같이 밝아진 것이다. 함께 차에 있었던 모든 사람이 법문집을 향해 절했고 통도사 보궁을 향해 절을 하고 위대하신 부처님의 가피력에 감읍(感泣)했다. 출판사 사장은 절에서 주는 출판비를 받지 않고, 출판비 전액을 통도사에 보시하고 돌아갔다.

둘째, 도둑맞은 소판 돈

일요법회 때 일어난 이야기다. 나도 그날 일요법회에 참석했다. 법회가 막 끝날 때쯤 소판 돈을 도둑맞았다고 좌중이 술렁였다. 보살 한 분이 소판 돈을 옆에 두고 신중탱화 앞에서 기도를 마치고 보니 소 판돈을 넣어둔 돈주머니가 없어진 것이다. 그래서 생각다 못해 큰스님께 돈 잃어버린 사실을 말씀드렸더니 큰스님께서 날랜 젊은 처사를 시켜 100m쯤 큰절 쪽으로 쫓아내려가 보라 하셨다. 그래서 두 젊은이가 달려 내려갔더니 100m쯤 되는 곳에 한사람이 나뭇가지에 걸려 엎어져서 일어나지 못한 채로 빌면서 소판 돈 돈주머니를 돌려줘 되찾은 일이 있었다. 이 일은 절에서 말하지 않는 것이 좋다고 쉬쉬해서 덮었고 큰스님의 법력을 새삼 확인하고 알게 되어 많은 신도들의 입을 통해 전해졌다.

끝으로 경봉스님께서 법회를 할 때 항상 앞 회에 한 법문을 소책자로 만들어 나누어 주었는데 그 첫 회 법문 녹음 정리를 소납이 맡아 했다는 것은 큰스님과 전생부터 연(緣)이 있었던 것으로 생각되었다. 경봉 큰스님의 법을 이은 성수 큰스님의 막내 법상자가 된 것도 모두 인연이 아닌가 생각된다.

큰스님 소납에게 자비의 감로(甘露)를 주시어 지혜의 안목을 활짝 열어 주십시오.

부처님 닮은 불자가 되게 인도하여 주십시오.

세세생생 불퇴전의 신심으로 붓다의 길을 걷게 하여 주십시오.

부산불교거사림의 체계적 운영

법사의 체계화

① 매월 둘째 화요일

　　종범스님 경전법회(금강경, 능엄경, 법화경, 화엄경 등)

② 매월 마지막 화요일

　　전국 유명 대덕스님, 선지식 스님을 법사로 초청 법회

③ 법회 시작 앞서 고순호 법사 30분간 교리강좌

　　※ 현성주 법사가 초창기에는 교리강좌를 대신하기도 했다.

조직의 체계화

① 회장, 부회장, 감사, 총무, 재무, 교무

② 지도위원, 자문위원, 고문

③ 운영위원, 회원 등 조직의 체계화와 확대

④ 부산불교거사림 회보 발간

⑤ 회원, 임원회비제 운영

범 부산불교 중심센터로서의 자리

부산불교거사림 창립을 통해 부산의 불교를 중흥시킨 핵심에는 김석배 거사, 이인희 거사, 유길영 거사, 임채수 거사 등 네 분의 공을 빼놓을 수 없다. 김석배 회장은 남포동에 '향원'이라는 일식집과 해운대에 영업점을 가지고 있었다. 자택에 화재가 난 시간이 밀물시간이라 이후 김회장의 재산은 불꽃처럼 일어났고 이 모두를 부처님의 가피로 돌리는 불심 깊은 거사였다.

세계의 여러 불교국가를 찾아다니며 영상제작을 통해 불법포교에 앞장섰고, 사진작가로서 이 일을 실무적으로 도운 분은 현성주(玄性柱) 법사다. 동화사 총무스님을 역임했으며 불교교리와 한학에 밝아 후일 동국대학교 역경원에서 월운(月雲) 큰스님을 도와 역경사업에 전념하다 정년퇴직한 분이다. 아들이 한의대를 나와 한의사를 하고 있다니 노년은 평안과 행복을 얻었으리라 생각된다.

이인희(李仁熙) 거사는 서면 면장을 지낸 할아버지께서 부전시장, 서면 요지와 서면 변두리 등에 많은 토지를 소유하셨는데, 이를 팔지 않고 잘 지키다가 서면이 부산의 중심권이 되면서 부산의 부동산 재벌이 된 분이다. 그는 운문사 등 전국의 불사에 동참해 많은 시주를 했다. 사월초파일이 되면 전국 사찰에 등 값을 보내는 사찰의 수효와 금액이 엄청났다. 그는 절약과 이재(理財)에 밝아 시주금 관리에도 철저했다.

예를 들면, 나에게 부산불교거사림 총무직을 맡아 달라고 해서 승낙했더니 즉시 사무실에 전화를 한 대 놓아 주었고, 상업은행에 가서 500만원을 신용대출해 사업자금에 보태 쓰라고 차용해 주셨고 힘이 되면 변제하라고 했다.

유길영(柳吉榮) 거사는 한의원을 경영하는 총무부회장으로 노익장의 정력가셨는데 이사와 임원 포섭을 위해 총무인 나와 함께 많이 다녔다. 4.8공휴일제정 기념법회·이차돈 극공연이 성공하는 데에는 유길영 부회장님의 몸을 아끼지 않은 노력보시의 공이 컸다. 이후 암 투병을 하시다 황간에서 열반하셨다.

그리고 임채수 부회장님은 모든 일에 열정적이고 세심하게 챙기면서도 아낌없이 재보시를 했고 이 같은 노력의 결과로 부산불교거사림 임원에는 부산의 재벌, 유명인사 등 부산을 움직이는 대보살과 통도사, 범어사 등 신행단체의 임원들이 참여했다. 이인희 회장님은 나와 함께 좋은 향을 사서 선물을 하거나 보시하는 등으로 회원 확장운동에 크게 기여했다.

부산불교 중·고등학생회, 대학생불교연합회 부산지부, 부산불교청년회 등이 지원 합세하여 부산불교의 중심센터가 되었다.

1975년 2월 26일부터 27일 양일간, 4.8공휴일제정 특별기념 남북통일기원대법회 및 이차돈 극공연 행사는 부산시민회관에서 개최하였는데 인산인해 대성황을 이룬 행사였다. 이 행사에 직접 관여하지 않았으나 부산불교거사림이라는 조직의 힘이 크게 작용했다.

서종범 스님을 상임범사로 모신 인연

종범스님을 상임법사로 초청하게 된 연유는 파계사에 머물면서 통도사 강주를 맡고 계시며 거사림 초청법사로 오셔서 법문하는 것을 한번 듣고 한국불교계의 큰 인재가 되겠다는 직감이 왔고, 이인희 회장의 동의를 받아 임원회의에서 둘째 주 화요법회를 신설하여, 경전강의를 계속할 수 있게 승낙받고 상임지도법사로 추대 위촉하게 된 것이다.

종범스님은 조계종단의 보석과 같은 법사이며, 선지식이다. 교리에 밝고 투철할 뿐만 아니라 선지(禪旨)에도 탁월한 이 시대의 대강백이며 대선지식이시다. 부산불교거사림은 종범스님을 만나 향기를 내게 되었다.

상임법사이신 종범스님과 함께

마하사(摩訶寺)에서 100일 기도

나는 양정독서원의 여유 있는 공간에 1974년 6평, 4평 정도의 사무실을 두 개 만들어, 하나는 자주 만나 차(茶)를 나누던 정갑덕, 백이성 두 사람의 불교인응변협회 영남본부 사무실을 만들어 주었고, 다른 하나는 대학생불교연합회 부산지부 사무실로 사용하도록 했다. 양정독서원이 이 두 단체와 힘을 합치고 부산불교거사림과도 힘을 합친다면 부산에서 무언가 도모할 수 있는 힘은 대단할 것이라고 생각되었다.

그리고 나는 그 힘을 시도해 보았으면 하는 생각을 했다. 그래서 부산에서 나한기도 도량으로 유명하고, 청담스님과 동향이며 대한불교조계종 감찰부장을 역임한 문성(文星)스님이 주석하는 마하사(摩訶寺)에서

100일기도를 할 것을 결심했다.

기도의 원칙은 100일 동안 육식과 음주와 삿된 일을 금하고, 매일 새벽 3시 반에 일어나 가볍게 목욕재계를 하고 4시에 마하사로 산길을 따라가서 100일 동안 정성을 바치는 기도였다. 양정동 집에서 마하사까지는 빠른 걸음으로 30분 거리였다.

사찰은 예불시간이 정확했다. 도착시간에 새벽 도량석이 끝나고 새벽 종성이 깊은 계곡 숲으로 우거진 사찰경내에 은은히 울려 퍼지면 큰 스님과 공양주, 처사들이 새벽예불에 동참하기 위해 법당에 들어와 각자 정해진 자리에서 예불에 참여했다. 마하사의 새벽예불은 신심(信心)을 북돋운다. 새벽예불이 끝나면 나는 상단에 108배와 발원을 올리고 신중단에 108배와 발원을 올리고 새벽기도를 끝냈다.

추운 겨울 새벽에 매일 목욕재계해야 하고 기도하러 가는 길은 인적이 없는 산길로 중간에 공동묘지가 있고 곳곳에 무덤이 있었다. 멀리 드문드문 전기불이 있기는 했지만 산속 오솔길의 깊은 어둠은 스산하고 무서웠다.

1974년 겨울 마하사에서의 100일 기도는 이틀 정도 도착시간을 어기기는 했으나 무쇠를 녹이는 신심(信心)으로 잘 회향했다.

이 기도는 1975년 2월 26일에서 27일 거행된 4.8공휴제정 특별기념 대법회를 위해 정성을 다 바친 기도였다. 단석산에서 48일간 기도, 영축산 백운암에서의 100일 기도에 이은 세 번째 마음과 정성을 다 바친 100일 기도였다.

4.8 공휴제정남북통일기원 대법회 및 '성자 이차돈' 극공연 대성공

대덕큰스님, 부산시 관련 기관장, 초청된 내빈들

1975년 2월 26, 27일 양일간에 걸쳐 부처님오신날 공휴제정 남북통일기원대법회 및 순교자 이차돈 극공연이 부산시민회관 대강당에서 해방이후 최대의 불사로서 성대히 봉행되었다.

이 대법회의 발원, 기획, 진행은 당시 부산불교거사림 총무이던 필자가 한국대학생불교연합회 부산지부 30여 법우들과 불교인웅변협회 영남본부의 백이성, 정갑덕 법우의 도움을 받아 이루어졌다.

이 행사를 성공적으로 치른 것은 불심 깊은 부산 불자의 하나같은 호응에 힘입은 바 크지만 작고하신 강석진 대회장, 이윤근 부대회장, 유길영 총무와 위원장의 노력과 통도사, 범어사 신도님들의 봉사는 길이 칭송을 받아야 할 것이다.

이 행사의 대회장은 당시 부산상공회의소 회장이셨던 강석진 거사가 맡았고, 부대회장은 이윤근(부산시 교육감), 송규원(부산상공회의소 부회장), 김청정심보살이 맡았다. 각 분과위원장으로 총무 유길영거사, 조직 김원갑거사, 재무 임채수거사, 동원 김고불심보살, 홍보 박정법심보살, 특별 김본심화보살, 사무국 책임은 필자가 맡았다. 단순한 사무국장이 아니라 행사 전반에 관한 기획, 운영, 재정 모두를 최종 책임지게 되어 있었다. 이 행사의 경비는 20년 전 당시의 돈으로 500만원이 소요되었다. 그리고 행사 기획과 진행은 백이성 사무차장이 맡았는데 그는 탁월한 기획력과 행사 관리능력을 갖춘 인재였다. 구포에서 재건중학교 낙동강문화원을 운영하다 몇 년전 고인이 되었다.

대법회는 26일 오후 2시부터 봉행되었는데 대법회 시간이 임박하자 부산시민회관 안과 밖은 인산인해(人山人海)였다. 박영수 부산시장을 비롯하여 부산의 각 기관장 모두가 참석하였고, 한국불교계의 큰 스님들도 이 행사에 많이 참석하셔서 단상의 내빈만도 100명이 넘었다.

초우스님의 발원문 봉송, 대한불교조계종 서옹 종정큰스님의 '민족 통일과 세계평화는 부처님의 가르침인 만고불변의 대도를 수행, 실천 하는 데 있다'는 법어가 있었다. 이어 한국불교연구원 원장이신 이기영 박사는 '한국의 통일, 한국의 미래는 정진 수행하는 스님과 불자가 있 어 밝다'는 내용의 강연을 했다. 강연에 앞서 4.8공휴제정에 공로가 큰 용태영 변호사, 김청정심보살 등 다섯 분에게 공로패 전달식도 있었다.

법회가 끝나고 KBS부산방송국의 초청을 받아 서옹 종정큰스님, 강 석진 대회장 겸 부산상공회의소 회장, 필자 세 사람이 KBS 방송대담 프로에 30분간 출연했다. 27일에는 통도사 방장이시고 조계종 종정스 님이신 월하 큰스님의 법어가 있었다. 26, 27일 양일간 법회에 이어 하 루 2회씩 4회에 걸쳐 순교자 이차돈 극 공연을 가졌다. 이 극에 출연한 연예인은 구민, 현석, 홍성민, 김호영, 송도영, 고설봉, 김영옥, 한인수, 강계식 등 이름 있는 연극배우로 짜여졌다. 극의 입장권 판매 수는 단체 권이 4,400매, 일반회원권이 5,800매, 공연권이 1,500매 도합 11,700 매였다.

이 대법회와 극공연이 한국불교 법회사상 초유의 대성황을 이룬 데에 는 두 가지 특징이 있었다. 첫째는 협찬금을 내는 모든 불자에게 협찬금 에 해당하는 이차돈 극 입장권을 주어 관객동원이라는 효과를 냈다는 점이고, 둘째는 어느 개인, 불교단체의 희사금이 아닌 극공연 입장권 수 입금으로 대법회 예산을 충당하고 오히려 50만원의 흑자를 냈다는 점 이다.

오늘의 부산불교가 단합된 모습으로 한국불교의 중심이 된 데에는 필 자가 기획한 이때의 남북통일기원대법회가 기폭제가 되었다는 사실을 그 당시 행사에 참여한 어느 누구도 부정할 수 없을 것이다.

4.8공휴제정 기념 남북통일기원대법회 및 이차돈 극 공연같은 부산 불교계의 큰 행사가 기록보전이 잘되어 있지 못함이 매우 아쉽고 부산 불교계 행사의 기록들을 지금이라도 잘 바루어 줄 것을 건의해 본다.

대한불교조계종 서옹 종정 큰스님 법어

불교의 진리는 만고불변의 대도 (大道)입니다. 우리 민족사에 있어 서도 정신적인 근본바탕은 불교였 고, 국가사회의 온갖 시련을 이겨 낸 지혜와 의지의 바탕으로서 새 역사 창조의 지표가 불교의 진리 입니다. 또한 시대적 변천이나 지 리적, 인종적 차이를 초월하여 세

서옹 큰스님

계와 인생에 관한 보편적 진리로서 언제나 참신한 현실성을 지니고 있 기 때문입니다.

따라서 '부처님 오신 날'을 민족사적인 차원에서 공휴일로 제정한 것 은 정부당국의 현명한 영단이 아닐 수 없습니다. 오늘 부처님오신날 제 정기념 남북통일 기원대법회를 한국불교의 요람이요, 삼국통일의 위업 을 달성했던 신라의 옛 땅 항도 부산에서 갖게 된 것은 일천만 사부대중 과 오천만 동포와 더불어 참으로 뜻 깊은 성사(聖事)라고 생각합니다. 역 사의 흐름은 한 대립에서 또 다른 대립의 등장으로 분열 투쟁해 간다고 합니다. 때문에 현재라는 상황 속에는 언제나 대립적 상태가 현존한다 고 보는 것이 변증법적 사고의 입장이라 할 수 있습니다. 따라서 대립이

해소되었다는 것은 창조적인 발전이 되고 있지 않다는 것입니다. 역사의 흐름이 정체되었거나 종결된 것으로 파악합니다.

그래서 대립적인 상황과 사상이 나타난다는 것이 역사발전과 창조의 윤리라는 것입니다. 이러한 입장에서 본다면 현재는 대립으로 성립해 있고 또 성립해야 하며 인간의 역사는 평화지향적임에도 불구하고 영원히 분열과 투쟁을 면할 수 없게 될 것입니다. 오늘날 인간사회에 분열과 투쟁이 상존하는 것은 이러한 변증법적인 역사관에 입각하여 있기 때문이라고 생각합니다. 대립과 대립, 분열과 투쟁의 역사에서는 총화가 성립할 수 없고 동족상쟁, 국토분단 등과 같은 인류의 비극은 불가피하게 되는 것입니다.

나는 불교의 진리가 만고불변의 대도임을 전제한 바 있습니다. 불교에서 말하는 총화는 바로 현재, 영원한 현재성에 있기 때문입니다. 온갖 대립과 대립적인 상황은 총화를 바탕으로 하고 총화를 전제로 해서 성립한 것입니다. 미래에 성취하고자 하는 그런 총화가 아니라 바로 현재라는 상황 속에서 구현해야 하는 총화입니다. 예컨대 이러한 총화의 현재성은 어버이의 사랑에 비유할 수 있을 것입니다.

자녀에게 베풀어지는 어버이의 사랑은 어버이와 자녀간의 대립에서 쟁취 되거나 발견되는 것이 아닙니다. 그것은 미래가 아닌 현재한 사랑인 것이며 자녀에게 향한 일체 행동의 본질이며 원동력인 까닭입니다.

불교에서 말하는 자비는 이러한 어버이의 자녀에게 베푸는 사랑의 한계를 부정하는 데서 출발하는 것입니다.

그러한 사랑을 무한하게 확대시켜 놓은 사랑입니다. 여기에서 자기라는 것, 자기 것이라는 것을 부정하고 초월하여 대아(大我)를 실현하고 창조하는 참 사람의 사랑을 자비라고 합니다.

참사람은 인류를 절대평등한 것으로 생각하며 또 그러한 생각마저 끊어버린 대자대비행이 갖추어져 있습니다. 자비심은 현재한 것이어야 합니다. 먼 뒷날에 자비에 도달한다는 것이 아니라 현실 속의 행동이 자비 바로 그것이어야 하는 것입니다. 일체가 자비심에서 출발하여 자비심을 실현하는 것입니다. 오늘 우리가 자각해야 할 것은 모두가 참사람의 근원적인 자기를 회복하는 것이며, 참사람의 자비를 자기의 이웃과 소속집단에서 실천하는 것입니다. 참사람의 자비행이 우리 일천만 사부대중 속에서 실현되어 그것이 바로 총화이고 집단과 집단의 대립 분열이 해소되며 분단된 조국은 평화적인 통일의 숙원을 이룰 수 있는 것입니다. 그러나 물질만능주의적 풍토와 나 하나 밖에 모르는 이기주의적 세계에서 참사람으로서의 자아를 발견하는 사람은 소수에 지나지 않습니다.

그러나 누구나 나 스스로 참사람임을 확신하고 참사람답게 행동하려는 정성을 다하는 것이 이 시대의 강대한 타율성을 극복하고 주체적으로 사는 길이며 자비심을 구현하는 길입니다.

우리 불자들은 불교적 신심(信心)으로 삽시다. 이 땅의 정치경제적인 시련과 사상적인 갈등과 방황은 자비를 바탕으로 할 때 화해의 지표가 있고 자비행 속에 인간의 인간다운 영광이 있음을 현실 속에서 보여주어야 하겠습니다.

초우스님 발원문

우주에 충만하시며 자비로 중생의 아픔을 어루만지시고 지혜로 어둠을 밝히는 대자대비하신 제불, 제보살님!

탐, 진, 치 삼독과 오온과 육근의 업으로 인연의 고해를 살아가는 우리 모두에게 부처님을 향한 사홍서원의 길을 걷게하여 주십시오.

사악이 대비가 되고, 번뇌가 보리가 되고, 미혹이 깨달음이 되어 사바세계가 불국토이고, 중생이 부처되는 세계를 이 땅에 이룩되게 하여 주십시요!

한반도는 불국토 건설을 위해 불씨를 묻어 둔 약속된 땅입니다.

이 작은 씨앗이 이 국토와 막힌땅 북녘땅에 까지 메아리쳐 깨어있는 국민이 앞서 위대한 통일 한국, 위대한 불국토을 건설하는 불길이 되게 하여 주십시오. 그러기 위해 이 나라 남북의 땅이 도량이 참되고 진실된 불씨를 밝히는 곳이 되게 하여 주십시오. 이 나라 국민이 선재동자가 53선지식을 찾아 구법함과 같이 깨달음을 위해 힘서 정진하는 곳이 되게 하여 주십시오.

앞으로 이룩할 통일은 동북아세아, 세계에서 가장 살기좋고 도덕과 불성(佛性)이 충만한 통일국가가 되도록 하기 위한 간절한 바램으로 고천(告天) 고불(古佛)하는 바입니다.

뜻을 세운 곳에 뜻이 이룩되게 하여 주시옵고, 제불, 제보살이 거룩함과 같이 앞으로 이룩할 이 나라의 통일 한국, 위대한 한민족이 되게 하여 주십시오.

나무 석가모니불 나무 석가모니불 나무 시아본사 석가모니불

2천만 불자와 남북 7천만 동포의 마음을 모아 발원올립니다.

통도사 사문 초우 합장

강석진 대회장의 대회사(大會辭)

강석진 대회장

　부처님의 자비공덕(慈悲功德)이 이 나라 이 국토에 가득하길 빕니다.

　오늘 남북통일을 기원하는 대법회를 거행함에 있어 본 대회를 빛내시기 위하여 바쁘신 중에도 멀리 서울에서 내려오신 대한불교조계종 종정 서옹(西翁) 대종사님을 비롯한 여러 대덕 큰스님 대단히 감사합니다. 그리고 공사다망하신 부산시장님을 비롯하여 재부 각 기관장과 내빈 여러분께서도 이와 같이 참석하여 주신 데 대하여 심심한 사의를 올리는 바입니다.

　부산은 우리나라 관문으로 또한 굴지의 상공업도시로서 2백만 전시민이 총화단결을 굳건히 하여 민족중흥의 역사적 대과업 추진을 힘차게 전진시키고 있는 이때에 전국 일천만 불자들의 총의(總意)에 찬 대법회를 열게 된 데 대하여 감사드리는 바입니다. 우리 민족의 과거를 살펴보면 여러분도 잘 아시다시피 국가와 민족의 재난이 있을 때마다 우리들 불자는 부처님의 정신으로 함께 뭉쳐 구국의 길로 매진한 사실은 역사가 생생하게 증명하고 있는 바입니다.

　신라의 삼국통일, 고려의 건국, 몽고족의 침입, 임진왜란 등등, 국난극복을 위하여 앞장선 불교를 우리는 너무도 잘 알고 있는 역사적 사실입니다.

　오늘날 북한의 적화통일 도발에 직면하고 있는 한편 세계적인 경제불황 속의 경제난국을 대처하기 위해서는 우리들 불자가 단결을 과시하여야만 어떤 난국도 이를 극복하고 타개될 줄 믿어 마지않습니다.

이 사람의 생각으로서는 박대통령 각하의 배려하신 4.8.부처님오신날 공휴제정을 발판삼아 더욱 경제를 중흥 발전시키고 불자는 호국불교의 불교 본래의 숭고한 정신을 계승하여 통일을 위해 더욱 힘써야 할 때라 생각합니다.

모두 건강하시고 부처님 가호가피가 집집마다 가득하시길 빕니다.

이기영박사 특별초청강연

이기영 박사(오른쪽)

삼국통일시대를 전후해서 신라인은 전륜성왕이 다스리는 신라를 불지국(佛地國)으로 굳게 믿었습니다. 그러한 그들의 믿음은 황룡사 장육존상(丈六尊像) 조성에 대한 기록에 잘 나타나 있고(『삼국유사』「황룡사장륙조」), 황룡사 9층탑의 반석은 자장(慈藏)스님이 중국 오대산(五臺山)에서 문수보살로 부터 수기(授記)받기를 석가와 가섭불이 전불(前佛)시대에 설법하던 곳이라 했습니다.(『삼국유사』「황룡사구층탑조」)

토인비는 "앞으로의 세계는 대서양시대가 끝나고 태평양시대 동북아시대가 온다"고 했습니다. 『25시』의 작가 게오르규도 한국의 미래는 불교로 인해서 밝다고 했습니다. 시성(詩聖) 타고르는 한일합방의 암울한 시대에 "동방의 등불 한국에 또 다시 불이 켜지는 날 인류를 밝게 할 것"이라고 했습니다.

이러한 숱한 찬사와 기대는 한국인의 자부심을 견인할 동력이 될 수는 있지만, 그 동력을 민족의 부흥으로 이끌 존재는 바로 우리들 자신입니다. 우리 자신들이 모여서 움직이고 변화 발전시켜야 한다는 것입니다. 나아가 그러한 움직임을 선도해야 할 위치에 있는 것이 불교라는 점을 잊어서는 안 됩니다. 여기에서 말하는 선도(先導)는 불교위주로 불교 중심으로 가자는 것이 아닙니다. 어렵고 험난할 때에는 몸을 앞으로 내고, 공(功)을 말할 때는 몸을 뒤로 하는 것입니다. 근심은 먼저 하되 즐거움은 뒤로 하는 것입니다.

이를 위해서는 한국의 불교계와 한국의 불자가 먼저 변해야 합니다. 시대가 변화하고 지식 수준이 변화하고 문명의 패러다임이 변화하고 있습니다. 수동적으로 다른 흐름에 끌려다니는 변화가 아닌 능동적인 변화가 필요합니다.

현재의 우리의 모습을 잘 보십시오. 개혁, 개혁을 외치면서도 사찰은 치마불교, 기복불교에서 벗어나지 못하고 있고, 사찰의 재산과 재정은 공개되지 않고 있습니다. 탐진치의 구속에서 벗어나 깨달음의 길을 안내하는 종교임에도 불구하고 탐진치에 속박되어 있는 모습으로 비치고 있는 지금의 모습에 대해 심각한 반성이 필요합니다.

동북아시대 이 한반도에 영광된 민족통일, 21세기 새질서 새 비전을 내놓기 위해서는 불교가 달라져야 하고 불자가 달라져야 한다. 불자 모두가 자기 깨달음을 열고, 교단을 개혁하고, 부처님의 정법을 온 국민에 널리 펴야 합니다.

4.8공휴제정 특별기념 남북통일기원 대법회 추억담

대법회 행사 임원구성의 큰 틀

행사 준비 사무차장을 맡은 백이성(白耳聖) 낙동강문화원 원장과 나는 행사기획의 핵심에 대해 의논한 결과, 부산시민이 역대 어느 행사보다도 많이 모이도록 하며 내용 또한 부산시민의 행사가 되도록 하자는데 뜻을 같이하고 행사를 기획했다.

이 행사기획을 부산불교거사림 임원회에서 토의했으나 이인희 부회장이 부산불교거사림의 이름은 행사준비에 사용할 수 없다고 단호히 반대했다. 행사 후 자금이 부족할 경우 그 감당을 할 수 없다는 이유였다.

강석진 상공회의소 회장과 부산재벌 회사를 임원으로 영입하고, 통도사, 범어사 말사들의 도움을 요청하면 될 것이라 생각되어 준비위원회 임원조직에 들어갔다. 이윤근 부산교육감, 청정심 보살, 송규원 상공회의소 부회장을 부대회장으로 모시고, 유길영(총무위원장, 거사림 부회장), 임채수(재무위원장, 거사림 부회장), 김원갑(조직위원장, 통도사신도회 총무부회장), 박정법심(홍보위원장, 범어사관음회 회장), 김본심화(특별위원장, 선암사 신도회장, 한일합섬 김한수 회장 김택수 의원의 누님), 길고불심(동원위원장, 통도사와 말사 신도 동원), 이윤근(부대회장, 부산시교육감, 종립학교 동원), 고문, 자문위원, 지도위원으로 500

명 정도 명단을 올리고 대불연 회장단(김대현, 현익채, 홍상명, 전완수, 주영배, 최병문 등) 30여명에게 부산시, 경남도의 각 사찰 신행단체의 동원을 맡게 했다.

경남 울산지역은 통도사 월하(月下) 방장스님, 초우(통도사 주지스님), 박원만성 신도회장(부산지검장 어머니), 김석배 회장, 고문평 회장, 서송남 회장, 공병수 회장, 강상호 회장, 이종수 회장, 김원갑 회장과 통도사 극락암 신도회 임원으로 위촉했다.

강석진 대회장님의 큰스님에 대한 섭섭함 토로

나는 이 행사의 사무국장을 맡아 동명목재(주) 강석진 회장님의 사무실을 자주 찾아 행사준비 사항을 보고 드리고 설명 드렸다.

나는 이 과정에 강석진 회장님은 초등학교도 졸업하지 않았으나 뚜렷한 개성과 확실한 자기 철학을 가지신 분이라는 것을 알았다. 점심식사는 도시락을 싸와서 사무실에서 드셨고, 그때 동명불원을 짓기 위해 동남아 불교국가, 인도, 일본, 중국 등의 사찰, 불상, 건축 자료를 수집 연구하고 계셨고 동명불원 건립은 완성단계에 이르렀다. 사찰 건립은 당신의 부모와 당신 사후 분묘의 수호와 왕생극락 발원을 위한 것으로 보였다.

강회장이 성철 큰스님에 대해 섭섭함을 토로한 이유는 회장님께서 성철 큰스님을 세 번 찾아 갔는데 삼천배를 하지 않아 만나주지 않았다는 것이다.

"나의 종업원이 2만 명이 넘고, 내가 지은 공장에서 일하며 밥 먹고 사는 사람이 얼마인데 나에게도 삼천배를 적용하여 만나 주지 않는 것은 부처님의 뜻이라기보다는 속 좁은 스님들의 잘못된 판단이라고 생각했다."고 말하였다.

성철 큰스님의 깊은 뜻을 강회장님이 헤아리지 못한 것은 아닌지 생각해 볼 일이다.

다음은 송광사 구산(九山)스님에게 용채 500만원과 주지를 맡아달라는 편지를 보냈는데 돈과 편지를 돌려보냈다는 이야기를 자주 했다.

나는 강석진 회장으로부터 이 이야기를 몇 번 들으면서 큰스님들이 생각하는 바와 강회장이 생각하는 바가 달랐던 것 같다. 당신의 아만을 하심(下心)하고 큰스님들의 마음속으로 들어가서 진정한 불제자가 되었다면 동명목재가 그렇게 허무하게 망하지는 않았을 것이라고 생각되었다. 성철(性徹) 큰스님, 구산(九山) 큰스님, 강석진 회장의 만남은 아쉬움이 많다.

신군부로부터 동명목재, 국제, 삼화 등 부산지역 재벌을 살릴 수 있었던 길은 이 두 분 큰스님께서 강석진 회장을 부처님 마음으로 폭넓게 안아주시고 부처님 길로 살아가도록 하는 것이었다고 생각된다. 강석진 회장님의 그 당시의 아만이 두 큰스님을 진정한 스승으로 받아들일 준비가 안 된 것이니 누구를 탓하랴.

제행무상이고 제법무아이니 흥하는 것도 망하는 것도 모두 인연이고, 인과인 것을 어떻게 하랴.

강석진 회장과 대회 행사비 합의

강석진 회장님과 함께 있는 동안 그분의 강인한 의지력, 엄격하게 다스리는 극기력, 옳고 그름에 대한 올곧은 기준에 의한 판단, 합당하고 정확한 자기 철학에 의해 살아간다는 것을 알 수 있었다.

강회장님은 그때 최신형 벤츠 두 대를 사들여 한 대는 박정희 대통령께 타시도록 선물하셨고, 한 대는 회장님이 타셨는데 그 차를 함께 자주 탔다. 비포장도로를 달리는데도 컵에 들어있는 물이 출렁이는 것을 보지 못했다. 나는 이런 차가 있다는 것에 먼저 감탄했다. 그리고 차에 있는 내내, 우리나라에서 처음 들여온 가장 좋은 차 한 대는 대통령, 한 대는 초등학교도 제대로 나오지 못한 자신이 타고 다니는 것에 대한 자부심, 자신이 대통령 다음 서열이라는 강한 믿음 같은 것이 있음을 느낄 수 있었다.

회장님께서 기분 좋은 날을 택하여 부처님오신날 행사비에 대해서 조심스럽게 의논을 드렸다.

"회장님, 대회 행사비에 대해서 몇 차례 행사 임원들과 대화를 나누었는데 대부분의 임원들이 대회장인 회장님께서 잘 마무리지어주실 것이라 하면서 행사 준비나 대회당일 행사를 잘하도록 하라고만 하고 구체적 세부계획을 세우지 않습니다. 제 생각으로는 행사 준비, 특히 대회당일의 행사를 잘하기 위해서는 자금계획이 잘 세워져야 행사를 마친 후 행사비 문제로 회장님께 누를 끼칠 일이 없을 것으로 생각합니다."

"어떻게 하면 그렇게 할 수 있겠느냐?"

"제 생각으로는 잔치는 모두가 흥겹고 모두가 기쁨을 느끼게 하는 것이어야 한다고 생각합니다. 불교가 우리나라에 국교와 같이 전법되는 데에는 이차돈 성사의 공이 크니까, 그 분의 일대기를 공연하는 것은 어떻겠습니까. 청중을 동원할 수 있을 뿐만 아니라 극을 관람케 해서 그 흥행으로 대회 행사비와 대법회 장엄을 할 수 있으니 일석삼조(一石三鳥)가 아니겠습니까."

강회장은 나를 응시하면서 이 사람이 무엇을 어떻게 하자는 것인지 들어봐야겠다는 자세였다.

"그러기 위해서는 상공회의소 임원, 기업체를 동원하여 매표의 절반을 상공회의소 임원 회사에서 맡아 주시면 좋겠습니다. 나머지 절반은 통도사, 범어사, 종립학교, 일반청중으로 동원할 수 있습니다. 제가 예상하는 바로는 상공회의소에서 표 구매를 7000장 해주시면 절반을 불자들에게 매표하여 표 판돈으로 행사를 잘 마칠 수 있을 것 같습니다."

강회장은 즉석에서 좋다고 했다. 7,000장이 아닌 8,000장을 승낙하시고 안범수 상공회의소 상임부회장, 송규원 대회 부회장에게 모두 연락을 취하고 각 기관장에게도 협조하도록 하겠다고 하셨다. 매표대금 240만원(8,000명×300원)은 상공회의소 안범수 부회장에게 지불하도록 해 놓겠다고 했다. 이로써 행사준비는 이날 다 된 것이나 마찬가지가 되었다.

시래풍속등왕각(時來風速登王閣)이라더니 행사는 순풍에 돛단배보다 훨씬 빨랐다. 일사천리로 진행되었다. 당시는 대통령께서도 아버지라 부르는, 강석진이라는 이름 석자만으로 하늘을 나는 새도 떨어뜨리던 때였다. 어쨌거나 이런 과정을 통해 유명 연극배우가 총동원되어 이차돈 성사의 일대기가 연극으로 공연될 수 있었다. 이차돈 극공연을 통해 행사비도 마련하고, 청중도 동원하고 흥겹고 보람 있는 대회를 만들어 불심으로 훨훨 타오르는 일석삼조의 효과를 낸 것이다.

박영수 부산시장 면담 도움 요청

행사를 앞두고 부산시민회관 임대, 부산시민의 거시적인 참여, 부산의 각 기관장의 참여를 위해 부산시장의 협조가 절대적으로 필요했다. 시장의 협조를 위해 시장을 찾아뵙겠다고 대회장인 강석진 회장에게 말씀드렸더니 회장님께서 직접 말씀드려놓겠다고 말하시고, 찾아뵙고 필요한 사항에 대해 협조요청을 하라고 했다.

유길영 총괄부회장, 박노준 시정자문위원, 나 세 사람이 시장님을 찾아뵈었다. 시장님은 친절하게 맞아주었고 강석진 회장님께도 당부가 있었다고 하고 대통령각하께서도 각별히 배려한 일이라고 하셨다. 특히 부산에서 먼저 하는 이 행사가 각별한 의미가 있다고 하시고 행사가 잘 마무리 되도록 돕겠다고 하셨다. 2월 26일에서 27일까지 2일간 사용하는 시민회관 대관료도 가장 저렴한 가격으로 대관하도록 하겠다고 하시며, 시민회관 사용에 전혀 지장이 없도록 해 줄 것을 약속해 주셨다. 덧붙여 시장님께서도 이 행사에 꼭 참석하시겠다고 하셨다. 부산의 기관장이 얼마나 참여하느냐는 대단히 중요하니 기관장이 모이는 자리에서 이 행사에 참석할 수 있도록 한 말씀해 달라고 당부까지 했다.

이날 부산시민회관 행사에 부산의 기관장은 한사람도 빠짐없이 다 참석한 것으로 보고되었고, 기록되었다. 100여명의 내빈석은 꽉 찼다.

대불련 학생들의 각별한 협조

대학생불교연합회 부산지부 불교학생회는 학교별 조직을 갖추었고, 법회활동도 잘하고 있었다. 그 연합회 사무실이 내가 운영하는 양정독서원 안에 무료로 제공되어 있어서 협조를 구하기에 용이했다.

학생들은 행사포스터를 부산시와 경남도내 요소요소와 각 사찰에 부착하는 일을 했을 뿐 아니라 범어사, 통도사 등 교구본사의 도움을 받아 말사의 모든 사찰과 타 종단 사찰에까지 배당된 표를 전달하고, 표의 대금까지 수금하였다. 인원동원과 자금계획에 차질이 없게 한 달 넘게 노력 봉사한 대불련 학생들의 공로는 대단했다.

행사를 마치고 남은 돈의 절반을 대불련 기금으로 내주었다.

이 행사 후 남은 돈은 50만원이었고 그 절반 25만원을 대불련 기금으로 내준 것이다. 이때 대불련 부산지부 회장 홍상명, 부회장 주영배, 총무 전완수, 전임회장 김대현(교수), 부산불교홍법회 회장 현익채(금정중학교 교장), 최병문 중·고등학교지도교사회(불교신문 부산지사장), 김태유 회장, 부산불교청년회, 홍법회 등 자원봉사활동의 공이 컸다.

부산 불교회관 건립 모금의 암초(暗礁)

부처님오신날 공휴제정 특별기념 행사는 부산경남의 모든 불자가 함께한 대축제였다. 이 행사를 기획하면서 이번 행사를 계승할 기획이 있어야 했는데 이를 준비하지 못했다.

행사 뒤 나는 부산불교발전을 위해 불교 각 신행단체가 자리를 함께하는 부산불교회관 건립을 위한 모금운동에 들어갔다. 많은 불자들이 찬성하고, 신행단체별로 협조하겠다고 했으나 기존 부산불교신도회가 관음선행회를 앞세워 반대하고 나섰다. 관음선행회에서 부산불교회관 건립을 위해 전포동에 부지매입까지 완료했다는 이유로 회관건립을 관음선행회가 할 수 있도록 해야 한다는 것이 반대의 이유였다.

이는 4.8공휴제정 특별기념법회 준비위원회가 통도사 신도, 부산불교거사림 등 부산경남의 불자가 연합하는 새로운 신도단체가 뭉치는 것에 대한 견제적인 주도권 다툼으로 세력화하는 양상으로 보였다.

나는 이때 이 행사의 여세로 부산불교회관을 건립할 자금모금이 충분히 가능했으나 이들의 진심과 분쟁에 말려들지 않기 위해 부산불교회관 건립 기금모금을 양보 중단하고 말았던 것이다. 지금 생각해봐도 당시에 회관건립을 양보하고, 중단한 판단은 크게 잘못한 선택이었다.

관음선행회와 기존 신도회는 회관건립을 약속한대로 이행하지 않았다. 내가 회관건립을 중단하자 그들도 회관건립을 유야무야 중단해버린 것이다.

이차돈 극공연과 부용당한의원 조인좌(趙仁佐) 원장과의 인연

4.8공휴제정 특별기념대법회를 준비 중에 경주에서 한의원을 하시는 조인좌 거사님 사무실에서 사무장 일을 보고 있다는 거사님이 스님 한 분을 모시고 나를 찾아왔다. 이들이 찾아온 목적은 이차돈 극공연을 4.8공휴제정 특별기념대법회와 연결시켜 보자는 것이었다.

나는 조인좌 거사에 대해 좋은 이미지를 갖고 있었다. 그는 덕망을 갖춘 인물로 가난한 사람들에게 무료로 침치료를 하고 있었고 고아원도 운영하고 있었다. 나의 부친과는 경주에 사는 한시(漢詩) 동호인들이 함께 시율(詩律)을 읊는 삼익계(三益契)라는 모임의 일원이었으며, 아버님이 편찮을 때 영천까지 한약을 지어서 두 번이나 찾아오신 고마운 분이었다.

경주에 올라가서 조인좌 거사님께 인사를 드린 후 예산이 넉넉하지 못한 점을 말씀드리고, 2월 26일 2회, 2월 27일 2회, 총 4회에 걸쳐 공연하기로 결정하여 이차돈 극공연이 채택된 것이다.

세상사 인연이란 알 수 없는 것이다.

아버님과 조인좌 거사님과의 인연이 이차돈 극공연을 통해 나와 연결되고, 흥륜사(興輪寺) 등 경주의 많은 비구니스님들이 이때 부산에서 열린 행사에 참여한 것으로 기억된다.

조인좌 거사도 열반에 드셨고, 흥륜사 노비구니스님도 열반에 드셨고, 그때 이차돈 극공연으로 몇 번 만났던 스님은 경기도 전방 어느 사찰에 머문다는 것까지만 알고 그 후 소식은 모르고 있다.

독서실 운영에서 골판지 포장공장 사업으로

독서실을 운영함으로써 생활의 안정은 물론 경제적 여유를 갖고 불교 활동을 할 수 있는 여건이 되었기 때문에 4.8공휴제정기념 남북통일 기원대법회를 성대히 마무리할 수 있었다. 그 결과 부산불자, 범어사 통도사를 중심으로 한 부산경남의 불자까지 부산불교거사림회가 이 행사를 주관한 것으로 인식되어 부산불교거사림회가 전국적으로 알려지는 계기가 되었다.

하루는 독서실에서 청소를 하던 중 몇 번 찾아왔던 50대쯤으로 보이는 보살이 자기와 이야기를 좀 하자며 찾아왔다.

자기는 공주사범학교를 나와서 학교 선생을 하다가 현재는 골판지 포장가공 공장을 하고 있다고 한다. 몇 년 전 사고로 남편과 사별하는 바람에 학교 교편을 내려놓고 골판지 포장공장을 운영하는데 여러 가지로 형편이 어렵다는 것이다. 자기로서는 골판지 포장공장을 도저히 운영하기 어렵다는 점과 독서실 경영이 자기 적성에 적합할 것 같다는 이유를 들며, 독서실과 자기가 운영하는 골판지 공장을 맞교환하면 좋겠다며 사정조로 제의를 했다.

참으로 얼토당토않은 제의였다. 나는 독서실 경영을 통해서 괜찮은 소득을 창출하고 있고, 독서실 경영으로 안정적인 앞날이 보이는데 전혀 모르는 골판지 포장공장과 맞교환하자니 참으로 괴이한 제의였다.

이 보살은 간절한 마음으로 나에게 몇 차례 찾아와 사업을 교환해 주기를 간절히 바랬다. 그래서 양정에서 멀지 않은 곳에 있는 포장공장에 가보기도 했다. 100여 평 되는 가건물에 종업원을 7,8명 정도 거느리는 소규모 단순 가공공장이었다. 마음이 내키지 않았다. 그럼에도 이 보살의 교환제의는 계속되었다.

경봉 큰스님을 찾아 자문을 받다.

보살님의 골판지 포장공장과 독서실을 맞바꾸자는 제의가 너무나 간절해서 그냥 넘길 수 없었다. 경봉스님을 찾아가 사실을 말씀드리고 그 답을 얻는 것이 좋겠다고 생각되어 통도사 극락암을 찾았다. 경봉 큰스님께 전후 사정을 이야기하고 어떻게 하면 좋을지 여쭈었더니, 큰스님께서는 다 듣고 나서 독서실 같은 사업은 돈을 벌어서 무료로 하는 것이 옳고 학생들로부터 돈을 받고 공부하도록 하는 것은 대장부가 하는 일로는 옳지 않다고 하셨다. 더욱이나 여자가 하는 것이 좋은 사업인데 보살이 그토록 간절히 원한다면 보살의 청을 들어 독서실과 공장을 바꾸는 것이 좋은 일이 될 것이라 하시면서, 생소한 공장이라 처음엔 힘들더라도 좋은 생각으로 열심히 하면 잘 될 것이라 하셨다. 큰스님의 말씀이 이렇고 보니 따르지 않을 수 없었다.

큰스님의 말씀대로 보살의 골판지 포장공장과 독서실을 맞바꾸게 되는 희한한 업종전환이 결국 이루어졌다.

지금 생각해도 골판지 포장공장과 독서실을 구체적 평가, 앞날에 대한 전망, 투입된 자본 등의 고려도 없이 맞바꿨다는 것은 일반의 상식으로는 이해가 불가한 일이었다. 그것은 경봉 큰스님에 대한 믿음 내지는 그 법력(法力)에 의지한 희한한 결단이었다. 그래서 결국 나는 독서실을 보살에게 인계하고 포장공장을 맡아 운영하게 되었다.

골판지 포장공장의 승승장구

범일동에서 소규모 70여 평의 가공공장에서 1년여 열심히 일하다보니 거래량이 많아져 주야로 공장을 돌려야 했고 매일 잔업을 직원들과 같이 했다. 공장에 일거리가 많아지고 좋은 거래처와 매체가 많아지니 이 업종에서는 알아주는 업체가 되었고 불교계에서 밀어주는 업체도 점차 많아졌다. 대연동에서 200여 평 규모의 골판지 제조공장과 가공공장을 함께 운영하는 골판지 생산 공장에서 동업을 제의해왔다.

내가 운영하는 70여 평의 골판지 포장 가공공장과 대연동의 200여 평의 골판지 제조공장을 한데 합쳐 동업으로 운영하자는 제의가 들어온 것이다. 동업이 필요한 이유는 대연동의 포장공장은 거래처 확보가 어려운데 거래처 확보 문제는 나의 공장 영업실적으로 보아 충분한 능력을 갖춘 것으로 보이고, 내가 중소기업으로 발전하려면 자금력이 있어야하는데 대연동 공장 사장은 자금력이 충분하다는 것이다.

사장 이름은 계흥수(桂興洙)라 했는데 이북에서 월남해서 사채놀이를 주 사업으로 하고 포장공장은 방패막이 사업이었다. 내가 포장공장을 하면서 거래하던 업체는 삼화식품, 대우, 롯데, 동원, 한일제관, 롯데제과, 대동벽지, 농심, 삼화고무 등 이름 있는 업체가 많았다.

사시(社是)를 '제일'로 정하다

모든 것에서 앞서가는 첫째가는 기업을 목표로 공장을 경영하면서 사시(社是)로 '제일주의'를 내걸었다. 생산, 사원복지, 급료, 작업환경 모두 동업종에서 가장 앞서도록 하겠다는 목표였다.

매일 아침 새벽 4시에 일어나서 가볍게 목욕재계하고 부산에 있을 때는 마하사, 서울에 있을 때는 봉은사 새벽예불에 동참하고 108배를 올렸다. 6시까지 집에 돌아와서 아침식사를 했다. 부산에서 공장을 운영할 때는 6시30분 되면 거래처 고객관리를 시작, 하루 한집 또는 두 집을 방문하여 케이크와 성의를 전달하고 앞으로 계속 거래가 잘 유지되도록 관리했다. 8시까지 공장에 돌아와서 회사 간부들과 오늘 하루 납품할 물품의 생산과 수주한 물품의 생산 납기에 맞출 수 있는지 여부를 점검하고, 공장기계, 종업원 등의 근무실태, 전날의 생산 등을 점검했다. 이것이 끝나면 10시경 시내에 나가 은행, 관공서, 거래처 등의 일로 오후 3시 30분까지 밖에서 일을 보고 오후 4시까지 공장에 돌아왔다.

이후 퇴근 시간까지 현장에서 종업원과 함께 일하고, 종업원이 모두 퇴근한 뒤 사장으로서 잔무를 정리한 뒤 퇴근했다. 이 같은 노력으로 5년 만에 양산에 만 평 목장용지를 매입하여 공장부지로 전용했고, 중소기업 육성책으로 지원한 제1차년도 특화자금 4억 원을 지원받아 명실상부한 중소기업으로 성장하게 된 것이다.

우성수출 포장공업사 – 중소기업 특화 1차년도 지원업체로 선정

1977년 정부는 선별지원으로 상품의 국제경쟁력을 높이기 위한 지원업종에 포장업종이 포함되었다. 나는 특화업체로 선정되기 위해 두 가지 일을 해야 했다.

첫째는 상공부가 선정하는 특화업체로 선정되어야 했고, 둘째는 선정되기에 앞서 선정요건에 맞는 자금능력, 공장규모 등 요구하는 제반 규정에 합당해야하는 것이었다.

그러기 위해서는 대연동에 있는 임대 공장 전세금으로 농지를 매입하는 일이고 다음은 이 농지를 공장용지로 전용 받는 일이었다. 이 시기는 대연동 골판지 포장공장이 두 사람 동업에서 나의 단독 사업으로 전환된 때였다.

이 두 가지 작업은 참으로 어렵고도 어려운 일이었다. 첫째 특화업체로 지정받기 위해서는 상공부가 정하는 여러 가지 심의과정을 거쳐 최종적으로 상공부장관의 승인을 받아야 하는 과정이다. 지방의 소규모 임대 공장으로서는 하늘의 별 따기와 같은 일이었고 불가능에 가까운 일이었다. 1만평의 목장 용지를 농지전용 받는다는 것은 가장 어려운 농수산부의 농지전용 허가사항이었다. 농지전용은 상공부장관 허가 1회, 농수산부장관의 허가 2회를 거쳐야 하는 어렵고 어려운 행정관문을 통과해야 했다. 더욱이 개인 업체로서는 더더욱 어려운 일이었다.

1979년 사업부도

1970년 9월에 군복무를 병장으로 만기제대하고 그해 기한부 공무원으로 부산시 동래구청 하위직 공직생활을 시작한지 10개월 만에 공직생활을 그만두고 독서실을 경영하는 자영업자로 사업을 시작했다. 독서실 경영 4년 만에 부채를 청산하고 조그마한 집까지 마련하고 두 아들까지 얻었으니 행복한 인생의 서곡이었다.

돈에 항상 어려움이 많았고, 어디에 가서 돈 이야기 할 곳이 없어 어려운 생활을 하던 나는 결혼 후 통장에 항상 잔고가 있었고, 돈을 빌리러 다녀야 할 일이 없어졌다.

1975년 10월 독서실과 포장공장의 맞교환이라는 기상천외의 사업전환을 하게 되었다. 처음 인수한 포장공장은 단순 가공공장으로 사업을 시작했으나, 골판지 생산과 가공공장을 겸한 중소기업으로 탈바꿈했다. 그러나 기계의 노후화로 생산비가 과다 지출되고 경쟁력이 떨어졌다. 더욱이 포장기술, 자재, 생산기술 등의 선진화를 후발업체인 내가 따라잡기에는 역부족이었다. 그래서 1977년 상공부 지원사업, 제1차년도 특화사업 선정 때 신청서를 제출해 전국에서 5개 업체가 선정되는 과정에 부산 지역에서는 유일하게 나의 공장이 선정되는 영광을 얻었다. 특화자금으로 4년 거치 4년 분할 변제 조건으로 저리자금 4억을 보증기금 보증으로 대출을 받아 비약적인 발전의 기틀을 마련했다. 이와 함께 농수산부에 농지 10,000평을 공장용지로 전환하는 어려운 일을 모두 해낸 것이다.

이때 밖으로는 4.8공휴제정기념 남북통일 기원대법회를 성공리에 회향하였다.

무명의 젊은이가 기획, 청중동원, 행사, 자금을 총괄하면서 행사를 성공시킨 것은 일생일대의 자랑이며 영광이며, 기도의 가피력이었다. 사업도 영세 가내공장을 5년 만에 중소기업 1차년도 특화업체로 지정받고 농지 10,000평을 공장용지로 전용해서 중소기업의 기초를 이루었다는 것은 크나큰 성공이었다. 그러나 번창의 영광 뒤에는 쇠망의 그림자가 따라온다는 것이 진리이고 이를 내다보고 극복할 수 있는 지혜를 갖춘 자만이 성공의 잔을 높이 들 수 있는 것이다.

나는 불교행사를 통해 불교의 도시 부산에서 강석진 회장, 이윤근 교육감, 부산불교거사림회의 임원, 통도사와 범어사 신도, 스님 등 많은 분과 알게 됨으로써 인맥이 넓어져 영업이 중심이 되는 골판지 포장공장 사업은 잘 되었다. 정부지원 특화업체로 4억 원이라는 거액의 저리자금으로 생산성이 높은 새 공장을 신축하여 경쟁에 앞설 수 있었고 은행에서는 우량적격업체로 거래은행이 보증하는 사업체로 공신력을 인정받게 되었다.

기업 관리, 인간 관리는 아홉 곳을 잘 살펴도 한 곳을 잘 살피지 못해 전체가 붕괴될 수 있다는 뼈아픈 교훈은 이미 때가 늦은 깨달음이다. 기회는 자꾸 오는 것이 아니다.

내가 부산불교거사림의 총무 일을 할 때, 감사의 직책을 가지고 나의 일을 도와주고 좋은 스승처럼 가르침을 주시던 분이 있었다. 그분이 항상 자랑하는 그분의 아들 딸 11명이 모두 부처님의 가피로 잘살고 있다는 그의 말에 함정이 있다는 것을 몰랐다.

그때 나도 특화자금으로 공장을 신설했고 그분도 공장을 지으면서 부족한 담보 때문에 나와 그의 큰 아들이 함께 연대보증을 써 그분의 공장 신축 부족자금을 해결해주었다. 그는 담보뿐만 아니라 그의 사업자금, 건축자금의 부족분을 해결하기 위하여 나에게 계속 어음교환을 부탁해오곤 했다. 어음교환이 너무 잦은 듯해서 금고에 있는 그의 어음 총액을 계산해보니 1억 원이 넘었다.

나는 그의 어음을 전혀 사용하지 않았는데 그는 나의 어음을 1억 원 넘게 사용하고 있고 대출보증까지 합하면 1억 5천만 원이 넘는 돈이었다. 나는 깜짝 놀랐다. 수습하기가 어렵다고 생각되었다.

그날도 아침 10시경 그는 나의 공장을 방문했고 차를 한잔 마신 뒤 400만 원짜리 어음 한 장을 교환해줄 것을 부탁했다. 나는 나의 사정을 이야기하고 두 사람이 서로 믿고 안전하게 사업할 수 있는 길을 찾자고 말했다. 그러기 위해서 우리 두 사람이 소유하고 있는 공장, 주택 기타 소유한 토지를 서로 상대방에게 담보설정하거나 가등기하자고 하니, 그는 오늘 어음만 교환해주면 앞으로는 어음교환을 요구하지 않겠다고 했고, 공장과 주택, 토지의 상호 담보설정은 오늘 집에 가서 검토하겠다고 했다. 백발의 노인이 오늘 이 어음만 교환해달라고 애걸해서 어쩔 수 없이 직원에게 400만 원짜리 어음교환을 승낙했다.

그런데 이 노인은 나의 어음을 가지고 가서 교환해 쓰고 그 날짜로 그의 당좌를 부도처리해 버렸다. 노인은 마지막까지 사람으로서의 신의와 도의를 깨뜨려버린 것이다. 사람이기를 포기한 것이나 다름없었다.

첫째, 그의 아들 딸 11명이 모두 부처님의 진신사리라 항상 말했는데 그의 아들, 딸 11명을 대학에 보내고 사회에 진출시키기 위한 희생양으로 나와 같은 젊은이를 택한 것은 잘못된 선택이다.

둘째, 어음을 가지고 가면서 오전에 한 약속을 오후에 깨뜨리고 나에게 방어할 기회를 주지 않은 것은 불자로나 어른으로나 크게 잘못된 처사다.

셋째, 그의 아들과 내가 공동보증으로 되어 있는 대출을 그의 큰 아들만 부도직전에 공동보증인에서 빼내었다는 점, 내가 이것을 문제삼아 큰 아들(부산시청 과장)을 사기로 고소하겠다고 했더니 아들을 살리기 위해 조부모를 모신 선산 1500평을 주겠다고 제의한 것은 조상과 후손의 인과관계나 부처님의 가르침을 올곧게 믿지 않은 어리석은 선택이라 생각된다.

이제라도 공부 잘하시어 빚 정산하시고 성불하시기 바란다.

이 노인이 부도났을 때 보니 나와 같이 어음교환한 사람이 7,8명이었고, 신사적인 외모로 아들딸 교육시키고, 시집장가 보내기 위해 어음 교환하는 일이 하루 일과의 전부였던 것이다.

깨닫지 않고는 빚 갚기 어렵겠다는 생각이 든다.

선지식 만나 공부 잘하고 이고득락하소서!

사업부도는 죽는 것이 아니라
무거운 짐을 내려놓는 것이다

사업 부도를 내기 전에는, 부도라는 것이 인생의 파탄, 죽음과 같은 것이라 생각했다. 걸어 다니면서도 관세음보살, 차를 타고도 관세음보살, 자다가도 밤 12시, 새벽 3시 일어나면 관세음보살, 참으로 칭명으로 관세음보살을 끝없이 염송했다.

꺼져가는 멸망의 구렁텅이에서 관세음보살 염불로 구원을 찾고 또 찾았다. 원숭이가 높은 두 나뭇가지에 밧줄을 걸어놓고 그네를 타면서 떨어지지 않으려고 온갖 재주를 다 부리는 격이다. 원숭이는 나무에서 떨어지지 않을지 모르지만 나는 떨어질 것이 불 보듯 뻔한 그네타기였다. 내가 지혜가 부족하여 사물의 앞뒤를 바로 보지 못하는 장님과 같이 앞에 낭떠러지가 있는 것을 보지 못했을 뿐이다.

어리석은 중생아, 죽고 사는 것이 둘이 아니며 부처도 관세음보살도 생사필멸의 업이 다다르면 어찌할 수 없는 것이다.

매일 매일 부도를 내지 않고 견딘다는 것이 고통으로 받아들여졌다. 최후의 방편으로 부석사(浮石寺)에서 지장기도를 해보기로 했다. 2박3일 철야기도, 12만회 지장염불 염송기도, 1000배 기도에 동참하기 위해 금요일에 가서 일요일 돌아오는 계획을 세웠다.

그래서 2박3일 철야기도, 12만회 지장보살 염불 염송기도, 1,000배 절하는 기도를 일심정성으로 마치고 돌아왔다.

나는 임시방편으로 거래은행에 가서 천만 원 월요일 대출을 일으켜 놓고 갔는데 거래은행에 가니 은행에서 토요일 1차 부도처리를 해버렸다. 지점장, 차장, 대출담당과장은 천만 원을 가지고 와서 이렇게 부도를 막는다고 하더라도 해결되지 않는다고 하고, 앞으로 거래은행에서 나의 공장에 자금지원을 중단하기로 했으니 부도처리하자고 권유했다.

1970년 기한부 공무원, 1971년 독서실 경영, 1976년 골판지 포장공장 경영, 1978년 상공부 선정 1차 특화업체선정에 이어, 농수산부를 통해 농지 10,000평을 공장용지로 전용허가, 거래은행에서 우량적격업체로 지정되는 등 사업 기반을 다 닦아 놓았다. 그러나 부산불교거사림 감사인 노인의 어음 교환을 도와주다가 10년 공들였던 탑이 사업체의 부도라는 불명예로 무너지고 말았다.

부산 불교계에 쌓아 올린 나의 명성과 발자취도 하루아침에 무너졌다. 부도를 내면 죽는 것으로 알았는데 이날 부도를 내고나니 그렇게 마음이 편할 수가 없었다. 부도라는 큰 돌덩이를 머리 위에 이고 있다가 내려놓고 나니 세상은 넓고 할 일은 많았고 성공과 실패가 손바닥과 손등처럼 둘이 아니었다.

이후 사업을 계속하라는 권유와 자금지원을 하겠다는 제의도 있었으나 나는 결심했다. 범죄 행위를 하지 않고서는 사업을 할 수 없는 이 길은 계속하지 않겠다는 단호한 결심이었다.

사업을 하게 되면 어음할인이나 이자로 나가는 돈이 엄청났다. 거래처에도 뇌물, 발주처에도 뇌물, 검수 단계도 뇌물, 수금처에도 뇌물, 어느 곳에도 돈이 필요했다. 공무원과 상대하는 인허가 사업에도 뇌물 없이는 되는 것이 없었다. 세무서에도 마찬가지였다. 내가 사업을 하면서 저지른 죄를 전부 사건화한다면 100년, 1000년을 징역살이를 해야 할지도 모른다. 바친 뇌물, 부당한 일도 엄청났다.

마음의 대전환이다. 길을 바꾸어 바른 길로 가자.

나는 부처님과 한 약속이 있다.

서울에 올라가서 또 다른 보살의 길에 도전해보자.

4
세상사 전도몽상
꿈속의 꿈

세상사 전도몽상 꿈속의 꿈

1970년 군에서 만기 제대, 기한부 공무원 10개월, 1971년 독서실 경영, 1975년 2월26일~27일 4.8공휴제정기념 남북통일 기원대법회 및 성자 이차돈 극공연 성황리 개최, 이 해에 독서실 경영에서 골판지 포장 가공공장으로 사업 전환하였다.

은행 부채는 공장이 담보되어 있어 자동 해결되었으나 보증기금의 부채는 원금과 이자가 눈덩이처럼 커져 변제가 어려운 것을 국가가 원금 8년 분할상환이라는 혜택으로 부채정리의 길을 열어주어서 모두 상환할 수 있었고, 사업부도로 인한 모든 부채를 깨끗이 청산했다. 사업부도로 인한 경제활동의 위축, 부채로 인한 고통은 당해본 사람만이 알 수 있는 일이다.

1980년도의 사업부도로 인한 경제활동의 장애가 35년이란 긴 세월동안 신용불량자로 경제활동을 어렵게 만들었다. 그러나 부처님 품안에서는 이것이 문제된 적이 없었다. 재산과 관련된 모든 문제는 자기 한 사람에 국한된 것이 아니라 가족 전체가 받아야 할 고통이라는 것을 알았을 때는 이미 때가 늦다. 친지는 도와주지 않으면서도 찾아오는 것, 만나는 것도 꺼린다. 이 같은 경험이 경륜이 되고 지략이 되고 지혜가 된다.

사랑의 마음, 관용의 마음, 상대를 안고 이해하는 것이 지혜이고, 반야다.

명리학 공부-명리정설 저술

30세 전까지는 역학을 공부하게 되리라는 생각은 전혀 하지 않았었다. 살아오면서 사람이 인식할 수 있는 보고, 듣고, 먹고, 맛보고, 냄새맡고, 인식할 수 있는 현상만이 전체인줄 알았던 내가 인식의 범위를 넘어서는 또 다른 세계가 있다는 것을 알게 되었다. '태어나기 전의 나는, 이 세계에서 삶을 다한 후의 나는 있는 것인가, 없는 것인가, 있다면 어떻게 존재할 것인가?' 라는 깊은 의문이 생겼다.

끝없이 펼쳐지는 우주, 다 알 수 없는 나란 존재의 세계, 다 알 수 없는 것이 우주이고, 다 알 수 없는 것이 나인가?

나란 무엇이며, 이 우주란 어떻게 형성되고 펼쳐지고, 변화되어 가는가?

봄 동산에 꽃피고 꾀꼬리 노래하며, 가을에 오곡백과가 황금빛 물결로 익어가고, 겨울에 나뭇잎이 떨어지고 줄기만 앙상하게 떨고 있는 이 자연계의 변화!

생로병사를 되풀이 하는 이 몸뚱아리!

잠시도 쉬지 않고 생주이멸(生住異滅)하는 정신세계!

사업이 도산된 이후, 이를 좀 더 철저히 파헤쳐보자고 생각되어 매달린 것이 명리학(命理學), 풍수학(風水學), 오행침술학(五行針術學) 등이었고, 이 방향의 책들을 정독하기 시작했다. 난해하고 방대한 바다에 돛단배를 띄운 격이다. 각 분야에 걸쳐 정규 역학 학원에서 1년 과정을 수료했다. 먼저 명리학 분야의 전문서를 정독하고 한 권의 저서에 담을 수 있게 내용을 정리해 보았다.

그때 한국 침술계에 이름을 떨친 유태우(柳泰佑) 선생의 수지침 강의에도 참여했다. 당시 유태우 선생의 수지침 강의에는 많은 사람들이 모여 들었다. 유태우 원장은 침술에 일가견을 얻은 오행(五行) 침술에 관한 지인(知人)의 경지를 이룬 분이었다.

침술은 오행이 근본인데 유태우 선생의 침술 강의도 오행을 기본으로 했다. 나는 명리학의 모든 저서를 집대성하는 과정에 오행에는 어느 정도 통달했다. 그래서 선생의 강의에 서슴없이 오행에 기초한 허(虛)와 실(實), 보(補)와 사(瀉), 정(正)과 편(偏)의 논리로 질문하니 같은 반의 수강생들은 내가 대단한 실력자로 보였던 모양이다. 같이 수업을 듣던 수강생들이 나에게 역학 강좌를 해줄 것을 제의해, 수강생 50여명이 중심이 되어 초기 나의 역학 강의실이 운영되었던 것이다.

이 역학 강의실에서 2년, 강의를 열기 전 1년, 3년에 걸쳐 중국의 고전. 한국, 일본에서 읽혀지고 있는 명리서(命理書), 알려지지 않고 비기(秘記)로 전해지고 있는 서적을 집대성하였고, 그 결과가 1983년 10월 명문당(明文堂)에서 출판한 나의 두 번째 저서 『명리정설』이었다.

이 책은 550쪽에 이르는 당시로서는 긴 편이었는데, 변만리 역학강의실, 서울대학교 역학강의실 등 이 책을 명리학 기본교재로 사용하는 곳이 많았다. 이로 인해 전국에서 찾아오는 사람이 너무 많아 책에서 주소와 전화번호를 지워버리기까지 했다. 나는 역학공부를 하면서 가상학(家相學), 풍수학(風水學) 공부를 했고, 공맹(孔孟)의 선진유가(先秦儒家)사상, 주자의 성리학(性理學), 조선성리학 이기론(理氣論)에 이르기까지 학문의 폭을 넓혔다.

월간 주택 잡지의 전무로 취업

내가 조흥은행 맞은편에 역학강의실을 열어 강의하면서, 『명리정설』을 집필하고 1983년에 명문당 출판사에서 출판했다.

이때 나의 역학 사무실의 주된 고객은 유태우 수지침을 배우던 나의 수지침 동기 수강생들이었고, 을지로 입구 네거리 위치가 좋은 곳이라 찾는 사람들이 꽤 있었다. 특별히 기억나는 고객으로는 경기고를 졸업한 여군창설단장의 아들, 그와 동기인 외환은행장과 몇 분의 동기생, 김대중 대통령과 동향으로 하의도에서 국회의원을 지낸 김인태 의원, 광주일보 사장을 지낸 최재철, 전 이범석 국무총리 비서관을 지낸 김성근, 자유당 창당 당시 조직부장을 역임한 김일수 선생, 김용완 선생, 중앙정보부 교육국장을 지낸 분 등 차 한 잔을 하고 쉬어가는 분들이었다.

이럴 때 사무실을 찾아와, 다음 번 국회의원 공천을 받으려고 하는데 너무 바쁘니 자기 회사를 맡아서 경영해달라고 여러 번 진심으로 청하는 이가 있었다. 주택잡지 사장이었는데 그는 나의 대학동기이기도 했다. 나는 능력도 없는데다 남에게 매여 사는 것이 싫은 사람이므로 다른 사람을 찾으라며 고사했다. 맡은 일을 잘못하게 되면 친구까지 잃어버릴 수 있다며 거듭해서 고사했지만 그는 요지부동이었다.

어쩔 도리가 없었다. 월급과 판공비 등을 미리 정하고 전무 직책으로 일하기로 했다. 취업 첫날 친구의 일성(一聲)은 매서웠다. 월급과 판공비를 원하는 대로 주었으니 책임 있는 경영을 해야 한다고 했다. 한 달에 200만원을 주는 것이니 전무의 직책으로 통상의 경영 이외로 다른 직원이 알 수 있게 최소한 월급의 4배, 월 800만원 내지 1,000만원의 확실한 소득을 회사에 올려주어야 한다고 했다.

부산에서만 기업을 하다 올라와서 서울의 기업 환경도 모를 뿐만 아니라 주택인테리어를 선도하는 월간지의 책임경영을 한다는 것은 만만한 일이 아니었다. 더욱이 통상 경영관리 이외 판매실적으로 월1,000만원의 실적을 올리라니 가혹한 청이었다. 그러나 자존심이 걸린 일이라 그렇게 하자고 했다. 3개월 이내에 전무로써 가시적인 소득 월 8백만원 이상을 올리고, 회사 경영을 6개월 이내 흑자로 전환하겠다고 약속했다.

20대에 서울에 올라와서 두 번째 직장으로 학생타임스사 편집부에 근무했을 당시, 같이 근무하던 서울 상대를 나온 손경수 형이 농협중앙회 저축부장으로 근무하고 있었다. 나는 농협중앙회 저축부장 방에 들러 인사를 나누고 금융회사, 대기업의 광고가 매월 2편 내지 3편이 필요하다고 했다. 그랬더니 손부장은 광고 서너 편을 자신이 해주겠다고 했다. 그 대신 광고에 책정된 영업비를 자기에게 가지고 오라고 했다.

농협저축부가 농협의 광고를 총괄하고 있고 농협의 자금을 쓰고 있는 대기업에 근무하는 친구들에게 광고청탁을 하면, 그들 대부분이 서울 상대 인맥들이라 아주 쉽게 해결 될 수 있을 것이라 했다. 광고문제는 이렇게 쉽게 해결되었다.

다음은 월간 주택잡지의 정기구독을 확장해야 했다. 전국의 건축회사, 건축 설계사무소 주소록에 등재된 인명록으로 매월 1,000명 내지

1,500명에게 정기구독을 권하는 안내문을 보냈더니 300명 이상이 정기구독 신청을 해서 입사한지 2개월 만에 목표를 무난히 달성할 수 있었다.

만 2년 근무기간에, 창업한지 얼마 안 된 (주)월간 주택잡지에 농협을 위시한 시중 대형은행의 전면 광고, 대우, 삼성, 국제 등 국내 굴지 대기업 광고 등을 게재할 수 있었다.

월간 주택의 독특한 경영철학

친구인 사장의 경영 방침은 내가 기업을 경영하고 살아온 생활관과는 완전히 달랐다.

출근 시간에서부터 그날 해야 할 일, 영업, 수금, 지출, 급료 등 모든 것에 있어 철저히 약속을 지키지 않을 수 없도록 만들었다. 예를 들면 광고비가 수금되지 않거나 확실한 계약 없이 광고를 거래했거나 구매 물품에 하자가 있을 때는, 그 책임을 끝까지 따져 회사에 손해를 끼쳤을 경우 손실을 인정하지 않았고, 직원에게 회사의 관용에 의한 업무처리는 인정하지 않았다. 이 같은 경영방침은 전무인 나에게는 고문 이상의 고통으로 받아들여졌다.

나는 영업사원의 미수금이 회수불가능일 경우 보증인의 재산까지 압류해서 해결해야 했다. 내가 퇴사한 이후 총무부장도 사장의 이 같은 경영에 깊은 불만을 가지고 퇴사한 것으로 안다.

2년 만에 사표

14대 국회의원 공천을 위해 강서구에서 남재희 의원과 공천 경쟁을 벌였으나 남재희 의원과의 공천경쟁은 무리였다. 공천에서 탈락하고 병원에서 요양 중인 친구에게 병문안 인사차 찾았다. 이런저런 이야기 끝에 사장은 나에게 공천은 안 되고 그 동안 경비를 많이 썼다고 했다. 나에게 계속 일을 부탁하며 약속한 범위의 일만 하지 말고 능력을 100% 발휘해달라고 했다.

그렇지 않아도 2년 일하면서 상대에 대한 배려와 관용이 없는 업무를 처리하다 보니 정신적 스트레스로 몸의 진기가 다 빠져 탈출할 생각만 하던 참에 옳구나 싶었다. 사장이 계속 정치할 것도 아니고 공천 과정에 인맥도 넓혔으니 회사 일에 전념해서 회사도 살리고, 건강도 살리고, 마음의 평안을 되찾도록 하시라, 나는 이제 쉴 때가 되었다며 나의 확실한 뜻을 전달했다. 그리고 다음날 사표를 제출했다. 2년 근무하던 회사를 모두 마무리하고 떠나는 마음이 너무도 즐거웠다. 참으로 홀가분했다. 계산 관계, 잔무 관계, 인수인계 관계도 모두 정리를 끝냈다. 하늘을 나는 기분이 이 같은 경우를 두고 한 말인 것 같았다.

21세기 신문화 연구회 결성

李俊雨先生著天符經精解出版記念會

　나는 이때 시간이 있어 각 단체, 기관, 신흥종교단체가 주관하는 학술발표회에 참석하여 청강하는 때가 많았다.

　그런데 학술발표회 때마다 참여하는 고정 멤버들이 있었다. 이들은 대개가 시인, 수필가, 문학도였다. 정치적인 견해, 사상적인 견해, 종교적인 견해를 담은 자신의 저서 한 권씩은 가지고 있었으며 고난과 가난을 벗 삼아 직장 없이 살면서 좋은 기회 오기를 기다리는 사람들이었다.

　나는 모임에 참석할 때마다 이들과 통성명하고 주소와 전화번호를 받았다. 이렇게 해서 수첩에 주소, 성명, 전화번호가 기록된 사람이 150명이 넘었다. 이들 중 삼사십 명은 토요일 발표회가 끝나면 무리를 지어 종각, 인사동, 종로3가 등에 있는 식당에서 간단한 식사와 술잔을 기울이면서 세상이야기, 인생 이야기 등 스트레스를 풀고 집으로 돌아갔다.

일종의 친목단체 성격을 띠고 있는 모임에 나도 참여했다. 그리고 매주 토요일 오후 다섯 시에 정기적으로 모여 두 사람씩 발표를 하고 발표에 이어 주제에 대한 토론을 하는 모임으로 할 것을 제의하여 합의를 보았다. 발표하는 장소는 종로3가 천도교 소회의실을 빌려 쓰기로 했다.

초대 회장은 내가 맡았다. 그때 연구회의 주도적인 인물은 승려이면서 동학에 심취해 통일운동을 하던 임중산, 통일교 목사이면서 동학을 연구하던 김진혁, 중학교 교장을 지낸 시인 정일수 선생, 문단에서 인정하는 수필가 염인수 선생, 성균관대 법학과를 졸업한 이공훈, 총무 일을 맡아보던 왕의선, 시인 김양임 등 여성회원, 박상천, 구인식, 통일교에서 운영하던 종교신문 사장 이경재, 이경우 종교문제연구소장, 통일교 최상익 선생과 관계있는 목사, 국회의원과 강원지사를 지낸 박종록 의원, 통일교 함국희, 이종학 목사와 몇 분, 강명희 행정학 박사, 대학강사였던 배영기와 김성일 등 많은 지식인이 참여했다.

이 모임은 1982년에 결성하여 지금까지도 명맥을 유지하고 있으며, 토요학술발표회는 계속되고 있다. 이 연구회를 운영하면서 느낀 것은 신흥종교, 도인, 문학인, 정치지망생, 민족주의 사상을 가진 사람들이 탁월한 식견을 가진 분이나 남을 포용하는 넓은 가슴을 가진 대인보다 자기고집이 더 강하고 보시하는 마음이 적다는 것이었다.

회비 3,000원을 받아 저녁식사와 반주 한잔씩 하는데 대개는 회비로 조금씩 부족했었기 때문에 부족분은 회장이 부담하거나 다른 여유 있는 회원이 분담했던 기억이 난다.

회장으로 2년간 있으면서 그동안 발표한 논문 중 내용이 좋은 발표문을 골라 '한올'이라는 동호인지를 출판했다. 이 회의 고문으로는 초대 문교부장관을 지낸 안호상박사, 광복회 이강훈 회장이 추대되었다.

한민족통일국민운동협의회 결성(한통협)

　나는 2년의 임기가 끝난 뒤 21세기 신문화연구회 회장직을 내려놓고 곧바로 한민족통일국민운동협의회(약칭 한통협)를 결성했다.

　기본 조직 회원은 21세기 신문화연구회에 등록된 회원으로 하고 서예가 손경식, 최봉수 한국역리학회 수석부회장, 이준우(오덕문화원장) 3인을 공동대표로 하고 공동대표의장에 내가 취임했다.

　상임고문에 안호상 박사(초대 문교부장관), 이강훈(광복회 회장), 윤길중(국회부의장, 민정당 당대표) 선생을 모시고 서울시에 단체 등록을 했다. 을지로1가 브랑떼백화점 11층 통일교 대회의실에서 월 1회 '한반도 통일에 관한 한민족 역사의 정체성 확립'을 주제로 하는 강좌를 개최했다.

　상임고문, 공동대표, 주관중 교수, 신철균 교수 등을 초빙해서 항상 100여명 이상의 회원이 참여하는 강좌를 열었다. 이와 같은 노력을 통해서 통일운동을 하는 단체, 대학교수, 강사, 정치에 관심 있는 사람들이 참여하는 단체로 저변을 넓혀나갔다.

서울시민방위 강사로 위촉

　1984년 민방위 강사는 전원 통일원에 통일교육전문위원으로 위촉되었고 2012년까지 민방위 강사, 통일원 통일교육전문위원으로 민방위 교육, 각 급 학교 통일교육, 국가공무원 기업체 등에 전담 강의를 했다. 이 강의는 김대중 대통령, 노무현 대통령 재임 때에는 강사 선임도 진보 성향의 강사가 채용되었고, 그 이외의 대통령 때에는 반공 승공의 이념을 강조하는 보수 성향의 강사가 채용되는 식으로 정치현실이 가장 많이 반영되는 곳이었다.

1988년 올림픽 때 올림픽 사상 처음으로 한국이 준우승함으로써 나라의 위상이 세계에 널리 알려졌고 이 행사의 홍보 강의 공로를 인정받아 체육부장관상을 받기도 했다. 민방위 강의, 통일정책 강의를 하면서 장관상 3회, 부총리 겸 통일부 장관상 2회, 국무총리상 1회를 받았다.

국무총리상을 받기 전 2005년도 나의 강의실적, 각 언론사 논단 기고문, 『한국불교의 통일사상』, 『깨어있는 국민이 앞서야 한다』는 저서 등 실적 평가에 있어 전국 700여 강사 중 첫째였다고 한다. 그래서 국민훈장을 수여 받는다는 소식을 통일연수원 강보대 원장, 이향우 총무과장으로부터 받았는데, 시상식 날 국무총리상을 받게 된 것은 지금도 의문과 아쉬움이 남는다. 훈장을 받는다는 것은 강사를 떠나 일생일대의 최고명예를 얻는 것인데 이를 놓친 것이다.

통일원에서 통일교육 전문위원으로 위촉

1984년 민방위 강사는 전원 통일원에서 통일교육전문위원으로 위촉되었고 2012년까지 민방위 강사, 통일원 통일교육전문위원으로 민방위 교육, 각 급 학교 통일교육, 국가공무원 기업체 등에 전담 강의를 했다. 이 강의는 오늘날 진보, 보수 세력과 같이 김대중 대통령, 노무현 대통령 재임시는 강사 선임도 진보 성향의 강사가 채용되었고, 그 이외 대통령 때는 반공 승공의 이념을 강조하는 보수세력의 강사가 많이 채용되는 오늘의 정치현실이 가장 많이 반영되는 곳이 민방위 강사, 통일교육위원들의 활동 무대였다.

나는 민방위 강사, 통일교육 전문위원이 되어 강의를 하면서 1988년 올림픽 때는 올림픽 사상 처음으로 준우승함으로 한국의 위상이 세계에 널리 알려졌고 이 행사의 홍보 강의 공로를 인정받아 체육부 장관상을 받기도 했다.

나는 민방위 강의, 통일정책 강의를 하면서 장관상 3회, 부총리 겸 통일원 장관상 2회, 국무총리상 1회를 받았다.

국무총리상을 받기 전 2005년도 나의 강의실적, 각 언론사 논단 기고문, 『한국불교의 통일사상』, 『깨어있는 국민이 앞서야 한다』는 저서 등 실적 평가에 있어 전국 700여 강사 중 최고로 꼽혔으며 국민훈장을 수여 받게 되었다고 통일연수원 강보대 원장, 이향우 총무과장으로부터 연락을 받았다. 그런데 시상식 당일 국무총리상으로 변경된 것은 지금도 의문과 아쉬움이 남는다.

700여 강사 중 최고상인 국민훈장이라는 일생 최고의 명예를 놓친 것이다.

유럽 4개국 통일연수로 회장단과 동행한 후 훈장을 잃어버린 것으로 생각되어 유럽 통일연수는 두고두고 개운치 않았다.

고려사 태연 큰스님과
통국사 서태식 스님의 첫 만남

  태연스님은 백양사 만암스님, 서옹스님의 법맥을 잇고 있으며, 일본에 가서 경도부 상낙군 남산성촌 동선방이라는 산 정상 7만여 평 대지에 고려사(高麗寺)를 창건하셨다. 스님은 일본인이나 일본에 정착한 교포들에게 한국역사, 한국문화를 바르게 알리는 것이 중요하다고 생각하셔서, 오사카에 보현사(普賢寺)라는 한국포교당을 세우셨다. 외국에 있는 대한불교조계종 사찰을 총괄하는 역할까지 맡은 재일본 조계종 총관장 스님이시다.

  고려사에는 세계 2차 대전 당시 억울하게 전사한 우리 동포 30만 명의 영혼을 위령하는 높이 20m의 평화위령탑이 건립되어 있다. 스님은 일본에 유학을 와서 어려움을 겪는 스님, 유학생들의 뒷바라지를 하는 대원력보살이다. 스님은 일본의 대처불교 속에서 엄격한 수행과 계율을 지키는 모범적인 수행스님이시기도 하다.

  스님께서 일본에서 조총련 불교도연맹과 민단불교가 연합하고 자리를 같이 해서 친목을 가지는 것은 전혀 불가능하다고 하시기에, 나는 우선 민단불교계와 조총련불교 인사들이 함께 하는 자리를 만들어 볼 것을 생각했다.

태연스님, 서태식(통국사 주지)

    그 당시 재일본불교도 연맹위원장은 통도사 출신 홍봉수(洪鳳秀) 스님이라고 했고, 부위원장은 서태식(徐泰植) 일본 통국사 주지 스님이라고 했다.

    사회주의 조직은 위원장보다 부위원장이 실권과 조직을 지속적으로 장악한다. 나는 1990년 8월 3일부터 열리는 제3차 조선학 국제학술대회에 참석하기로 하고, 출국하기 전 조총련불교도연맹 서태식 스님에 대해 집중적으로 자료를 수집하고 조사했다.

    통국사는 민단, 조총련을 통틀어 한국인이 가지고 있는 사찰 중 일본 최고의 경관을 자랑하는 사찰이라는 것, 홍봉수와 서태식 모두 일본에서 대학을 나온 지식인이라는 것, 가장 친한 도반 스님은 일봉 서경보 스님이라는 것, 고향은 충남 홍성 대인리, 고향 마을에는 친척들이 살고 있다는 점 등을 알아냈다. 그래서 고향 마을을 찾아가서 인사를 나누고 친척들과는 사진까지 찍어 소중하게 보관해서 일본에 들어갔다.

8월5일 행사가 끝나자 태연스님을 모시고 통국사 서태식 스님을 찾아가서 인사를 나누고 일봉 서경보 스님의 안부인사도 전했다. 고향집과 고향 마을에서 멀지 않은 곳에 모셔진 사육신 성삼문의 아버님인 성승 장군의 초라한 분묘와 사당 등을 사진으로 보고는 눈물을 뚝뚝 흘리셨다.

오전 11시 통국사를 방문해서 정갈하고 풍성한 점심 접대를 받고 오후 3시가 넘어서야 통국사에서 나왔다. 통국사는 일본황궁을 공원으로 하고 있는 빼어난 경관을 가진 훌륭한 조총련계 사찰이었다.

위대한 한민족 통일한국 발원 불교사상 대법회 및 한사상 선양 선서화 전시회

　불기2538년(1994년) 3월 19일부터 3일간 불교방송국 3층 대법당에서 통일한국발원 불교사상 대법회가 봉행되었다. 이 행사 봉행위원장은 윤길중(尹吉重) 민정당 당대표(국회부의장 역임)께서 맡으셨고 기획, 법회진행, 홍보, 재정, 동원, 선서화 전시회 등 총괄업무는 소납이 맡았다. 이 행사는 첫날 서암 종정스님의 법어에 이어 3일 동안 백고좌법회로 진행되었다.

　이는 소납이 편집 저술한 『서천에 돋는 해』, 『소를 때려 수레를 때려』, 『지혜의 길 깨달음의 길』, 『깨달음의 큰 수레를 타고』, 『불멸의 성좌』, 『한국불교의 통일사상』 등 여섯 권의 책에 100제 · 고승대덕스님 100분의 법문을 담아 기획된 백고좌대법회였다.

　이 행사의 첫날 설법주는 암도 큰스님, 이기영 박사와 소납 정허(正虛)였고, 둘째 날은 월주 큰스님, 박영석 국사편찬위원장과 이영자 동국대 교수였고, 셋째 날은 진제 큰스님 조계종 종정, 삼중 스님, 김영태 동국대 교수였다. 불교방송국 2층에서 불교포교 한사상 선양 기금조성을 위한 선서화 전시회도 3월 19일부터 25일까지 1주일간 함께 개최하여 성황을 이루었다.

서암 큰스님 법어

있다고도 없다고도 할 수 없는 나

서암 큰스님

법문은 선사가 입을 열기 전 다 마쳤고 여러분들이 법당에 들어오기 전에 다 들어 마친 것입니다.

진언불출구(眞言不出口)

참다운 말은 입에서 나오는 것이 아니다.

그러나 우리는 이 소식을 모르고 안이비설신의(眼耳鼻舌身意) 육근문(六根門)을 통하여 모든 일을 느끼고, 사랑하고, 끝없는 상념(想念)을 일으키면서 살아가는 것입니다.

그러나 우리가 한 경계를 넘어서서 육근문을 꼭 닫아 메고 들을 줄 알아야 합니다.

그러나 깨치지 못하면 안이비설신의의 육근으로 인한 탁(濁)하고 미(迷)한 생각 속에서 24시간을 살아가는 것입니다.

탁하고 미한 생각으로 살아가는 것은 영원하지 못한 한계이고, 분별 있는 찰나 찰나의 중생세계입니다.

그러나 불성(佛性)을 드러낸 빛나는 주인공의 자리는 영원한 시간 속에 불생불멸(不生不滅)하는 생명의 실상을 드러내는 자리입니다.

여러분께서 죽비소리에 맞추어 깊은 내면의 세계에 들어갈 때 이를 수 있는 자리입니다.

죽비를 다시 세 번 치고 깨어나서 여러분께서 산승(山僧)의 법문을 듣는

다는 것은 사바세계, 육근(六根)세계를 통해서 듣는 것인데 이 같은 법문을 하고 듣는 자리는 한계가 있고 막힘이 있는 것이나 자성의 빛나는 자리는 막힘이 없고 시간과 공간을 떠나서 항상 여여(如如)한 자리입니다.

우리가 법문을 하고 듣는 것은 한계가 있는 탁념의 세계를 통하여 상념의 세계가 닿지 않은 세계를 계발하는 것입니다.

부처님이 49년을 설하고도 나는 한마디도 말한 적이 없다고 한 것은 문자가 끊어지고 학문이 닿지 않은 세계를 표현한 말씀입니다.

오늘날 전 세계의 인류문화는 탁념(濁念)에 바탕을 두고 부처님이 깨친 근본 세계를 개척하지 못한 문화입니다.

오늘의 세계문화가 썩고, 병들고, 초조, 불안, 모순이 따르고 전 세계의 인류가 앓고, 신음하고, 불안해하는 것은 석가모니께서 깨친 그 자리에 이르지 못한 때문입니다.

오늘날 인류사회가 국가와 국가 간, 단체와 단체 간, 사상과 사상끼리 인간 상호간에 대립하고 투쟁하는 것은 참자기를 통하여 부처님의 가르침에 접근하지 못했기 때문입니다.

우리 불교는 이론이 아니고, 학설이 아니고, 지식이 아니고, 직접체험, 체달을 통해 깨달음에 이르는 길입니다.

사람의 몸을 받아 나 자신의 근본, 우주의 진리를 해결하지 못하면 다른 어느 시간에 해결할 것입니까?

오늘 이 법회에 오신 분은 멀고, 가깝고, 전철을 타고, 버스를 타고하여, 몸뚱이를 끌고 와서 앉아 있다기보다는, 빛나는 자기 자성을 밝히기 위하여 이 자리에 동참한 것이고 산승(山僧)이 온 것도 그러합니다.

그러면 빛나는 그 자리가 어떠한 자리냐?

우리의 모양은 서로 다릅니다. 잘생기고 못생기고 천차만별이지만 그

빛나는 자리는 상념이 끊어지고 명상이 끊어지고 지식의 세계로 그릴 수 없는 자리입니다.

그 어느 시간에도 없을 수 없고, 과거 무한시간, 미래 무한시간 속에 한 찰나도 없어서는 안 될 그러한 자리입니다.

일미진중함시방(一微塵中含十方)

한 티끌 속에 삼천대천세계를 송두리째 집어넣고도 구애를 받지 않는 자리입니다.

천(天)·지(地)·인(人) 삼재(三才)의 근본이 되고 만법(萬法)의 왕이 되어 모든 세계를 창조하는 주인공 자리입니다.

호호탕탕(浩浩蕩蕩)하고 외외(巍巍)하여 상관없는 절대 자리입니다. 천지만유가 있기 전, 천지만유가 다 없어져도 상관없는 절대 자리입니다.

참으로 있다고 하려니 있는 이치를 밝힐 수 없고, 없다고 하려니 이렇게 분명하게 두두(頭頭) 물물(物物) 초초(草草) 화화(花花) 분명하니, 있다고 해도 맞지 않고, 없다고 해도 맞지 않는 이 도리를 석가모니는 깨달았습니다. 석가모니께서 보리수 아래에서 6년 동안 명상에 잠겨 이 도리를 깨달은 것입니다.

우리가 24시간 항상 쓰고, 울고, 웃고, 기뻐하고, 괴로워하고, 가고 오는 그 알짜배기 핵심입니다. 그 핵심을 빼면 우주는 빈껍데기입니다.

우주의 생명과 내 생명은 둘이 아닙니다. 불교는 둘 아닌 하나의 자리를 가르칩니다. 불교는 우주와 내가 둘이 아니고, 물질과 정신이 둘이 아니고, 삼라만상이 나와 둘이 아닌 불이법(不二法)을 가르치는 종교입니다. 이것이 불교에서 말하는 절대무아(絶對無我), 구경(究竟), 깨달음인 것입니다.

부처님의 대자비(大慈悲), 자비무적의 하나를 발견하지 않고는 이 세상을 구원할 수 없습니다. 참다운 진리는 평등합니다.

이러한 평등세계, 하나 되는 진리를 믿지 않고 어떠한 신비나 절대자에 의하여 세상이 구제된다고 믿어서는 안 될 것입니다.

『금강경』에 이르기를,
약이색견아(若以色見我)거나
이음성구아(以音聲求我)하면
시인행사도(是人行邪道)라
불능견여래(不能見如來)이니라.
고 했습니다. 모양으로 나를 보려 하고 음성으로 나를 찾으려 하면 이 사람은 사도를 쫓는 것이라 여래를 볼 수 없다고 했습니다. 이렇게 되면 사도에 떨어져 불쌍한 중생이 된다는 말입니다.

나를 구해 줄 위대한 조물주, 신이 있다는 것으로 믿고 밖에서 헤매던 어리석고 헛된 짓으로 절대의 진리를 찾을 수 없습니다.

여러분이 문을 닫고 죽비를 치고 자기 발견을 위하여 법문을 듣는 것이 진리를 찾는 길입니다.

깨치고 보면 일체 중생이 절대 평등한 자리를 가지고 있건만 이것을 잡아 쓰지 못하고 밖에서 헤매고 있습니다.

가무저선(駕無底船)하고 **취무공저**(吹無孔笛)라
중생 세계를 향하여 밑바닥 없는
배를 빌려 타고 많은 미혹한 중생을 건지고
무공저를 부니 묘한 소리가 우주 법계를 진동하네

일미진중함시방(一微塵中含十方)　　**일체진중역여시**(一切塵中亦如是)

한 티끌 작은 속에 세계를 머금었고

낱낱의 티끌마다 세계가 다 들었네.

하나가 곧 우주 전체라는 말입니다.

일중일체다중일(一中一切多中一)　　**일즉일체다즉일**(一卽一切多卽一)

하나에 모두 있고 모두에 하나 있어

하나가 곧 모두고 모두가 곧 하나다.

일념이 무량겁이라, 한 생각 속에 우주만상이 펼쳐지는 것입니다.

일념만 바로 본다면 모든 문제는 해결되는 것이다.

지옥, 천당이 어디에 있고, 부처, 중생이 어디에 있느냐?

달마스님은

심심심난가심(心心心難可尋)이라

관시변법계(寬時遍法界)요

마음, 마음, 마음 참 찾기 어렵구나!

마음을 너그러이 쓰면 우주법계에 통하고,

착야불용침(浮也不用鍼)이라

아본구심불구불(我本求心不求佛)이요.

좁게 쓰면 바늘 하나 꽂을 때가 없구나!

마음 하나 해결하려는 것이지 밖에서 부처를 구하려는 것이 아니다.

요지삼계공무물(了知三界空無物)이니

약욕구불단구심(若欲求佛但求心)하라

알고 보면 삼계(三界)가 다 텅 빈 허깨비 노름이니

부처를 구하고자 하면 다만 자기 마음에서 찾아야 한다.

지자심심심시불(只自心心心是佛)이라

아본구심심자지(我本求心心自持)라

자못 마음, 마음 하는 이 마음이 곧 부처다.

내가 마음을 구하고자 하나 마음은 스스로 가지고 있다.

구심부득대심지(求心不得待心知)라

불성부종심외득(佛性不從心外得)인데

마음을 구하려고 하니 마음은 기다려서 얻는 것이 아니다.

부처 그 자리는 마음 밖에 얻어지는 것이 아니다.

심생편시죄생시(心生便是罪生時)

마음을 일으키면 벌써 허물이 따른다.

　부처의 자리는 마음 밖에 없다. 눈으로 다 볼 수 있지만 눈은 눈이 볼 수 없다. 가장 가까운 곳은 못 본다. 그러니 밖에서 찾고 헤맨다. 이와 같이 마음으로 마음을 보지 못하니 우리 인간이 자기 발견을 밖에서 찾고 헤매다 보니 자기 발견을 할 수 없다.

회광반조(廻光返照)라

보는 것을 경계에 쫓지 말고 보는 핵심을 돌이켜 보아야 합니다.

오늘날 인류의 문제는 자기를 발견하지 못하는 데 있습니다. 불교인
은 자기가 주인이라는 핵심을 꼭 잡고 대인접물(待人接物)을 하여야 합니
다. 자기중심만 잃지 않는다면 종일 행동해야 바쁠 것이 없고 그 자취가
없습니다. 밖으로 헤매기 때문에 복잡합니다. 종일 웃어도 웃은 바가 없
고, 종일 일해도 일한 바가 없고, 종일 심통을 내어도 성낸 자리가 없습
니다.

허공에는 비행기가 날고, 기러기가 날아도 날아간 자취가 없듯이 인
간의 마음도 불생불멸 24시간 항상 빛나는 자리가 있습니다.

한 생각 돌이키면 그 자리가 빛난 자리이고, 그 자리는 생사가 끊어진
자리입니다. 또 이 자리는 모두가 절대 평등한 자리입니다.

염기염멸(念起念滅)이 생사(生死)라 힘을 다해서 '이 뭣고' 하는 자리,
화두(話頭)가 순일한 그 자리입니다.

뾰족한 송곳이 담벼락을 뚫듯이, 날카로운 생각이 꿈을 깨게 합니다.

화두란 산란한 생각을 털어버리고 날카로운 일념이 삼매(三昧)가 되어
서 신령(神靈)한 기운, 영성(靈性)이 빛나게 됩니다.

이런 공공적적(空空寂寂)한 자리에 들면 한나절에 성취한다고 합니다.
불교가 어렵다고 하지만 자기를 아는 데는 불교만큼 쉬운 것이 없습니
다. 소소영영(昭昭靈靈)한 자리를 누구나 활연대오(豁然大悟)할 수 있습니
다. 어려운 것은 공부를 하지 않아서 어려운 것입니다.

나무를 베려면 뿌리를 뽑아야 하고, 나무를 북돋우려면 뿌리를 북돋
워야 합니다. 잎과 가지에 거름을 주거나 잎과 가지를 낱낱이 잘라내는

수고를 할 필요가 없는 것입니다.

오늘날 세상이 혼탁한 것은 반듯한 이치, 올바른 지혜로 세상을 다스리지 않고 미혹한 생각, 그릇된 지식으로 세상을 다스리기 때문입니다.

불교가 흥할 때는 나라가 발전하였고 불교가 쇠퇴할 때는 나라가 혼란했습니다. 작은 신라가 삼국을 통일할 수 있었던 것은 불법이 흥기한 탓이고, 조선이 망한 것은 불교의 진리를 등지고 권력욕, 탐욕으로 나라를 다스렸기 때문입니다.

불교의 반듯한 이치, 빛나는 지혜로 나라를 다스리면 나라가 발전하는 것입니다.

오늘날 불교가 점차 흥기하고 오늘처럼 법회를 여는 것은 우리나라의 앞날에 행운의 서광이 비치는 징조입니다. 부처님의 팔만사천법문이 마음 하나 밝히기 위한 일입니다.

말이 너무 많은 것도 맑은 마음에 풍파를 일으키는 일이 되겠기에 오늘 법문을 여기에서 마치겠습니다.

대회사

윤길중 대회장

부처님의 자비광명이 충만하신 이천만 불자님, 철천만 동포 여러분!

하느님께서 홍익인간 광명이세 하고자 하여 세운 이 나라는 반만년의 유구한 역사로 이어 왔습니다. 신라가 우리 민족이 지향해야 할 이상으로서의 삼국통일은 실패했으나 자장·원효·의상 등 대덕스님께서 이 강토에 불지국을 발원했고, 진평왕께서는 국선도를 통하여 미륵불의 용화세계 건설을 이룩하고자 했던 나라입니다.

작금의 우리나라는 경제적으로는 괄목한 발전을 했으나 크나큰 변화를 요구하는 세계진운에 앞서는 분단극복을 위한 통일사상과 21세기 세계사의 주역으로서 준비 작업이 부족합니다.

불교내적으로도 조선조의 오백년의 구각(舊殼)을 벗지 못했고 종단, 종파의 사분오열등 시대에 역행하는 일이 비일비재합니다.

불교외적으로도 민족사관, 철학, 사상의 재정립과 이를 바탕으로 국민 모두를 깨우치게 하는 일이 절실히 요구되는 때입니다만 그렇지 못한 것이 현실입니다.

북한은 1995년을 통일의 원년으로 설정하고 새해 벽두부터 핵 문제로 한반도를 긴장시키고 있습니다.

대자대비하시며 진리의 본원이신 부처님이시여!

북한의 이천만 동포에게도 인간의 존엄성과 자유를 회복하게 하여 남북이 통일되게 하옵고 그 통일은 건국의 요람지인 만주 요동까지 다스리는 나라로 만들어 주시옵소서!

통일을 앞둔 이 나라 국민 모두에게 도덕적으로 건전하고, 경제적으로 풍요롭고 그 지닌 사상과 기상은 21세기 세계를 선도할 사명을 지닌 국민이 되게 하여 주시옵소서!

3일간에 걸친 불교사상 대법회의 인연 공덕으로 불자는 물론 전 국민의 마음을 활짝 열어 한 마음으로 뭉치게 하여 통일을 앞당기고, 앞으로 통일될 대한민국은 위대한 한의 열, 위대한 한의 문화를 통하여 세계만방에 빛나게 하도록 하여 주시옵소서!

불교포교와 한사상 기금 조성을 위한 선서화 전시회도 성황리에 회향할 수 있도록 대자대비하신 부처님의 가호와 사부대중의 적극적인 협조 있기를 기원하면서 불교사상 대법회와 선서화 전시회를 열고자 합니다. 불자 여러분과 국민 모두의 가정에 부처님의 자비광명이 항상 함께 하기를 빕니다.

나무석가모니불

한사상 선양 선서화 전시회

서암 종정스님의 법어 원담스님 대독 유감

지난 3월 19일 부터 3월 21일까지 3일간 불교방송국 2, 3층을 빌려 '위대한 통일한국 발원 불교사상대법회' 와 '불교포교, 한사상 선양 기금 조성을 위한 선서화(禪書畵) 전시회' 를 가졌다. 불교중흥과 불교인이 앞장서는 통일 준비의 새 전기를 마련하고자 5대 교계 신문에 5단 전면 광고를 내고 서울 경기 일원 사찰 신행단체 3천여 곳에 안내장을 보냈다. 홍보 매체에도 홍보의뢰 공문을 발송했으며, 큰 사찰에 포스터를 붙이는 등 많은 준비를 해서 대법회를 봉행했다.

첫날 법회는 서암 종정스님의 법어를 시작으로 전 조계종 포교원장 암도 큰스님, 이기영 박사, 본인의 순으로 설법과 강연이 있었고 둘째 날은 전 총무원장 월주 큰스님, 박영석 국사편찬위원장, 이영자 동국대 불교대학장 순이었으며, 마지막 날은 선학원 이사장을 역임했고 한국 선종(禪宗)의 맥을 이어 받은 진제선사와 교도소 교화사업으로 존경받는 삼중 스님과 동국대 불교대학장을 역임한 김영태 박사의 순으로 설법과 강연이 진행되었다.

이 사흘간에 걸친 법회는 마지막 날까지 성황리에 법회를 회향했다. 이 법회는 법사의 선정에서부터 대법회 임원의 면면까지 누가 보더라도 한국불교계에서는 보기 드문 큰 행사였다. 당시 임원으로는 봉행위원장 윤길중, 부위원장으로 박헌기 의원, 주양자 의원, 이외윤 회장, 박상길 회장, 축사를 맡은 권익현 고문 등이 있었다.

종정스님께서 이 법회에서 법어를 내려주실 것은 일찍부터 약속된 사항이었다. 그런데 어떻게 된 일인지 총무원장 스님이 큰 관심을 표명해 주지 않았고, 종교 담당 모 기관원이라고 밝힌 전화가 온 이후 법회를 방해하는 움직임이 여기저기에서 일어났다.

종정스님의 법어를 성엽스님이 함께 한 자리에서 받아왔는데도, 종단
협의회에 스스로 잘 나간다고 밝힌 한 젊은 스님과 총무원 소속 한 스님
이 종정스님의 법어를 가지고 시비를 걸어왔다. 여기에다 교계의 한 신
문사가 종정스님의 법어를 받는 과정에 옆에서 목격이라도 한 것처럼
종정스님께서 법어를 내린 사실이 없다고 보도했다.

이 지면을 통해서 내가 하고 싶은 말은 사흘에 걸친 대법회를 봉행하
면서 이 법회의 법주(法主)가 되는 종정스님의 법어를 받지 않고서 받았
다고 거짓말하면서 법회를 진행할 불자가 있겠는가 하는 점이다.

모두가 불교계에 알려진 인물들로 구성된 봉행위원회 임원들과 사흘
동안 설법할 법사님들의 승낙없이 이 행사가 공고되었다고 우기는 스
님들과 교계 기자들이 과연 불심을 가진 사람이며, 불교를 위해서 일하
는 자들이 맞는지 지금이라도 묻고 싶은 심정이다.

금강경 한 줄이라도 바로 새겨 읽었다면 종정스님과 당대의 선지식,
불교학자들이 설법과 강연을 하고, 방송국이라는 매체를 통해 전파되
는 이 법회를 방해하지는 않았을 것이다.

법회는 이들 몇 사람의 고의적인 방해로 인해 사전에 보도가 예정되
었던 KBS는 물론 일간신문, 교계 신문까지 보도를 축소 내지는 외면함
으로써 불교포교의 측면에서 큰 손실을 가져왔다. 이 법회가 끝나고 종
단사태가 수습의 실마리를 보인 뒤 필자는 봉암사를 찾았다. 종정스님
의 방에 안내를 받아 90여분 동안 그간의 이야기를 나누었다.

법회는 잘 마쳤느냐는 질문에 어렵게 봉행했다고 말씀드리고, 종정스
님의 법어는 원담 큰스님께서 대독하셨다고 말씀드렸다. 가지고 간 신
문기사를 보여드리며 종정스님께서 법어를 내린 사실이 없다는 기사 때

문에 윤길중 봉행위원장이나 봉행위원회 측이 매우 난처하게 되었다는 사실도 전했다. 서울에서 법어와 관련해서 종정스님께 확인전화가 왔을 때, 분명하게 법어를 내려주었다고 말을 했는데 이런 기사가 나오다니 이해할 수가 없다며 신문기사의 지나친 점을 지적하셨다.

이 기사의 진실을 밝히지 않으면 이번 법회가 아주 우습게 된다고 말씀드렸더니, 종정스님께서는 "내가 이법사에게 법회를 잘 하도록 법어를 내려준 것이 확실하고 이법사가 법어를 받아가서 법회를 봉행한 것도 확실하지 않느냐? 누가 천만번을 물어도 내가 법어를 내려주었다고 할 것이니 그렇게 명백한 사실을 밝힐 것이 무엇이 있느냐"고 하셨다.

이렇게 마음이 맑은 큰스님께 다시 말씀드리는 것은 불자로서 온당치 않은 것 같아서 화제를 바꾸어서, 종정스님께서 내리신 교시는 모두 직접 내리신 교시냐고 물어보았다. 그랬더니 그 교시를 다 읽어보았느냐고 물으셨다.

그래서 다 읽어보았으며, 첫 번째 세 번째 교시는 종정스님으로서 하실 수 있는 교시인데 두 번째 교시는 한쪽 편을 두둔하는 것이 되어서, 그 교시는 하지 않는 편이 옳았을 것으로 생각된다고 말씀드렸다. 두 번째 교시는 양측이 화합해서 해결책을 찾도록 지시했는데 원두 스님이 종정의 법어는 그렇게 애매하면 분규가 해결되지 않는다고 내용과 같이 수정을 하여 권유했기 때문에 그 말도 들어보니 일리가 있는 것 같아서 그렇게 된 것이라고 말씀하셨다. 밖에서 생각 있는 많은 사람들은 개혁회의에서 종정스님께 책임을 물을 사안이 아닌데 종정스님에 대한 불신임결의를 한 것에 대해 안타깝게 여기고 있다는 말씀을 드렸다. 그리고 종정스님께서 두 번째 교시를 하도록 만든 총무원장과 원두스님에 대해 비판이 나오고 있다는 말씀도 드렸다.

그랬더니 자신은 종정에 대한 아무런 미련이 없고 원로들이 종정을 맡아달라고 그토록 권유하더니 이제 와서 한마디 상의도 없이 불신임을 결의한 것은 도리가 아니라시며, 물러설 기회만 주어지면 언제라도 물러나겠다고 하셨다.

한 점의 욕심도 없는 큰스님을 시자들이 잘못 모셨고 오늘의 종단이 이 지경으로 만들었다는 것을 생각하니 눈물이 핑 돌았다. 불러둔 차가 와서 인사를 드리고 나오는데, 큰스님께서 큰 법당 아래까지 배웅을 하시며 불교를 위해서 좋은 일 많이 해달라고 당부하셨다.

마음을 편안하게 하시고 건강에 유념하시라는 인사를 드리고 봉암사를 떠났다. 큰스님의 마음은 텅 빈 마음인데 떠나는 나의 마음은 너무도 쓰리고 아팠다.

– 불기 2537(1993)년. 4. 10. 주간불교

민족통일을 위한 6바라밀운동

위대한 한민족 통일한국 발원 불교사상대법회
(백고좌 법회) -정허스님

한국의 미래는 밝다. 삼국통일시대를 전후해서 신라인은 이 한반도를 불지국(佛地國)으로 굳게 믿었다. 그러한 그들의 믿음은 황룡사 장육존상(丈六尊像) 조성에 대한 기록에 잘 나타나 있다. 서역의 아육왕(阿育王, 혹은 無憂王)이 황금과 철을 배에 가득 실어 바다에 띄워 인연 있는 땅에 가서 불상을 조성하도록 발원했는데 그 배가 신라에 닿아 장육존상을 조성했다는 것이다.(『삼국유사』「黃龍寺 丈六條」)

황룡사 9층탑을 세운 반석은 자장(慈藏)스님이 중국 오대산(五臺山)에서 문수보살로부터 수기(授記) 받기를 석가와 가섭불이 전불(前佛)시대에 설법하던 곳이라 했다. 또 자장스님이 중국 오대산(五臺山) 태화지(太和池)를 지날 때 선인(仙人)이 나타나 신라에 돌아가거든 황룡사 안에 구층탑(九層塔)을 세우라고 했다. 그렇게 하면 이웃 구한(九韓)이 와서 조공(朝貢)을 바친다고 했다.(『삼국유사』「黃龍寺 丈六條」)

여기에서 구한(九韓)이란 고구려, 백제, 말갈, 왜(倭), 오월(吳越), 탁라(托羅), 글안(契丹), 여진(女眞), 예맥, 한(漢)을 말하는 것으로 신라가 통일하고자 했던 나라는 동북아 일대, 단군조선이 홍익인간(弘益人間) 이화세계(理化世界)를 건설하고자 하여 세운 만주, 요동, 한반도를 포함한 나라였다. 이와 아울러 삼국의 국토 중 신라는 진한의 옛 땅 경상도와 강원도가 아니라 요동 일부를 포함한 한반도였으며, 백제는 요동에서 황하까지 다스린 나라였고, 고구려는 흑룡강, 송화강 일대의 광활한 나라였다고 재야 사학자들이 『만주원류고(滿洲源流考)』, 『이십오사(二十五史)』, 『삼국사기(三國史記)』 등을 근거로 문제를 제기하고 있다.

토인비가 앞으로의 세계는 대서양시대는 끝나고 태평양시대 동북아시대가 온다고 했고 『25시』의 작가 게오르규도 한국의 미래는 불교로 인해서 밝다고 했다. 시성(詩聖) 타골도 한일합방의 암울한 시대에 동방의 등불 한국에 또 다시 불이 켜지는 날 인류를 밝게 한다고 했다.

1980년대에 접어들면서 세계는 확실히 동북아시대를 예고하고 있다. 5천년 인류역사에 한 번도 세계무대에 등장하지 못했던 우리나라가 한국전쟁 중 유엔군과 중공군 등 17개국의 젊은이가 이 좁은 땅에서 힘겨루기를 했고 2백만 명이 넘는 사람들이 전쟁의 제단에 목숨을 바쳤다. 미국의 최신예 군사력, 중공의 인해전술로도 통일하지 못한 이 나라다.

1986년 서울에서 열린 아시아올림픽은 우리가 제패했고, 1988년 서울에서 열린 세계올림픽에 한국이 4위를 함으로써 세계무대의 중심에 진입한 사실은 우리 모두가 아는 바다. 경제적으로도 박대통령이 제창한 민족중흥, 조국 근대화의 결과로 무역 10대국에 들어가는 한강의 기적을 이루었고, 외교적으로도 북방정책의 성공으로 소련, 중국, 동구 공산국과 수교(修交)를 맺는 데까지 이르렀다. 나라 전체가 이렇게 달라지는 가운데 잠자고 있는 것은 한국의 불교계와 한국의 불자다.

불교계는 개혁을 외치지만, 사찰은 치마불교, 기복불교에서 벗어나지 못 했고, 사찰의 재산과 재정은 공개되지 않고 있다. 불교는 탐진치의 구속에서 벗어나 깨달음의 길을 안내하는 종교인데 오히려 기독교보다 속박되고 매인 종교가 되고 있다. 지금 세계는 하루가 다르게 변화하는데 불교만 5백년의 껍질을 벗지 못한 채 깊은 잠을 자고 있다. 시대를 구원하고 불교를 혁신하고 국민 모두를 깨우치기 위한 비전의 제시 없이 사분오열 현상만 일어나고 있는 실정이다. 모두가 그런 것은 아니지만 종단의 간부다, 주지다, 신행단체의 간부다 하면서 직업불교를 하는 많은 사람들이 진정한 불심(佛心)없이 매불(賣佛)하는 경우가 많다.

동북아시대 이 한반도에 영광된 민족통일, 21세기 새 질서 새 비전을 내놓기 위해서는 불교가 달라져야 하고 불자가 달라져야 한다. 불자 모두가 자기 깨달음을 열고, 교단 개혁을 하고, 부처님의 정법을 온 국민에 널리 펴야 한다.

삼국통일 시대와 오늘의 한국

단군조선이 일어난 송화강, 흑룡강 물줄기가 굽이치고 장백산맥이 용틀임을 하는 만주, 요동을 포함한 한반도에는 200여 부족국가에서 70여 소국(小國)으로 통합되었고 삼국통일 이전에는 구한(九韓)이 있었다. 그중 큰 세 나라가 고구려, 백제, 신라였다. 한국 통일을 말하는 우리국민은 남북분단의 해결이 전부인 것처럼 알고 있지만, 진정한 민족통일은 단군조선이 일어난 흑룡강, 송화강 물줄기가 굽이치고 장백산맥이 우렁차게 달리는 만주, 요동까지의 통합이어야 함을 잊어서는 안 된다.

지금도 중국의 동북부 지역에는 우리 동포가 2백만 명이 넘게 살고 있고, 또 이 지역은 우리 동포들의 자치지구(自治地區)로 인정받고 있다. 삼국통일 전 고구려의 국력은 을지문덕, 연개소문이라는 강력한 지도자가 있어 수나라의 100만 대군, 당나라의 30만 대군을 물리쳤을 정도의, 당시로서는 가장 강력한 군사력을 가진 군사대국이었다.

그러나 연개소문은 군사력을 과신하고 주변 정세를 읽는 데 밝지 못했으며 국민생활을 어루만지는 덕이 없었다. 인재를 쓰는 데에도 편협하여 그가 죽은 뒤 그의 동생과 두 아들이 권력쟁탈전을 벌이다 패망했다. 고구려가 망할 때의 제반 여건은 오늘의 북한체제에 비교되는 것으로 예견되는 바 크다.

삼국시대 신라의 여건은 세 나라 중 국토, 군사력, 인구, 재정 등이 가장 열악한 처지였다. 이러한 신라에 불교가 들어오고 이차돈(異次頓)의 순교(殉敎)가 잇따르며 불교 정신이 온 신라에 활활 타오르기 시작했다.

'신라는 불지국(佛地國)이다. 신라는 미륵이 하생(下生)하여 용화세계(龍華世界)를 건설하기로 약속한 나라다. 신라는 호법신장(護法神將)의 도움을 받는 나라다.'

온 백성이 이렇게 믿었고, 황룡사(皇龍寺)를 짓고 구층탑을 세운 이후에는 이웃 모든 나라가 신라에 조공(朝貢)을 바칠 것이고 신라는 구한(九韓)을 통일한다고 굳게 믿었다.

신라는 인재등용에 있어서도 문호를 널리 개방했고 군신(君臣)과 국민 간에 한 목소리를 내었다. 화백(和白)제도에 의한 정책결정 과정, 국선화랑(國仙花郞)에 의한 인재 등용이 그러했다.

그때로서는 국제정세에도 밝아 많은 젊은이가 중국에 유학했고 스님들도 중국 유학은 물론 저 멀리 서역(西域)까지 구도(求道)의 길을 떠났다. 원광(圓光), 원효(元曉), 자장(慈藏), 의상(義湘), 혜초(慧超), 원측(圓測), 대안(大安) 등 무수한 고승대덕을 배출했다.

오늘의 불교를 신라시대의 불교에 비견하는 것은 무리이지만, 그 내재한 힘으로 이 나라 산야대지에 심어놓은 선근공덕은 무한한 잠재력을 갖기에 충분하다. 그래도 이 나라에 맑은 소리를 낼 수 있는 곳은 산천정기(山川精氣)가 모인 대찰(大刹)의 선원과 참선 정진하는 수도도량이 있다. 근세 한국 불교는 용성(龍城), 용운(龍雲), 효봉(曉峯), 동산(東山), 청담(靑潭), 전강(田岡), 경봉(鏡峰), 성철(性徹) 스님과 같은 선지식을 내었다.

기독교 전래 200년, 오늘의 기독교는 양적인 면에서는 눈부신 발전을 했다. 이 나라의 지도급 인사 가운데 기독교인이 많은 것도 사실이다. 그러나 하늘과 땅을 꿰뚫는, 시대가 요청하는 대인(大人)은 보이지 않는다. 동방을 밝히고 21세기 새 세계의 질서를 내놓을 한국의 무한한 가능성은 모든 것을 하나로 받아들이고 자성(自性)을 확실히 깨친 불자가 짊어져야 할 사명이다.

지구 운기(運氣)의 흐름이 삼국시대와 지금의 한반도는 크게 다르다. 인생에는 생로병사가 있고 자연의 절기는 춘하추동의 변화가 있다. 불교는 이 생멸의 법칙을 연기(緣起)로 설명한다. 지구, 태양 등 온갖 천체와 삼라만상 모두가 불성(佛性)이 숨 쉬는 생명체이다. 인간은 물론이고 불성이 숨 쉬는 지구도 성주괴공(成住壞空)하는 운기(運氣)의 흐름이 있는 것이다.

삼국시대 당시의 지구 운기의 주된 기운은 동북아시아를 지나 중앙아시아로 들어가서 계속 서진(西進)을 하고 있었다. 따라서 신라가 단군조선의 옛 땅을 회복하고, 이 땅에 불지국을 건설하여 홍익인간, 이화세계를 구현하는 원대한 이상을 펴고자 하였으나 지구의 운기가 이 일을 도와주지 않았다.

그러나 오늘의 세계 기운은 태평양, 동북아시아에 진입했고 그 주된 기운은 한반도에 머무르고 있다. 한국에 앞서 일본이 경제대국화한 것도 일본의 운기가 한국에 앞서 들어왔기 때문이다. 한국의 86아시안 게임, 88세계 올림픽, 한강의 기적을 이룬 경제성장과, 북한의 핵 대국화는 한반도에 이러한 운기가 있기 때문이다. 중국이 경제의 후진성에도 불구하고 그 국위가 동천(東天)에 떠오르는 태양과 같은 것은 지구의 운기가 한반도에서 중국대륙으로 밀려들어가고 있기 때문이다. 19세기까지 해지는 때가 없다던 영국, 로마제국의 영광된 역사를 가진 이탈리아, 세계 예술의 산실 프랑스 등이 2차 세계대전 이후 서천(西天)으로 지는 해와 같고, 소련은 공산체제가 붕괴했고, 미국도 점점 쇠퇴해 가고 있는 현상을 부인할 수 없다. 이 모두가 지구의 주된 운기가 동북아시아에 있기 때문이다. 한국 국민이 어떻게 결단을 내리고 어떻게 노력하는가는 세계질서 재편에 지대한 영향을 끼친다. 북한이 핵전쟁을 유발할 것인지 아니면 남한의 인도주의, 육화(六和)정신, 육바라밀 운동이 성공하여 평화적 통일을 이룩하게 될 것인지의 여부는 세계의 앞날을 좌우하게 될 것이다.

6바라밀 운동

인간도 자연도 천체도 불성(佛性)이란 씨앗을 그 속에 깊이 간직하고 있다. 따라서 자기발견, 자기완성을 위해서는 불성의 씨앗을 드러내기 위한 불성운동의 이치를 알아야 자기를 아는 문턱에 들어서게 된다.

오늘 설명하고자 하는 오덕운동, 6바라밀운동도 이 이치를 터득한 사람에게는 쉽게 이해되지만 이를 터득하지 못하면 지나가는 이야기에 불과하게 된다. 부처님께서 가르친 대승보살도(大乘菩薩道)를 실천하는 6바라밀을 나는 오덕(五悳)운동이라 고쳐 부른다.

이 오덕운동, 6바라밀의 근본을 확실히 깨닫게 함으로써 오덕운동이 성불운동이며 민족통일운동이며 인류광명화 운동임을 알게 할 것이다.

오덕, 육바라밀은 유교에서 천도(天道)를 이어 받는 인간완성을 위한 덕목인 인의예지(仁義禮智) 사단(四端)의 가르침에서 신(信)을 합친 오상(五常)과도 그 근본을 같이 한다. 도교에서 자연법칙의 근본을 도(道)라 하고 도(道)가 하나를 내고 하나가 음양 둘을 내고 음양이 충기위화(沖氣爲和) 셋으로 작용해서 이 셋이 천지만물을 창조했다 함과 같다.

또 역(易)에서 태극(太極)이 음양(陰陽)과 사상(四象)으로 발전하고 사상(四象)이 길흉(吉凶)과 만물(萬物)을 창조했다 함이나, 우주의 기본 물질을 수·화·목·금·토의 오행(五行)이라 하고 이 오행(五行)이 천지만물 창조의 기본수이고 기본물질이 된다는 이론을 깊이 살펴보면 그 근본을 같이 하는 것이다.

쉽게 이해하기 위하여 태양을 빌려 설명해 보고자 한다. 태양은 우리가 알고 있는 선입관을 배제하고 그대로 직관(直觀)하면 우리가 육안으로 볼 수 있는 존재체(存在體) 중 가장 완벽하고 가장 광명한 존재이다. 참이라거나 진리라는 말은 물질이 아닌 이데아지만, 존재체 중 가장 완전하고 영원하고 불변하는 태양을 참 또는 진리라 명명해보자.

이 태양이 태양계의 모든 별들에게 광명을 주고 이 광명이 생명의 근본이 되는 것을 자비라 하자. 그렇다면 태양의 영원성, 완전성에 적합한 태양의 또다른 이름은 참, 진리가 되고 태양의 광명, 생명을 주는 것에 적합한 이름은 자비, 사랑이 될 것이다. 태양의 영원성, 완전성은 태양이 쉬지 않고 자전운동을 하기 때문이다.

이 쉼 없는 자전운동에 적합한 이름은 지성(至誠) 또는 정진(精進)에 해당한다. 태양이 태양계에 광명과 생명을 주는 자비의 영원성은, 태양이 공전운동인 황도(黃道)운동을 하기 때문이다. 이러한 태양의 황도운동을 도의(道義), 계율(戒律)이라 바꾸어 이름 할 수 있다. 황도운동은 태양이 모든 천체 간에 공존하는 운동의 법칙이기 때문이다. 태양이 황도(黃道) 운동을 통하여 모든 천체 간에 공존, 화합, 통일의 질서를 유지함과 같이 사회와 국가도 도의 법률에 의지하여 사회, 국가경영의 기본 질서를 지탱하는 것이다. 이와 같이 계율(戒律)에 의지하여 불교도 교단의 질서를 유지하고 자성(自性)을 밝히는 것이다.

장엄한 대우주가 영원한 생명운동을 하는 것은 하나로 돌아가는 하나의 통일 질서인 구심(求心)이 있고서야 가능한 것이다. 인류 역사에 많은 선각자가 보았다든가 깨달았다는 것은 하나로 돌아가는 생명질서를 보았고 깨달았다는 말이다. 구약의 선지자나 예수는 하나로 돌아가는 영원한 생명을 여호와, 하느님으로 본 것이다. 나라를 처음 열 때 우리의 단군성조께서도 하나로 돌아가는 영원한 생명을 보았고 그에 적합한 이름을 하느님(桓因)이라 불렀다.

그 하느님으로부터 인류 최초의 경전인 천부경(天符經)을 받아 치화(治化), 교화(敎化)의 근본 대경(大經)으로 삼았다. 동양의 선각자는 이 하나로 돌아가는 영원한 생명을 천도(天道), 천의(天意), 천명(天命), 도(道), 태극(太極), 오행(五行)이라 불렀던 것이다.

불교는 이 하나로 돌아가는 영원한 생명을 불성, 반야, 열반, 공, 진여, 마음이라 부른다.

이 우주에는 태양과 같은 항성만 200만개가 넘는데, 이렇게 장엄한 화장세계를 만들어 놓은 것은 하나로 통일되는 구심(求心), 우주심(宇宙心)이 있기 때문이다. 이 구심(求心), 진여(眞如), 자비(慈悲), 정진(精進), 지계(持戒)운동에 의하여 이 화장세계는 부단히 더 좋은 세계로 진보해 오고 있다. 이 구심(求心)이 자기를 드러낼 때 자각(自覺)이 되고 주체성(主體性)이 되며, 구심(求心)을 관(觀)하고 밝히는 것이 바로 선정(禪定)이다. 그래서 태양의 영원성, 완전성에 해당하는 참, 진리는 육바라밀에서 본체 생명을 직관(直觀)하는 지혜, 반야가 된다. 태양이 광명, 생명을 주는 것과 같이 태양계에 베푸는 사랑은 6바라밀에서 자비가 된다. 이 자비 중 적극적으로 돕는 것은 보시가 되고, 길이 참는 것은 6바라밀의 인욕(忍辱)이 된다. 태양의 영원한 생명운동인 자전운동은 6바라밀에서 정진(精進)이 되고 태양의 영원한 생명운동 중 모든 천체 간에 공존하고 화(和)를 이루는 황도(黃道)운동은 6바라밀에서 지계(持戒)가 된다.

그리고 모든 우주계가 하나로 통일되는 구심(求心)을 따름과 동시에 태양 스스로 우주에 덩그렇게 존재를 드러내면서 하나를 추구하는 것은 6바라밀에서 선정(禪定), 향일성(向一性)에 해당한다.

이상의 설명에서 오덕과 육바라밀은 같은 말이나, 오덕(五悳)은 주체성 또는 자각(自覺), 진리, 자비, 지성, 예의의 다섯 가지 덕을 말하는데 대하여, 육바라밀은 선정(禪定), 지혜(智慧), 보시(布施), 인욕(忍辱), 정진(精進), 지계(持戒)라 하는 여섯 가지 덕목을 말한다. 보시와 인욕은 자비의 적극적인 면과 소극적인 면으로 오덕에서는 이 둘이 하나의 덕목이 된 것이다.

오덕(五悳)운동, 6바라밀의 개별 설명은 오늘 법회에서는 시간관계로 줄인다. 앞에서 설명 드린 바와 같이 오덕운동은 육바라밀운동에 다름 아니다. 굳이 오덕운동이라고 부르는 것은 6바라밀이라고 하면 불자에 국한된 이미지가 강한 만큼, 불교 용어에 국한하지 않고 모든 사람이 받아들일 수 있는 용어로 다시 정의하여 국민운동으로 승화하자는 의도인 것이다.

그리고 이 오덕운동은 본인이 29세 때 태양을 보고 생각을 열어 정의한 것이었는데 불교를 공부하면서 6바라밀과 일치한다는 것을 알게 되었다. 오덕운동, 6바라밀운동은 깨달음의 나, 깨달음의 국가, 깨달음의 세계를 구현하고자 하는 광명국토운동이요, 불국토(佛國土) 건설 운동이다.

이 운동은 곧 민족통일운동이고 21세기 세계역사에 우리 민족이 단군조선을 열 때 약속한 홍익인간 이화세계를 건설하고자 하는 범국민, 범인류 운동이다. 한국의 미래는 밝다.

한국의 미래가 밝은 것은 한국의 불교 때문이라고 타골이나 게오르규가 말했다고는 하나, 동북아시대에 한국이 진리의 횃불을 높이 들게 될 것은 단군조선의 개국 때 이미 예정된 일이었다. 천부경(天符經)이 천수(天授)되고 홍익인간 이화세계 건설의 사명을 준 것이나, 신라를 불지국(佛地國)이라 하고 용화세계(龍華世界) 건설을 이상으로 한 일들이 우리 불자 모두가 21세기 인류를 위하여, 민족통일을 위하여 크게 생각하고 크게 행동할 것을 암시하고 있다고 생각한다.

우리 다함께 이 법회를 계기로 크게 정진하고, 크게 깨닫고, 크게 보현행(普賢行)을 실천하자.

한국정치 1번지 종로 국회의원 선거

13대 국회의원 선거 1988년 4월 26일

한국 정치 1번지 종로의 국회의원 선거는 전국 선거를 좌우하는 중요한 결전장임과 동시에 대선으로 연결되는 가장 눈여겨보는 선거구이다. 전두환 군사정부가 집권한 이후 재야세력의 끈질긴 민주화 투쟁으로 1988년 국회의원 선거는 민정당이 수세(守勢)에 몰린 어려운 선거였다.

민정당의 공천후보는 이종찬 원내 총무, 신민당 야당의 공천후보는 이민우 총재(김영삼 총재의 대리인 격)였다. 당시는 한 선거구에 두 사람씩 뽑도록 되어 있었는데, 이는 2등으로도 다수 국회의원을 내기 위한 제도이었다. 이 선거제도는 열세에 몰린 민정당이 다수의 의석을 차지하기 위해서 도입한 제도였지만, 선거전이 시작되자 전국에서 몰아치는 야당의 저항, 야당의 바람은 대단했다.

나는 이 선거에서 이종찬 원내 총무의 불교인 선거를 전담했다. 종로구에 출마한 이종찬, 이민우 두 분은 모두 경주 이씨였고 이종찬은 경주 이씨 화수회 총재직을 맡고 있었다. 나는 이때 화수회 상임이사 겸 서울시 관악구 동작구 화수회 회장직을 맡고 있었다.

13대 국회의원 선거에서 이종찬 총재가 이길 수 있는 선거 전략을 생각해보았다. 원내총무와 사무총장을 지낸 이 의원으로서는 이번 선거를 통해 대권의 교두보를 마련해야 한다는 것과 이를 위해 국민들로부터 사랑받는 정치인이라는 이미지가 필요하다고 생각했다.

그러기 위해서는 종로 선거에서 야당을 누르고 1등 당선이 필요했다. 이를 위해서는 두 가지 전략이 필요했다. 하나는 원내 총무로써 선거에 앞서 본인의 정치적 견해를 뚜렷이 밝힐 필요가 있었다.

박대통령의 18년 통치로 경제적으로 크게 발전한 것은 국민 모두가 환영하지만 유신정치, 군부독재는 박정희 대통령의 정치로 끝내야 하고, 전두환 대통령의 정치는 민주정치, 문민정치로 다스려지기를 바라는 것이 국민의 여망이라고 판단했다.

첫째, 국정의 전반적인 민주개혁, 대통령선거의 직선제 등 선거의 민주화, 정치의 민주화가 민의(民意)이므로, 선거에 앞서 당직을 모두 내려놓고 백의종군의 결의로 당정의 개혁과 쇄신, 대통령 직선제, 의회정치의 민주화를 강력히 주장해야 한다고 건의했다.

둘째, 종로에서 1등 당선을 위해서는 불교인 표, 민족종교인 표, 보수 애국시민의 표를 모두 모아야 했고 그것을 위해 총력을 기울여야 한다고 했다.

종로의 100여개 사찰에 이종찬 1등 당선 축원기도를 올리고, 종로의 100여 사찰, 종로 아닌 지역들 예를 들어 도선사, 봉은사, 봉원사, 화계사, 구룡사, 능인선원 등 10여 큰 사찰을 방문해 주지, 총무스님을 만나 이종찬 1등 당선 축원 기도비를 올릴 것, 종로에 주소를 둔 신도 주소를 받아 의원님의 친필 편지를 2회 정도 편지를 보낼 것을 제안했다.

셋째, 시간이 나는 대로 사찰을 방문하여 큰스님 친견을 할 것을 건의했다. 종로에는 불자가 많고 사찰이 많아 불자의 여론을 돌리면 1등 당선이 무난하다고 보았다.

후일 대통령 직선제, 6.29민주화 선언이 노태우 대통령의 결심이라 하고 전두환 대통령의 결단으로 이루어졌다고 말하지만, 민정당의 대통령 직선제, 당풍쇄신과 민주화, 개혁정치는 이종찬 의원이 군사정부라는 어려운 여건 속에서 먼저 주장한 내용이었다. 이를 건의한 사람은 필자였다.

이종찬 의원의 불교선거를 맡았던 이때 종로와 서울 전역 사찰 100여 곳에서 받은 종로에 주소를 둔 신도의 명단은 10만 정도였고, 친필편지 발송은 관악, 동작 종친회원과 표암회 관악종친회원 10여명이 한 달 이상 아무도 모르게 비밀리에 작업을 했다. 우연하게도 이민우 의원의 선거사무실과 이종찬 의원의 친필서신 작업을 한 곳이 종로의 같은 호텔 아래위층이었다.

결국 이종찬 의원은 종로에서 1등 당선함으로써 국민의 사랑받는 정치인으로 태어났고, 대권으로 나아갈 수 있게 터전을 마련하였다. 이 선거를 통해 서울에 와서 나의 첫 선거 기획과 전략은 성공했고, 이종찬 의원은 국민의 사랑받는 정치인으로 대권가도 선두에 이름을 울리게 된 것이다. 부산시민회관에서 개최한 4.8공휴제정 특별기념 남북통일기원 대법회가 대성공한 것과 같은, 나의 두 번째 기획이었던 13대 종로 국회의원 선거에서 이종찬이라는 이름 석 자를 국민에게 확실히 새겼다.

대통령 경선 포기는
이종찬 후보 대권가도의 패착

1993년 14대 대통령 선거는 대통령 직선제와 민주화 바람의 거센 저항 속에 우여곡절이 많았다. 김영삼 대통령 후보의 '호랑이를 잡으려면 호랑이 굴에 들어가야 한다' 는 논리에 따라 민정당, 신민당, 자민련 등 3당이 합당하였다. 이는 오직 승리를 위한 정략적 결정이었고, 정강 정책은 종이 쪽지에 적힌 기호일 뿐이라는 조롱을 받았다.

내용적으로 노태우 대통령과 김종필 양당 대표는 차기대통령 후보로 김영삼 총재를 밀기로 합의하였으나 이것이 전 당원의 뜻으로 받아들여지기는 어려운 처지였다. 그래서 민정당은 박태준, 이종찬을 내세워 당내 경선을 하고 당내 경선을 통해 승리한 사람이 김영삼 총재와의 경선을 통해 최종 3당 합당 후보를 결정하는 방식이었다.

민정당의 최종후보는 국민적인 지지를 널리 받고 있는 이종찬 의원으로 결정되었다. 김영삼과 이종찬의 최종 경선은 노태우 대통령, 자민련 김종필 총재가 내부적으로는 김영삼 총재를 밀기로 합의하였기 때문에 이종찬 의원의 입장에서는 승리하기가 사실상 불가능에 가까운 경선이었다.

태백산 천제(天祭)

이 어려운 싸움에 관해 국민의 사랑을 받는 진정한 대통령을 만들어 보자는 생각을 하고 있는 사람이 있었으나 이를 아는 사람은 아무도 없었다. 그러나 이 일은 어려울 뿐만 아니라 하늘의 뜻을 한 사람의 지략(智略)으로 움직여보자는 것이니 쉽게 실행할 수 없는 선거전략이었다.

그 해 정월 초하루 태백산 천제(天祭)를 올리기로 하여 민중의 진정한 지도자, 통일 대업을 이룰 위대한 지도자를 14대 대통령 선거에 당선시켜 달라고 기원제를 지내기로 했고, 이종찬 대통령후보의 승낙을 받았다.

제물(祭物)을 갖추고 당일 새벽 3시에 태백산 천제를 지내러 출발했다. 그런데 천제(天祭)의 제주가 될 이종찬 본인이 갈 줄 알았는데 제주인 본인은 물론 큰 아들 이철우마저 가지 못한다고 하고, 사위를 제주로 삼아 다녀오라고 했다.

나는 '하늘의 뜻을 얻으려는 정성이 이래서는 안 되겠는데' 라는 생각이 들었으나 내색은 할 수 없었다.

태백산 천제(天祭)단에 제물(祭物)을 진설하면서 보니 주된 제물에 흠결이 보이고 제물을 올리고 축원기도를 올리는 중 잘 감싼 촛불이 센 바람에 꺼지는 등 정성이 부족하여 기도의 성취가 어렵다는 서증으로 받아들여졌다.

대통령 당선을 위한 천제를 끝낸 후, 최종 당내 경선을 위해 하늘과 천지신명과 제불 제보살, 열성조에 용서를 빌고 도와달라는 간절한 마음을 담아 나의 비책을 편지 형태로 발송하기로 했다. 관악, 동작 화수회 회원 중 입이 무거운 열성 회원 10여명과 함께 민정당 전국대의원 10,000여 명 중 대의원에게 발송한 것이다.

이 비책의 주인공이 경선을 3일 앞두고 포기해 버린 것이다.

후일 신민당 종교담당 국장, 불교담당 실장을 지낸 민을식 거사는 나의 대학동기이고 거창 국회의원 신민당 김동영 원내총무의 생질인데, 태백산인, 관악산인 명의의 도인 편지가 당에서 논의된 적이 있었으나 대통령선거에서 승리했기 때문에 문제 삼지 않기로 했다고 한다.

 나는 비책을 쓰면서 두 가지 포인트를 간과했다. 하나는 태백산 천제에서 서증이 밀어주지 않았다는 점, 하나는 이종찬 후보가 경선을 포기할 수 있다는 수를 읽지 못한 채 나의 본래 계획대로 실행에 옮긴 것이다.

 이종찬 후보는 경선을 포기하고도 33%의 지지율을 받았다. 경선을 바랐던 당원들과 이종찬 후보를 사랑하는 많은 사람들의 가슴에 아쉬움과 허탈함이 가득했던 경선 결과였다.

 이종찬 의원은 신한국당을 창당, 대통령 후보로 선출되어 14대 대통령에 도전했으나 경선포기 선언이라는 돌이킬 수 없는 선택으로 패착이 되어버린 것이다.

 대통령은 아무나 되는 것이 아니며, 하늘이 낸다는 것을 확실히 깨우치게 했다. 5년 전 13대 대통령 선거를 앞두고 신민당 박찬종 정책위의장 방에서 박찬종, 김우석, 이원종 등 참모들이 김영삼 대통령의 당선 여부를 나에게 물었을 때 김영삼 총재는 대통령을 할 수 있는 훌륭한 사주(四柱)를 타고났으나, 국조 단군의 건국이념인 홍익인간 건국이상과 사직단 건설, 열성조를 받들지 않기 때문에 통일대통령이 될 수 없다고 했는데 5년 뒤 호랑이를 잡으려고 호랑이굴에 들어가 여의주를 빼앗아 대통령이 되었다.

 나는 나의 죄를 깊이 뉘우쳐 깊은 산골에 들어가 혹독한 농사꾼, 수행승으로서의 운명을 받아들여야 했다. 하늘의 뜻을 함부로 빙자해서 속이는 것은 대망어죄(大妄語罪)에 해당되고 그 벌을 어떻게 치러야 할지는 나로서는 예측할 수 없다.

시대의 혼돈, 경선포기

이종찬은 신한국당을 창당, 대통령 후보로 선출되어 14대 대통령에 도전했으나 한 번의 실패가 돌이킬 수 없는 패착이 되어 헤엄쳐 나오기는 역부족 이었다.

한국정치의 대변혁기다. 정주영, 이종찬의 대통령 출마, 노태우(민정당), 김영삼(신민당), 김종필(자민련) 3당 합당, 김대중, 김종필의 연합 등 15대 김대중, 16대 노무현의 진보세력이 대통령을 만들어내는 한국정치사에 일대 변혁기가 형성된다.

이 모두가 한국이 통일을 하기 위한, 세계정치 상의 중앙무대에 진입하기 위한 변혁의 시대를 예고하고 있었다.

정치인은 겸허하게 시대정신을 읽고 자성하고 세계사를 선도할 준비를 해야 하는데 이러한 기미가 보이지 않는다.

점점 이기주의, 집단이기주의로 흘러 정치가 대인(大人)정치, 왕도(王道)정치가 보이지 않는 한심한 소인배들의 탐욕과 거짓과 분노와 어리석음으로 가득찬 붕당정치를 하고 있으니 이를 어쩌랴! 진보세력은 더욱 겸손하고 정직, 도덕성을 갖추어야 하는데 교만하고 천의(天意)와 민의(民意)를 두려워하지 않는 정치 민도를 타락시키고 있다.

이종찬 총재의 경선 포기로 나의 앞날이 보이지 않게 되었다. 나의 목표는 내가 정치 일선에 나서지 않고 훌륭한 지도자를 도와 이 분을 통해 위대한 한민족의 통일 역사, 21세기 새 시대 세계 역사를 선도하는 한 사상, 오덕사상을 펼쳐 자아완성, 사회완성, 국가완성, 세계완성의 지상 불국토 건설을 소망했는데 그 길이 보이지 않는 것이다.

그래서 내가 정치 일선에 나서 볼까도 생각했으나 나의 전생 현생을 생각해보아도 그 같은 복혜(福慧)가 나에게는 없는 것 같다.

애초에 출가를 염두에 두고 있었던 나는 범어사 동산 큰 스님을 찾아 출가의 결심을 말씀드리니 큰스님께서 "3일을 더 생각하고 다시 오라"고 하셨다. 그 말씀을 듣고 나는 '세상에서 가난한 나라, 분단된 조국의 통일을 위해 일한 뒤 출가하여 불도를 이룩하리라.' 고 자신과 한 약속대로 출가할 준비를 하였다.

나는 몇 년 전부터 출가 수행할 터를 찾고 있었고 내가 태어난 고향 마을 공덕리를 출가할 곳으로 정하였다.

5
세상사 인연 따라 생하고
인연 따라 멸한다

마지막 선택 수행자의 길

중생계(衆生界), 이사(理事)가 갈라지는 욕망의 세계, 형상 있는 세계에서 허상을 성취하려고 했다. 나는 허상을 몰랐기 때문에 불문에 귀의하면서 두 가지 성취를 목표로 했는데 첫 번째 선택이 환(幻), 빛과 그림자 같은 허상을 통해 영광된 자기를 성취하려고 했다.

24세 때 한반도 통일을 위한 위대한 지도자로서의 꿈을 꾸었다. 단석산 마애불 앞에서 기도했다. 제불 제보살님 저에게 이 나라의 통일을 위해 도움이 되는 사람이 되도록 덕과 지혜와 용기를 달라고, 이 일이 성취되면 부처님의 참다운 제자로서 이 몸과 마음을 부처님의 길에 다 바치겠다고 발원 기도했다.

그러나 이제 60생애 통일을 위해 일하겠다고 한 발원을 모두 내려놓고자 했다. 암자든 초막이든 산골에서 농사 지으면서 수행하고, 108탑림 건립을 통해 통일을 발원하고, 이 나라가 미래세계를 여는데 도움이 되는 나라가 되고 우리 민족이 도움 되는 민족으로 우뚝 서기를 기도하면서 살아가겠다고 부처님께 발원했다.

'세상에서 바라는 명예, 권력, 재산을 모두 내려놓겠습니다'.

나무서가모니불　나무서가모니불

나무시아본사서가모니불

머무를 곳을 찾아

영천(永川) 공덕리 마을

나는 보현산 아래 정각, 보현, 법화, 원각, 충효, 삼매, 선원, 용소, 평천, 공덕 일대가 화엄십찰 중 수위 사찰이 있었던 의상대사 창건 화엄벌이라고 생각되었다. 보현산, 팔공산이 이 지역을 외호하고 있고 이 지역 지명이 그렇게 말하고 있는 것 같았다.

15대 국회의원 선거가 끝난 후 나는 수행자로서 길을 가고 부처님의 제자가 되어 이웃에 부처님의 법문을 전할 수 있으면 하는 마음이 간절했다. 개유불성(皆有佛性), 모든 사람이 부처라 하였으나 부처되기는 난지난사(難之難事)이니, 있는 그대로 지은 그대로 받으면 될 것이 아닌가, 이제 부처니 중생이니 한민족의 통일이니 하는 것은 다 내려놓고 우선 머무를 곳으로 내가 태어난 고향마을 공덕마을로 정했다.

굳이 이유를 찾자면 이러했다.

첫째, 나의 고향 탑골 못안 우리 밭에 있는 삼층석탑이 고려 초 또는 신라 말에 조성된 탑으로 이 시기 이전부터 이곳에 절이 있었고, 탑이 있었다는 점이었다.

둘째, 조선 태종실록 7년 조에, 신령현 모자산 아래 공덕사(功德寺)를 지금의 교구본사격인 자복사(財福寺)로 지정했으며, 모자산(母子山) 아래

절이 있었다는 기록 때문이었다. 이 공덕사가 있었던 모자산(母子山)은 지금의 보현산과 기룡산을 말하고 신령현은 해방 전까지 영천시 화북면, 화남면이 신령현에 속했고 지금의 공덕리(公德里, 功德里)이다. 들 복판에 천년이 넘는 회화나무가 있었고 이곳에 본찰 격인 공덕사라는 큰 사찰이 있었던 것이다.

공덕리 중 '댕댕이' 라고 하는 마을에는 대왕암이라는 암자가 있었고 신라시대 태종무열왕이 다녀갔다는 전설이 전해오는 이곳을 나의 출가 인연처로 생각하여, 탑 주위 토지 8,000여 평과 회화나무와 공덕사 본찰이 있었던 구획정리 지역 내의 논 3블럭을 매입하여 사찰건립 준비에 나섰다.

영천 일원에서 신도가 모일 수 있게 절터를 중심으로 영천시 순환도로 개설을 계획해 보았다. 화북, 화남, 화산, 임고, 고경, 자양, 북안, 오지마을을 다 통과할 수 있도록 하는 지방도 개설인데 예산이 만만치 않았다. 예산 확보가 쉬운 임도 개설부터 타진해 보았다.

오동에서 공덕리를 연결하는 지방도 확장, 공덕 구못에서 임고면 삼매리로 연결하는 임도와 자양면 용화리로 연결하는 임도, 공덕리에서 죽곡, 대천을 연결하는 임도 개설을 위해 영천시장, 산림 과장, 북부 산림청장 등을 찾아 도움을 요청했더니 모두 호의적이었다.

그래서 1차로 공덕에서 임고면 삼매리, 자양면 법화리로 연결되는 임도 예산을 지난 년도 책정되어 있는 예산으로 확정 받았고, 오동에서 공덕리까지의 지방도로 확장 예산도 영천시장이 마련해서 되도록 해보자는 확답을 받았다.

다음으로 전기와 전화를 끌어들이기 위해 마을에서 탑골까지의 거리를 측정한 결과 대략 6,000만원이 든다는 것이었다. 순차적으로 해결해야 한다는 답이 나왔다.

다음 난제는 구못 옆 도로가 100m 정도 깎아지른 절벽이 있어서 암벽 때문에 노폭이 2m이상이 안 나와, 6m 노폭의 도로개설이 예산상 불가능으로 판명되었다.

사찰건립을 위한 자재운반이나 신도들의 왕래조건이 아주 나쁘다는 결론이 나왔다. 공덕사의 복원계획은 어렵다는 결론이 내려졌다.

공덕리 농경지 구획정리사업과 하천부지 유산상속

공덕에 절을 짓기 위해 절터 매입이 끝나고 도로개설을 위한 영천시 시장, 산림과, 건설과 등과 도로개설 협의를 하는 중에 조모님 기일에 형제들, 조카들이 다 모였는데 장조카가 조모님 명의의 하천부지를 유산분배한 것에 대한 불만이 터져 나왔다.

마을 들 한가운데 회화나무가 있는 자리가 신라시대 공덕사가 있었던 본찰 터라 이 일대 토지 2블럭 1,200평을 서씨(徐氏) 문중의 양해를 얻어 매입했고, 1블럭은 조모님 명의의 하천부지로 교환해 주기로 구획정리 사업 업체와 마을 사람들과 협의되어 있었다.

그래서 중형, 숙형, 고모와 합의하고 할머님의 유산을 받을 수 있는 모든 사람에게 상속법에 따른 배분을 했다. 토지구획정리사업에서 감정평가한 금액으로 돌아가신 큰 형님 몫으로 큰형수, 장질녀, 장조카 3형제에게 모두 상속분을 지급했다. 중형, 숙형, 고모는 상속분을 사찰건립에 시주하는 것으로 중형님과 합의 의논하여 숙형, 고모, 다른 사람의 동의를 받아 이루어졌다.

이같이 할머니 명의의 유산이 남아 있는 것은 이곳에 절을 짓고 자손이 시주하게 하여 모두 복전(福田)을 이룩하라는 부처님의 예정된 계획이고 조상의 음덕이 작용한 것으로 좋게만 생각하고 있었다.

그러나 이때 시골의 상속 사정은 도시와 달리 '모든 상속 재산은 장손이 다 가질 수 있는 것'으로 일반화되어 있었고, 절을 짓는데 시주하는 것이 큰 복전(福田)이 된다는 생각보다는 자기 재산을 빼앗긴 것으로 생각하는 사람들이 많다는 것을 미처 생각하지 못했다.

나는 이 일로 공덕에 대한 애정과 공덕의 그 옛날 화엄종찰의 복원계획을 모두 내려놓았다. 이 시대 불교중흥, 위대한 통일사상의 터전을 공덕마을로부터 아버님의 생가인 경주 서면 사라리에서 10여리 떨어진 단석산 신선사 아래 우중골 계곡으로 옮겨야 되겠다는 결심을 하게 된 것이다.

경주 단석산 아랫마을 송선

복전은 임자가 아니면 가질 수 없고 공덕은 뿌리지 않고는 거두어지지 않는다. 공덕, 내가 태어난 마을에 화엄종찰을 일으켜 보겠다는 간절한 마음도 이곳은 아니라고 답을 얻으니 더 진행할 수 없었다. 제2의 수행터로 생각한 곳이 경주 단석산 계곡 송선 우징골 마을이다. 이곳에 절터를 마련하기까지 송선리, 방내리, 내남 비지리, 화천리 일대를 살폈으며 최종적으로 우징곡 계곡이 좋겠다는 결론을 내렸다.

그 이유는

첫째, 이곳 계곡 1만여 평은 산중턱에 국보 제199호 마애불상이 있는 신선사가 있다는 점이었다. 화랑정신, 신라정신, 한국인의 사상의 메카로 고대 한국사상, 불교의 통일사상과 접목한 미륵성지, 신선사상과 관련된 종교성지, 김유신의 어릴 적 수도처라는 점에서 의미가 있는 곳이다. 삼국통일 이후 이 땅은 버려진 땅으로 생지(生地)로 숨겨져 임자를 기다리고 있었다는 점에 더욱 의미가 컸다.

둘째, 풍수적으로 금혈(禁穴)로 보인다는 점이었다. 금혈은 입구에 장군봉이 있어 이 터에는 아무나 출입할 수 없도록 지킨다고 했는데 건천 톨게이트 맞은편 봉우리가 장군봉으로 장군이 시립하여 이 터를 지키는 형국이다. 그 안에 저수지가 펼쳐져 있다고 했는데 송선 저수지가 이를 암시한다. 다시 그 안의 혈처(穴處)는 자물통으로 채운 듯 잡인의 출입을 금(禁)하는 형국이라 했는데 계곡에 들어서는 지점에 좌청룡 우백호가 입구를 가로막아 잡인의 출입을 엄격히 규제하고 있다.

여기서 안을 들여다보면 우백호 끝자락에 3학의 무리가 덩실덩실 춤을 추고 있고 혈(穴)을 형성하는 자리의 산세인 우백호는 터의 기운을 머리에 실어 영의정의 관을 쓰고 좌정한 형상이다. 좌청룡은 산(山)의 주령을 향하여 달리면서 이 산과 혈(穴)을 수호하는 사자 형상으로 보인다.

수호처인 국보 제199호 마애불상 신선사지와 오덕선원을 지키려는 위풍당당한 모습이다.

임자 아닌 사람이 주인 되는 것을 허락하지 않는다는 위엄과 이 터의 주인만이 머무를 수 있다는 당당한 산세로 보인다. 나는 이곳에서 내가 죽을 때까지는 안전하게 쉬어갈 수 있겠다고 생각했다.

절터 매입과 사찰건립 기본계획

오덕선원 진입로

기본계획

절터 매입에 앞서 사철건립에 대한 기본계획을 세웠다.

첫째, 영천 공덕에서의 사찰건립 계획이 화엄사상을 계승하는 화엄종지, 일화(一花) 사상, 부처님의 화엄교학에 의한 통일도량 건립이라 한다면, 단석산은 원효스님의 정토사상(淨土思想), 미륵사상이 중심이 되는 지상불국토 건설, 21세기를 선도하는 국운융창, 행복한 세계국가 건설에 앞서가는 오덕운동에 의한 새 시대 건설을 선도하는 불교사상 진흥을 위한 수행처로서의 성격을 갖는 것으로 설정했다.

이론적 뒷받침

화랑의 무예적 수도, 김유신의 스승 난승보살에 의한 병법, 검의 수련은 도솔천의 용화세계 건설의 이상이 신라국에 그대로 전승된다는 것을 의미한다. 국보 제199호 신선사 마애불상 법당건립 또한 화랑들이 출전에 앞서 하늘에 맹세하는 서천(誓天)의식과 연관이 있다.

이같은 군사교육은 단군의 홍익인간, 신선사상으로 이어졌고 이것이 호국사상, 화랑들의 애국애민사상으로 연결되어 변방의 작은 나라 신라가 백제, 고구려, 당나라, 왜, 말갈 등 이웃나라를 통합할 수 있는 한민족의 정통성으로 자리잡는 바탕이 된 것이다.

절터 매입

15대 국회의원 선거 이후 선거 부채가 6천여 만원 정도 되었다. 이중 선거브로커나 다름없는 보살이 양산시청 옆 지하철 역사 주변 양산사거리 땅 100평을 압류하는 일이 벌어졌다. 부득이 이 땅 100평을 처분하여 선거 부채를 모두 정리하고 남은 돈 7천만 원으로 건천 우징골 계곡 1만여 평을 매입하기 시작했다.

매입하기 앞서 이 지역을 개발하여 관광지역화하기 위해 우징골 마을에서 산내면으로 넘어가는 계곡 토지 10만여 평을 모두 매입하여 삼국통일 이전 신라문화, 특히 화백제도, 관제, 화랑의 복식, 평민의 생활 모습, 명절 풍속도 등을 전시하는 공간과 특산품을 판매하는 테마사업을 기획하였다. 이곳을 관광명소로 조성하여 지역경제 활성화에도 이바지하겠다는 생각이었다. 그러나 이 같은 계획이 누설된 탓인지 예상보다 지가(地價)가 너무 높아 땅 매입에 실패함으로써 이 사업은 포기할 수밖에 없었다. 이 계획은 대구에 호텔업을 하는 정사장과 협의해서 이루어진 계획이었다. 결국 절터로 예정한 1만평만 2년여에 걸쳐 매입했다.

매입한 토지에 대한 우여곡절

매입 토지의 지번은 대체로 송선리 1260, 1261, 1266, 1267, 1268, 1269, 1270, 산86-6, 7, 8, 9 산86-23 판결에 의해 산86-1 5,000여평이었는데, 매입했던 송선리 1260, 1261, 1266, 1267, 1268, 1269번지의 토지가 측량결과 매입한 자리에 존재하지 않는 것이었다.

위의 지번에 의해 마을 주민으로부터 매입한 토지는 송선리 임야 소유자 이상하의 산86-1번지에 속한 임야였다. 건축허가를 내기 위해 지적측량을 한 결과 이 사실을 알고 망연자실했다. 농경지 지적도가 이렇게 다를 수 있다는 것에 놀랐고, 지적측량으로 등재된 지적도는 어느 누구도 수정할 수 없다는 데에 또 한 번 놀랐다.

골짜기 농토를 폐농으로 묵혀 놓아 숲으로 우거진 토지에 대해 지적(地籍)상에 없는 토지를 매도한 이유로 계약무효를 주장했으나, 지적(地籍)상 면적은 어디에 있어도 있다고 하고 자기들도 농사를 짓지 않고 숲으로 묵혀 놓았기 때문에 책임질 수 없다고 항변했다.

그 원인을 찾아보니 70여년 전 사하라 태풍 때 이 골짜기가 폭우와 홍수로 지형이 완전히 뒤바뀌어 버린 것이다. 지금 흐르는 계곡은 70년 전에 이상하씨 임야에 새로운 수로가 흐르게 된 것이고 지적도상 계곡은 그때 완전히 계곡의 수로에서 흔적이 사라진 계곡이다. 지금 흐르고 있는 계곡은 지적도상 계곡으로 하여 경작을 하고보니 이렇게 귀신도 놀랄 일이 벌어진 것이다.

모든 사람들은 이상하씨의 산86-1 경계가 현재 계곡인 것으로 알고 있었으나 실제 경계는 현재 지적도상 구거(계곡)로, 실제로는 구거가 없는 지적도상 경계로 실제 구거와 지적도 상 구거는 다른 것이었다.

토지를 매도한 마을 사람들과 계약무효를 주장하여 토지매매대금을 반환받으려 했으나 이것은 불가능에 가깝고, 행정착오로 인해 마을사람들에게 피해를 주는 일이라 생각되었다. 실제 구거와 지적도상 구거 가운데 이상하 임야 4,000여 평에 대한 점유권을 내세워 세 차례에 걸쳐 매매대금을 상향 조정하여 매입하고 산 86-1번지 임야는 5,000평 이하로는 분할이 되지 않아 판결로 분할하여 1만여 평의 사찰 부지를 확보했던 것이다. 이렇게하여 사찰부지 1만평을 매입하고 보니 전화위복 하늘에 맡겨둔 토지를 돌려받은 것과 같았다.

진입도로 개설의 어려움

국도에서 사찰까지의 도로를 확보하기 위해 1차로 마을을 통과하지 않고 산내쪽 국도에서 사찰로 연결되도록 설계했으나, 예산 확보단계에서 마을이장이 도로가 마을을 통과하도록 요구하여 마을의 요구를 수용하였다.

영천 반정마을 문중 토지를 매입하는 등 도로 개설을 위해 어렵게 토지 소유자들과 합의를 보고 나서, 막상 마을의 도로 보상에 들어가니 마을 주민 한두 사람이 반대하기 시작하고 신선사를 위한 진입도로임에도 불구하고 신선사는 협조하지 않고 모른척 했다. 그래서 마을의 도로 개설은 지금까지 실패하고 말았다. 도로 보상을 반대하는 주민 한사람이 자기 집앞 도로를 좁혀 화물차 차량, 흙차, 작업차, 중기, 이삿짐 차량에 대해서 통행을 허락받는 조건으로 금품을 챙겼으니 지역 인심이 도를 넘었다고 할 수 있다.

도로 통행을 방해하는 바람에 4륜구동 승용차 2대를 폐기처분해야 했고, 신도의 승용차도 부딪쳐 파손되고, 작업장비와 흙차의 길을 막아버려 차량 일대 절반을 지급하는 등 피해는 이루 말로 할 수 없을 정도였다. 모든 것을 감수하고 묵묵히 사찰 건립에만 전념하여 참으로 어렵게, 어렵게 사찰을 지을 수 있었다.

동쪽에서 입은 손해를 서쪽에서 보상 – 오가피가 화주보살

건천(乾川)에 임시로 거처할 방을 얻어두고 절터 개간, 농장 가꾸는 일을 시작했다. 수행인으로 새 출발하면서 백장선사의 청규(淸規)에 따라 엄격한 수행인으로서의 본분(本分)을 다하기로 하여 일일불작(一日不作) 일일불식(一日不食)의 가르침을 따르기로 했다.

입산을 결심하면서 재배작물을 어떤 종류로 할 것인가를 생각하고 연구했다. 영천에 있는 내 소유의 논 2,000여 평 농사로 식량문제는 충분히 해결될 것 같았다.

사찰건축, 신도의 공양, 포교활동비 등에 도움이 될 만한 수익성 있는 농작물을 심기 위해 지인들의 자문을 구했다. 그 결과 당시에 각광을 받던 오가피, 헛개나무, 약두릅(독활), 두충, 마, 천마, 더덕, 도라지 등을 선정했다. 1차로 오가피 3,000주, 헛개나무 500주, 땅두릅 2,000주를 심고 마, 더덕, 도라지 등은 씨앗을 싸서 재배하기 시작했다.

오가피는 성광수라는 사람이 전력을 다해 여러 매체에 홍보해서 오가피 탕재를 만들어 보급했는데, 그게 적중했다. 법당건축, 농장조성, 도로개설, 조경 등으로 경제적으로 어려웠던 초기 오덕선원의 자금 문제를 쉽게 해결할 수 있었다. 이때 오가피 탕재는 화주보살의 역할을 한 것이다.

부지 매입 때는 1차로 매입한 토지가 지적도 지번에 한 평도 존재하지 않은 희한한 일이 벌어졌으나, 반대편 산 86-1번지 진입도로를 7m 폭(幅)으로 하여 4,000여 평을 판결로 분할받아 토지매입을 완결 지을 수 있었고, 어려운 시기에 오가피가 화주보살 역할을 한 것은 말 그대로 부처님의 가호와 가피로 해석할 수밖에 없는 일이었다.

도로 개설에도 어려움이 많았으나 작고하신 이의근 지사께서 적극 협조해 주셨고, 행자부 자금 5억을 받는데 현 경주시장 주낙영시장, 전 경주시 최양식 시장의 도움이 컸다.

사찰 경내 도로 1.3㎞는 박병훈 예결위원장이 자기가 지역개발을 위하여 쓸 수 있는 새마을도로 예산 4억 중에서 2억을 경북도청 김장환 도로국장의 권유에 따라 내놓아서 해결할 수 있었다. 오덕선원 경내 상수도 저장 물탱크까지 도로를 까는 것에 신선사 환경단체와 마을 주민들이 끈질기게 방해했지만 무사히 완결될 수 있었던 것은 부처님과 단석산 산신의 엄중한 가호 가피가 있어서일 것이다.

진입도로 개설 중 대구에 사는 마을 주민 한 사람이 보상에 응할 수 없다고 하고 오덕선원 건립을 결사반대한다고 하여 난감할 때도 있었으나, 며칠 뒤 교통사고로 작고하여 가족들이 보상금을 수령해감으로써 정리되었다. 도로공사가 무난히 완료된 것은 하늘이 하는 일을 사람이 막아서는 안 되고 인과(因果)는 역연(亦緣)하다는 것을 밝게 보여준 일이라 생각된다. 이 일에 한가지 섭섭한 것은 당시 이상효 도의회 의장, 박병훈 예결위원, 이의근 지사, 김장환 국장 등이 협력하여 단석산 계곡정비를 위해 5억의 자금지원을 약속했으나 경주시 전 시장이 협조하지 않아서 무산된 것은 지금도 아쉬움이 남는다.

불사에 불가사의한 현훈가피, 명훈가피

 지극한 기도나 대작불사에는 현훈가피나 명훈가피 등 생각으로 헤아리기 어려운 일이 일어나는 것과 관련하여 많은 이야기가 전해온다. 나는 여기에서 내가 겪은 불가사의한 몇 가지 현훈가피를 적어 보고자 한다.

큰 두꺼비와 2년간 동거(同居)하며 함께 예불기도

 농장을 개간하고 절을 짓기 위해 매입한 토지는 10여년 이상 묵혀놓은 숲으로 나무덩굴과 바위덩어리로 메워진 불모지였다.

 돌덩이 하나 움직이면 지네, 독사들이 또아리를 틀고 있어 섬찟섬찟했다. 절 입구를 자물통으로 채워 놓은 듯한 20m 안쪽에 100여년이 넘는 오랜 고총과 오가는 사람이 돌을 던져 쌓인 큰 돌무더기가 있었는데 해가 진 뒤 이 돌무더기와 고총을 지나면 알 수 없는 정령의 불쾌한 기운이 무겁게 엄습하는 느낌을 받곤 했다.

 혼자 생각에 천년 넘는 영매의 영역 주장이거나, 아니면 이 산에 은거한 세력과 은거한 세력을 소탕하려는 바깥 세력이 긴긴 세월 싸우는 와중에 희생된 집단 영혼들의 한맺힌 호소일지 모른다는 생각이 들었다. 그러나 그 어느 것이든 나는 이 산을 떠날 수 없고 영혼, 영매들을 달래고 항복받아야 했다.

어느날 야무진 몽둥이 하나를 들고 저녁 7시쯤 어둠이 깔리기 시작할 시간에 고총 돌무덤 앞에 섰다.

천수경, 신묘장구대다라니, 장엄염불, 법성게, 반야심경을 읽은 뒤 6 자진언 '옴마니반메훔'을 10분 염송한 뒤 모든 영혼, 영매들이 이고득 락 왕생극락하라고 축원한 뒤 말을 안 듣는 영혼, 영매들을 향해 몽둥이로 고총을 5, 6회 내리쳤다. "사바세계에는 부처님의 법이 가장 수승하고, 사람이 가장 고귀하거늘 가장 고귀한 사람이 가장 수승한 불법 수행을 하려고 왔는데 막으면 되느냐? 나는 돌아갈 곳도 없고, 돌아갈 수도 없다. 이곳이 나의 수행처다. 나와 함께 나를 도와 공부하자! 옴마니반메훔, 옴마니반메훔…"

다음날 아침 새벽예불을 마치고 7시경 고총에 갔더니 내가 지금까지 본 어떤 두꺼비보다 큰 두꺼비가 나와 어슬렁거리며 나를 감시하는 듯, 나의 벗인 듯 뒤를 따랐다. 두꺼비의 눈은 성성했고 두 발톱은 위풍당당 했다.

"두껍아! 너는 나의 호법신장, 나를 지켜주는 임무를 맡았구나. 살아 있는 지네, 독사, 뱀, 나쁜 사람의 공격은 물론 영혼 영매의 공격도 모두 막아주겠구나! 나는 이 산에 머무는 동안 너의 도움으로 몸과 마음의 평안과 안전을 얻을수 있겠구나. 고맙다. 너와 나의 전생인연, 현생인연, 내생의 인연은 묻지도 알려고도 하지 않겠다."

조석예불 때는 법당 앞에서 함께 예불을 올렸고, 밭일이 고단하여 새벽 4시에 기상하지 못하면 판넬집의 벽체를 탕, 탕, 탕 세 번 치거나 양철기와 지붕을 쨍, 쨍, 쨍 두드리기까지 했다.

이 산에 들어와서 견디기 어려웠던 산 기운, 무서움, 자신과의 싸움에서 이길 수 있었던 것은 두꺼비가 2년간 함께 나를 지켜준 공덕이 컸다.

어미 산양과 새끼 산양 네 마리의 방문

처음 입산하여 요사채 1동을 지어 임시법당 겸 주거용으로 쓰고 있었는데 맞은편 개울건너 큰 바위 옆 돌밭에 어미사슴인지 산양인지 새끼 네 마리를 데리고 사찰을 방문하러온 듯 나의 벗이나 되는 듯 한가롭게 놀고 있었는데 외부인이 오거나 인기척이 나면 빠른 속도로 사라졌다.

산양은 된장과 소금을 좋아한다해서 냄비에 된장과 소금과 밥을 담아주면 먹고 갔다. 그런 추억 속에 산양과 함께한 2, 3개월이 그립다.

단석산 정상에서 사찰까지는 거리가 먼데 정상 등성이에서 사찰까지 날쌔게 왔다가 날쌔게 자취를 감추었다. 어디서 온 산양인지는 몰라도 아주 영특하고 동작이 잽쌌다.

혹독한 추위와 겨울의 냉방에서 기도, 예불 중 가피

처음 입산했을 첫 해 겨울, 둘째 해 겨울은 유난히 추웠다. 바깥에서는 손을 꺼내놓기 힘들 정도로 추위가 강했지만, 조석예불 때 절을 하면 이상하게도 땅에 닿은 손바닥, 손끝, 발바닥, 발끝에서부터 몸이 따뜻하게 데워졌다. 차가운 기운이 없어지고 예불 올리기에 적당한 기온으로 몸도, 법당의 온도도 지극히 평안하고 적정한 온도로 바뀌어져 예불이나 기도를 마칠 수 있었다. 겨울의 혹독한 추위를 이렇게 알 수 없는 기운으로 이겨내고 정진할 수 있었던 것은 기이한 일이라 생각된다.

사미계 수지와 은사스님

2000년 경진년에 부산에 사는 여동생의 요사채, 임시법당 건축지원 시주금 1300만원을 기초로 철골, 판넬 건물 1동을 완성했다. 이 건물은 요사채 겸 임시법당으로 사용했다.

주불(主佛)인 금동아미타여래입상의 인연은 경주고등학교 16·7회 동기이고 현재 보문단지에 많은 자금을 투자하여 신라역사과학관을 운영하고 있는 석우일(昔宇一) 관장이다. 그는 자신의 홍익대학교 졸업작품인 아미타여래입상을 경주에 와서 불사를 하겠다는 벗에 대한 환영의 의미로 기꺼이 선물해주었다. 왼쪽에는 향나무로 조각한 목조관세음보살, 오른쪽에는 구화산 김교각 지장왕보살 철불을 모셔 삼존불 임시법당을 장엄하게 조성한 것이다.

시주해준 석우일 관장에게 다시 한번 감사를 드리고, 20년을 잘 버텨온 것이 친구의 공덕의 힘임을 알기에 더욱 감사드린다.

내내 건강하시고 신라역사과학관이 경주를 빛내는 관광명소로 거듭거듭 발전하시기를 빈다.

태연 큰스님을 은사스님으로 사미계 수지

판넬로 지은 임시법당이지만 점안식을 갖추어야겠기에, 점안식에 모실 스님을 고민하던 중, 제3차·제4차 조선학국제학술대회를 통하여 알게된 일본 조계종 총관장이신 태연 큰스님이 마침 한국에 계신다기에 청을 드리러 서울 고려사를 찾았다.

마침 이 자리에는 서돈각 불교진흥원 이사장, 동국대학교 이인환 교수가 함께 있었다. 올라온 연유를 말씀드리고 점안식을 해 주십사고 청을 드렸더니, 태연 큰스님이 "이선생의 점안식을 해 드리는 것은 어렵지 않은데 점안식을 한 후 이선생이 마음을 바꾸어 사찰을 팔아버리거나 환속해 버리면 이선생도 나도 삼보에 큰 죄인이 안 되겠느냐?"고 하셨다.

그러니 아예 이 시기에 출가를 해서 출가스님으로 점안식을 하면 어떻겠느냐고 하셨다. 옆에서 가만히 듣고 있던 서돈각 이사장과 이인환 스님 두 분께서 태연스님이 이거사의 출가와 점안식을 책임지겠다고 하니 오늘 바로 삭발 사미계를 받아 출가 의식을 갖추면 되겠다고 하셨다.

그래서 내 출가의식은 점안식 법주를 승낙하는 자리에서 이루어진 것이다. 서울 고려사에서 태연 큰스님께서 사미계를 설하시고, 정화(正和)스님이 삭발을 해 주시고, 불교진흥원 서돈각 이사장, 일본 동경대학을 나와 동국대 교수로 계신 이인환 스님께서 증명법사가 되어주셨다.

27세 때 양산 통도사 극락암에서 경봉 큰스님으로부터 5계 수계(受戒)와 불명(佛名)을 받았다. 이제 태연 큰스님으로부터 사미계를 받고 법명(法名)을 정허(正虛)로 받아 출가사문이 된 것이다.

월하 큰스님(통도사 방장), 성수 큰스님으로부터 통도사 금강계단에서 보살오계, 고암 큰스님(전 조계종 종정)으로부터 범어사 금강계단에서 보살오계를 받았고, 35세 때 철원 심원사에서 청화 큰스님으로부터 보살십계를 받았다.

점안식 날의 해프닝

오덕선원 임시법당과 노천 석가모니불 법당의 점안식은 2000년 경진년(庚辰年) 3월 18일 사시(巳時)로 결정되었다. 점안을 맡아 할 법주스님으로 백양사에서 스님 세 분을 보내주셨다. 점안법회 행사에 필요한 불기(佛器)와 내가 입을 승복 등은 외동에서 절을 운영하는 고마운 자비보살이 준비해주셨다. 나의 출가를 이렇게 물심양면으로 도와주겠다고 하시니 참으로 고마운 일이었다.

더욱이 이 보살님은 절 운영도 도와주겠다고 했고, 나에게 절의 토지 3,000여 평을 등기이전해 주면 사찰에 필요한 운영자금 3,000만원을 지원해 절의 어려운 자금 문제까지 해결할 것을 약속했다.

더욱이 은사스님의 사찰인 장성 백양사(白羊寺)에서 비구스님으로서 배워야할 정규과정과 문중의 가풍을 이수하고 오라고 조언도 해주었다.

점안식 날 보살의 절에서 행사 준비를 도울 보살 대여섯명까지 데리고 와서 모든 행사를 깔끔히 맡아주셨다.

그런데 영천 선거때부터 나의 사무실을 드나들던 보살 한 분이 이날 행사 때 나의 방을 점령하여 안주인 행세를 하는 것이었다. 행사가 끝나고 백양사에서 온 스님들과 외동에서 온 보살이 나에게 스님이 사문으로 첫 출발하는 날 여자관리를 그렇게 하면 되겠느냐고 항의했다. 그 보살은 임시법당을 드나들면서 출가 준비를 하는 나를 도와주는 고마운 관계일 뿐 어떠한 관계나 정으로 얽힌 일은 전혀 없었다. 사람 관계는 참 묘하다는 것을 알았다. 더욱이 그 여인은 두 아들과 손자, 손녀를 데리고 사는 가난한 신기가 있는 여인일 뿐이었다.

나의 투병생활

나는 2000년 이 산골에 들어와 황무지 개간, 농지 매입, 임야 매입, 도로개설, 은행자금 차입, 신도기도 관리, 불사시주 권선 등 바쁜 일정표에 따라 어렵게 수행터 건립을 위해 악전고투 중이었다.

새벽 4시 기상, 새벽예불, 아침공양, 사시(巳時)불공 저녁예불, 밤 9시 취침까지 청규대로 엄격한 수행인으로 생활했다.

산중에 들어온지 22년, 속가의 자녀나 형제들의 집에 가서 잠잔 적 없고, 한가하게 바깥 세상에 나가 허송세월하지 않았으며, 대부분의 시간을 혼자서 농지와 임야 개간을 위해 사찰을 떠나지 않고 살아왔다. 여인에 대한 유혹도 믿음으로 잘 극복했다고 자부한다.

부처님께서 설하신 진리에 대한 확실한 믿음으로 삼법인, 사성제, 연기법을 철견하기 위해, 심외무법(心外無法) 일체유심조(一切唯心造)에 의거한 생활을 해왔다. 그러나 수행의 부족일까, 내안에 있는 탐욕, 화, 어리석음의 빈 틈을 비집고 병고(病苦)가 예고없이 침범하였다.

큰 법당불사를 하면서 과욕으로 분에 넘치는 불사를 벌였고, 시주금 사용에 시주자의 발원을 잘못 헤아렸거나, 정성을 다하지 못한 허물을 저지른 것 같았다. 법당 불사를 시작하고부터 어두운 밤이나 비오는 날, 또는 긴 터널을 운전할 때면 두려움이 엄습했다.

몇 곳 병원에서 피검사를 했더니 피 수치가 4이하라야 하는데 30이 상이니 큰 병원에서 검진을 해 보라고 했다. 경주 동국대병원에서 MRI, CT촬영 등 암 정밀검사를 받았는데 12곳 검사 중 8곳에서 암으로 판정된다는 의사소견이 나왔고, 결국 전립선 암으로 전이는 없는 것으로 최종 판정되었다.

내 나이가 78세, 암 제거수술을 해도 10년, 수술하지 않아도 10년이다. 72세가 넘으면 암 제거 수술을 권하지 않고 본인의 판단에 따른다고 했으나 나는 그 자리에서 수술하겠다고 했다. 그래서 바로 수술 날짜를 잡았다.

전립선 암 제거 수술

수술 날짜가 잡혀 오전 8시 30분부터 수술이 시작되었는데 수술이 끝난 시간은 오후 7시가 넘어서였다. 수술시간이 4시간이면 된다고 했는데 11시간 가까이 걸린 이유를 물으니, 암균을 완전히 제거하고 세척하는데 시간이 많이 걸렸으며 수술은 잘 되었다고 했다.

　※ 수술과정에서 기억에 남는 내 마음상태를 살펴보면

'나란 본래 없는 것이다. 나의 몸도 없는 것이다. 수술도 없는 것이다. 고통, 아픔도 없는 것이다.' 라는 생각에 잠겼다. 공(空)한 법성(法性)이 진공묘유 혼몽해지는 정신상태에서 마취, 수술이 진행되고 있다고 생각하는데, 희미한 어둠이 깔린 넓은 들판 가운데로 길이 있고 나는 그 길을 따라 걷고 있었다. 주위는 살려달라고 외치는 고통 받는 사람들의 아우성으로 들판이 쩌렁쩌렁 울리고 있었다. 살려달라고 아우성치는 고통 받는 사람들을 향해 '나는 내 생명 하나도 보장받지 못했다'고 혼자 속으로 생각한 뒤, "우리 모두 부처님께 구원을 요청하자"며 "나무 삼계도사 사생자부 시아본사 석가모니불…" 정근을 시작했더니 주변이 평안하고 조용해졌다. 그리고 모두 함께 따라 정근을 했다. 얼마를 더 갔는지 앞에 쌍갈래 길이 나타났다.

　어느 길로 가야할지 망설여지는 순간 부처님 계신 곳으로 가야 한다고 생각이 들었다. 한 길은 맑은 계곡물이 흐르고, 아름다운 꽃들과 바위, 잘 다듬어진 길로 나타났다. 한 길은 질펀한 잘 정리되지 않은 삭막한 길로 보였다. 계곡에 맑은 물이 흐르고 기화요초로 잘 닦여진 길이 부처님 찾아가는 길이라고 생각하는 순간 잠을 깬 것 같다.

　수술 받는 절체절명의 순간에도 오직 부처님께 매달려 구원을 받으려는 믿음의 힘이 느껴졌다.

꿈인지 생시인지 분간 안 되는 묘한 꿈

암수술 후 한 달 뒤 퇴원하였다. 퇴원하고 2~3일 뒤 저녁 7시경인가, 꿈인지 생시인지 분간되지 않는 묘한 꿈을 꾸었다. 나는 이때 생(生)과 사(死)를 넘나든 것 같다.

꿈속에 은과 동으로 만든 시계줄, 백은색 볼펜자루 크기의 1m쯤 되는 뱀이 등어리 속옷, 티셔츠에서 나와서 발밑에 널려 있는 이불 속으로 들어가는 것을 보았다. 쫓아내려고 이불을 안고 방문과 현관문을 열고 마당으로 나가는 꿈을 꾸었는데, 내가 정신을 차렸을 때는 실제 방안에 있던 내가 이불을 안고 마당에 나가 뱀을 쫓는다고 이불을 털고 있었던 것이다. 암 수술 뒤 병관리가 제대로 되지 않아 몸과 마음이 사경에 놓여서 일어난 현상이라고 생각된다.

전립선 암수술 후 변비가 너무 심하여 산호초 기름을 과다복용했더니 대상포진에 시달리고 정신이 혼몽해졌다. 부득이 동국대학교 신경정신과에서 검사를 했더니 치매 중증, 파킨슨 중증환자로 판정이 내려졌다. 전립선 암 수술, 치매, 파킨슨, 변비, 대상포진, 고혈압 등 병이란 병은 다 모여들었고, 하루 세 번 먹어야 할 약만도 너무 많았다.

깨어서도 멍하고 누워서도 마음과 몸이 제각각 혼몽상태다. 이런 와중에 공양주 노보살은 눈에 얼어붙은 빙판에 넘어져 손목이 크게 꺾였다. 그래서 새로 공양주를 구할 수밖에 없었는데, 공양주를 새로 구해오면 노보살이 머물지 못하도록 다 내보내는 것 같았다. 한 달에 한 사람 꼴로 네 번이나 공양주보살이 들고나는 것이었다. 다섯 번째 온 공양주보살이 앞에 계시던 노 공양주보살을 내보는 조건으로 있겠다고 한다.

그 이유로 노보살이 개, 고양이 40여 마리를 키우니 개, 고양이의 털과 배설물로 인해 환자인 내 병을 치유할 수 없다고 했다. 그래서 보살과 거사 두 분에게 마을에 방을 얻어 나가서서 절의 차량으로 출퇴근하시라고 했다. 차량은 거사님 편한대로 써도 좋다고도 했다. 그러나 두 분이 오해를 했는지 3,500만원의 퇴직금을 달라고 했다. 이에 새로 총무 겸 공양주로 들어온 함보살이 2,000만원을 가지고 와서 두 분에게 주고 해결했다.

암수술 후 경주 동국대, 서울 백병원에서 치매 파킨슨 판정을 받고 변비, 고혈압, 대상포진 등 한꺼번에 닥친 병마는 간병인 없이 치유하기 어려운 형편이었다.

치매, 파킨슨, 고혈압, 대상포진, 전립선암, 변비로 인해 복용해야 하는 약만도 너무나 많아 약 먹고 30분 동안은 정신이 멍한 상태였다. 하루일과 중 누워있는 시간이 대부분이었다.

이제 5년 동안 병마와 싸워 암, 고혈압, 변비, 치매를 극복하고 나니, 나이 앞에 장사 없다. 어쩔 수 없이 모두를 내려놓고 가야할 준비를 해야 한다. 지금 쓰는 이 책의 완성이 이 세상에서 내가 해야 할 마지막 일이라 생각된다.

공양주보살

경주시 건천읍 송선리 우중골 계곡에 오덕선원을 개창한 이래 오덕선원과 나에게는 공양주 보살의 인연이 제일 큰 인연이고 공덕으로 와 닿았다. 좋은 보살이 공양주보살로 있다는 것은 사찰로서나 개인으로서나 큰 복(福)이다.

나는 이 책에 절의 창건에 크게 기여한 몇 분의 공양주의 공덕을 기록함으로 감사를 표하고자 한다.

첫 번째 공양주 김 본심화(김복란) 보살

김 본심화(本心華) 김복란(金福蘭) 보살은 나의 아버님께서 양자로 가시기 전 본가였던 서면 사라리 이웃마을에 사셨다고 한다. 직장생활을 하던 중 인연 아닌 사람과 인연을 맺어 한 평생 억울한 삶을 산 보살이었다.

여동생이 우중골에 사는 인연으로 우리 절에 자주 다녔고, 자주 오다보니 오덕선원에 공양주가 없는 것이 마음에 걸렸다고 한다. 측은지심으로 무보수 공양주를 자청해서 공양주가 된 분이다.

2001년에서 2007년까지, 7년 가까이 공양주 생활을 하셨다. 처음 3

년은 완전 무보수로 하셨고 그 뒤 2년은 월 30만원, 그 뒤 2년은 월 50만원을 드렸으나 그 돈 모두 절에 시주했고, 절에 필요한 물건들을 자비로 사들였다.

이 절을 자신의 절로 생각하고 자기가 받아 모은 돈은 절에 시주했다. 나보다 세 살 연상으로 다리 수술로 일을 할 수 없을 때까지 이 절을 위해 공양주로써 창건시주자로 헌신했다. 이 절을 위해 보시한 큰 시주자에 버금가는 공덕주 보살이다. 몇 년 전 작고하셨다.

연화장세계에 극락왕생하소서!

보살님의 영구위패가 공덕주로 영구히 모셔질 것이고, 108탑림공원에 공덕비를 세워드릴 것입니다.

백상호 거사 · 김애금 보살 부부

김복란 보살이 다리 수술로 절에서 일하기 어려워지면서, 2007년부터 2009년까지 3년간 절 살림을 살아준 이들이 전라도 광주에서 온 보살 내외분이다. 어머님을 산내 보광사, 불국사 성림원 요양병원에 모신 인연으로 이곳에 오신 분이다.

백거사의 동생은 송담스님이 주석하신 용화사 선원에 재무의 소임을 맡은 스님이시다. 백상호 거사는 기계장비를 잘 고치고, 잘 다루었기 때문에 맥가이버라는 별명으로 부르기도 했다.

김애금 보살도 음식 솜씨가 좋고 몸을 아끼지 않고 부지런했다. 3년 동안 이 절에 머무는 동안 절 일을 내일처럼 부지런하게 해서 절에 많은 도움을 주었으며 신도들 간에 친화력도 좋았다.

고마운 거사와 공양주 보살로 기억에 각인시키고 떠났다.

최운석 거사 · 장옥분 보살 부부

백상호 거사와 김애금 보살이 떠나고난 뒤, 2009년 최운석 거사 내외분이 왔다. 장보살은 공양주 일을 맡고, 최거사는 컴퓨터 등 절의 행정일을 맡기로 해서 들어오신 분들이다.

급료는 두 분의 나이가 모두 80이 넘어 130만원 드리겠다고 했더니 80만원만 달라고 해서 그렇게 하기로 결정했다. 두 분은 오덕선원에서 사후까지 의탁할 생각으로 오셔서 사찰 일을 열심히 잘 해주셨고 나도 항상 고맙게 생각했다.

그러던 중 내가 2013년 10월 28일 암판정을 받고 수술 후 내가 동국대병원에 입원해 있을 때였다. 그해 겨울 눈이 많이 오던 어느 날 빙판에 넘어져서 손목뼈가 부러지는 일이 생겼다. 사찰 일과 내 병간호를 하시기에 어려움이 많았고, 최거사도 보살의 건강 걱정을 자주 했다.

나는 큰 법당불사는 끝났으나 남은 불사가 많아 불사가 끝날 때까지는 살아야 한다는 삶에 대한 생존 의지가 강했다. 그런데 공양주보살을 구해오면 어떻게 된 일인지 이 두 분에 의해 견디지 못하고 나가게 되어서, 병간호가 전혀 되지 않았다. 나의 앞날에 대한 불안감 때문에 판단이 바로 서지 못했다.

그러던 중 총무 겸 공양주 일을 책임지겠다는 젊은 보살이 총무 일과 병간호 일을 책임지겠다고 나서는데, 믿음이 가는 보살이었다. 그런데 내가 받아들이기 어려운 조건을 걸었다. 최거사와 장보살을 내보내야 한다는 것이다. 이 두 분이 사육하는 개, 고양이 40여 마리와 함께 있으면 사찰관리 면에서나 환자 병간호 면에서나 좋지 않다는 이유였다.

이 과정에 최거사는 3,500만원의 퇴직금을 요구했고, 이 퇴직금은 새로 오신 공양주 함보살이 2,000만원을 가지고 와서 해결하고 노부부를 내보낸 것이다.

 이 같은 일이 사찰을 노리는 사기꾼들의 작전이었음을 나는 전혀 몰랐다. 결과적으로 이들이 3개월 동안 음식과 규칙적인 병간호를 잘해줘서 암수술, 파킨슨병에서 회복할 수 있는 기력을 얻었다고 좋게 생각한다. 관세음보살이 병 쾌유를 위해 보내준 간병보살이겠거니 지금도 생각한다.

 이 마장을 벗어나기 위해 많은 금전적 손실과 정신적 고통이 따랐다. 분에 넘치는 좋은 일은 뒤에 화가 따른다는 뼈아픈 교훈을 다시 생각하게 했다.

오덕선원 개원 3주년 기념법회 및 점안식 봉행
초파일 봉축법요식 및 요사채 준공식

경진년(2000) 5월에 오덕선원 요사채가 준공되고 2001년 3월 18일 대한불교조계종 제18교구 백양사 말사 겸 재일본조계종 총본산 고려사·보현사 한국분원으로 문을 연지 만 3년, 그 사이 석가모니불, 미륵불, 노천법당이 준공되었고 김교각 철불 지장보살, 후불탱화를 모셔 이날 3주년 개원기념법회를 겸해 점안식을 함께 봉안했다.

이날 증명법사는 은사스님이시며 재일본조계종 총관장스님이신 태연큰스님이 맡으셨고, 문도인 정화, 정덕, 정송, 정여, 혜산, 혜원, 정암, 진각스님이 참석했으며, 백양사 노장 영규스님, 영각사 조일조 법사 등이 참석했다.

이날 신도회 사무총장을 오래 역임했고, 불교계에서 유명 사회자로 널리 알려진 이건호 법사가 맡았고 발원문 봉독은 부회장인 이옥천 법사가 했다. 축사는 주지인 정허와 국민학교 동창이며 모교 중·고등학교 교장을 역임하신 김규병 교장이 하셨는데 앞으로 오덕선원이 불교계를 위해서 뿐만 아니라 지역사회 발전에도 많은 업적을 남기기를 당부했다.

2부에서는 참석한 불자들의 신심을 돋구고 여흥을 보내는 시간으로 초대한 불자가수회 남강수 회장과 송춘희 가수의 열창과 참석한 300여 신도들의 호응으로 즐거운 음성공양이 이루어졌다.

본원은 2001년 3월 18일 대한불교조계종 제18교구 백양사 말사 겸 재일본조계종 총본산 고려사·보현사 한국분원으로 개원 한지 4년이 되었습니다. 지난 1년여 동안 노천법당의 조경과 석축을 마쳤고, 법당 지을 곳도 석축 조경을 완료했습니다. 요사채 30평을 블록, 철골, 기와로 완공하여 좋은 국산 약재, 최상의 청정수로 사찰 경내에서 약을 달여 신도들에게 공급할 수 있는 준비를 갖추었습니다.

법당도 10평 증축하여 불단을 새롭게 장엄하였으며 황토로 외부 미장을 하고 앞면 문을 전통 조선문으로 교체하여 경관을 새롭게 하였습니다. 사찰 경내는 연꽃축제를 할 수 있도록 300여개의 대형 연꽃 재배용 통으로 장식하여 금년부터는 학술대회, 학생법회, 연꽃축제 등 다양한 방법으로 포교, 전법 활성화를 위해 노력할 예정입니다.

당부 드릴 것은 이 모든 불사가 신도 몇 분의 독지에 의해서 이루어진 것이 아니고 인등, 연등, 영가등의 동참과 본원에서 재배한 좋은 약재로 만들어진 오가피, 헛개나무 탕제 보급으로 이루어지고 있습니다. 모든 신도분들께서 자성을 밝히고 부처님의 혜명을 이 땅에 널리 펴서 불국토를 만드는 일에 동참한다고 생각하시고 봉축 연등, 인등, 영가등, 약재 보급을 위해 권선하여 이 공덕과 불연으로 금생에 성불하지 못하더라도 내세에는 큰 복전을 이루어 성불하시길 기원드립니다.

나무 석가모니불!

나무 관세음보살!

나무 단석산 산왕대신 난승보살님!

포대화상과 요사채 전경

오덕선원 법당 건립 상량식 · 점안식(상량문 봉안)

1) 미륵대불 노천법당 준공식 · 점안식
－정관 큰스님 모시고 4월 29일 10시

미륵대불 조성, 노천법당 석재불사를 경산 만혜석조원에 맡기려던 당초 계획을 바꾸어, 우리나라 석재불사에서 가장 앞서가고 뛰어난 조형미를 대중에 맞게 저렴한 가격으로 제공하는 능전석재(주)에 맡겨, 2012년 4월 29일 10시에 준공식과 점안식을 갖게 되었습니다.

이날 법회는 불교TV에 녹화 방영될 예정이며 지금까지 불사에 시주한 불자님, 모든 신도분, 지역 유지, 저명인사 등이 참여하는 법회가 되도록 하려고 합니다.

법당건립은 목재조각, 주춧돌, 서까래 등이 공장에서 계속 작업되고 있기 때문에 착공되면 빠른 속도로 완공될 것입니다. 지금까지 시주 받은 돈은 1억5천여만 원, 미륵불 노천법당과 법당건립에 소요될 예산은 4억여 원 예정입니다.

법당 설판, 미륵대불 설판, 원불 봉안에 신도분께서 1구좌씩 맡아 주신다면 어렵지 않게 마무리될 것입니다. 자신의 집을 건축하고 매입하는 정성으로 불사에 동참한다면 그 공덕은 무량할 것입니다.

점안식 증명법사는 경주 내남면이 고향이고 현재 대한불교조계종 원로의원이시며 부산 영주암 조실이신 정관 큰스님입니다.

많은 신도 분들의 동참바라며 동참한 공덕으로 가화만사성하고 원하는 일 소원성취 하시길 바라며, 이 공덕으로 이 나라가 통일되고, 세계 평화가 이루어지기를 발원합니다.

2) 미륵대불 점안법회 성료

- 4월 29일 오전 10시 노천법당에서

4월 29일 오전 10시 오덕선원 노천법당에서 준공식과 미륵대불 점안법회가 4부대중 500여명이 동참한 가운데 성대히 거행되었습니다. 이날 점안식의 증명 대법주는 부산 영주암 회주스님이시며 대한불교조계종 원로의원이신 조정관 큰스님이십니다. 큰스님께서는 점안법회의 법문까지 해 주셨습니다.

이날 행사의 집전은 성수 큰스님의 상좌인 혜월스님이 맡으셨고, 네분 스님들의 어산제 바라의식은 점안법회를 여법하게 장엄해주었습니다. 이날 최양식 경주시장님은 축사에서 법당건립에 앞서 미륵대불부터 봉안한 것은 주지스님의 신심과 원력을 말해주고 있다 하시고, 단석산이 스님의 불사에 의해 신라인의 위대했던 불국토 건설, 구한(九韓) 통일이라는 통일사상과 통일의 위대한 업적이, 이 시대에 재조명되어 앞으로 이룩할 한국통일에 지남이 되고 좌표가 되어주기 바란다고 하였습니다.

경주시장을 역임하신 백상승 전 시장님께서는 김유신장군이 기도한 중악석굴이 있고, 통일을 발원해 세워진 국보 제199호 마애불상 법당을 조성한 이 산자락에 오덕선원이 창건된 것은 신라인의 위대했던 불국토건설의 사상과 철학을 이 시대에 계승 재조명하고자 함이니 주지스님을 중심으로 이러한 일들이 잘 이룩되기 바란다고 했습니다.

또 단석산은 경주에서 미륵도량으로 소원하는 바가 잘 성취된다고 하니 기도의 가피로 이 도량이 크게 번창해지기를 바란다고 했습니다.

내빈으로 울산에서 2선 국회의원을 지낸 이규정 의원, 방종관 건천읍장, 이종근 경주시의원, 고순호 부산동국대학교 불교대학장 등 많은 분이 참석해 주셨습니다.

오덕선원의 정허스님은 인사에 이어 이날 미륵대불, 노천법당 조성에 공이 큰 (주)능전석재 김진덕 사장, (주)현대조경 권상학 사장, 보현산조경 정연수 사장께 감사패를 전달했습니다. 2부 행사에는 명창 정순임 교수의 국악한마당, 박용자·김동녀의 흥겨운 민요, 노래 한마당이 흥을 돋구었습니다. 이날 행사는 불교텔레비젼에서 기획 촬영되어 전국에 방영되었습니다.

3) 오덕선원 법당건립 상량식

- 2021년 8월 11일(음. 6월 24일) 오전 10시

1년 넘게 끌어오던 오덕선원 경내 도로개설문제, 인접토지 경계문제 등이 모두 해결되었습니다. 신선사가 환경단체를 업고 오덕선원 경

내로 도로가 들어오는 것을 방해했지만 그것이 큰 어리석음이었음을 알게 될 날이 올 것입니다. 산지 전용허가, 건축 신고사항이 모두 종결되고 철벽같은 기초공사에 주춧돌 설치가 완료되었습니다. 장마가 끝나는 대로 조속한 공사가 이루어져 9월말이나 10월초에는 법당건축의 준공을 보게 될 것입니다.

법당 상량일시는 2012년 8월 11일 오전 10시입니다. 이날의 법회도 불교TV 방영을 계획하고 있습니다. 많은 참여 부탁드립니다.

법당은 30평 규모에 전통사찰 형식으로 외3포 내7포로 지어집니다. 3존불 봉안, 닫집, 수미단, 천불전, 창호 등은 이름 있는 장인에 의해 신심과 아름다움이 조화된 거룩한 법당이 되도록 10년 기도, 한결같은 정성을 바치고 있습니다.

4) 오덕선원 조경목 시주 (정연수 사장 500만원 상당)

영천 임고에 살면서 보현산 조경농원을 운영하는 정연수 사장이 수령 15~20년 되는 주목 10주, 수양벚나무 15주, 제주 구상목 2주, 왕벚나무 3주, 이팝나무 3주, 단풍나무 3주, 독일 가문비 4주, 느티나무 3주 등의 조경목을 아름답고 향기롭게 오덕선원에 시주했습니다.

조경공사는 경주 현대조경(대표 권상학)이 맡았다. 오덕선원의 경내와 노천법당이 산새들도 쉬어가고, 신도분과 등산객이 모두 마음 편히 쉬어가고, 기도할 수 있도록 아름답고 향기롭게 조성해주었습니다.

오덕선원 신도 일동의 이름으로 보현산 조경농원 정연수 사장의 건강과 사업번창을 기원합니다. 다복다경(多福多慶)하시고 부처님의 가호 가피가 항상 함께 하기를 기원합니다.

큰법당 삼존불 점안법요식 및 낙성식

성수큰스님, 태연큰스님 문도와 상좌스님

1) 삼존불 점안법요 및 통일 큰법당 낙성식 봉행

지난 2013년 1월 6일 오전 9시부터 10시 20분까지 삼존불(아미타불, 관세음보살, 지장보살), 신중탱 점안법요와 10시 30분부터 12시 30분까지 오덕선원 통일 큰법당 현판제막식, 큰법당 준공 법요식을 봉행했다.

삼존불, 신중탱 점안법요의 대법주는 대한불교조계종 원로의원이신 정관 큰스님이 맡으셨고, 증명법사는 도성 큰스님, 태연 큰스님, 암도 큰스님, 성타 큰스님, 법민 큰스님, 덕현 스님, 정여 스님, 혜월 스님 등이 맡으셨다. 이날 내방한 스님은 정허 스님의 사법 큰스님이신 활산당

성수 큰스님의 문도 15여 분과 정허 스님의 은사스님이신 태연 큰스님의 문도 10여 분 등 스님 30여분과 신도 400여명이 참석하여 성황을 이루었다.

이날 축사는 한국정치사의 중심에서 국민의 사랑과 청렴하고 올 곧게 애국애족하시며 깨끗한 정치를 해오신 이종찬 전 국회의원, 울산에서 2선을 지낸 이규정 전 국회의원, 인천대학교와 경주대학교 총장을 역임하시고 현재 동리목월기념관 관장으로 계신 장윤익 관장, 그리고 경주시장님을 대신하여 김영춘 문화관광국장이 해주셨고, 격려사는 정관 큰스님, 태연 큰스님, 성타 큰스님, 도성 큰스님, 법민 큰스님 등이 해주셨다.

주지스님의 내빈소개, 인사말에 이어 점안식 낙성식 축원문 봉독 경과보고에 이어 대한불교조계종 원로의원이신 암도 큰스님의 법문이 있었다. 이날 사회는 전 조계종신도회 사무총장을 16여 년 역임했고 현재 한강에 수중영혼천도를 위해 세운 지장사 창건주이신 이건호 회장이 맡아 이 행사를 빛내주었다.

2) 주지 정허스님의 큰법당 점안법요식 및 낙성식 축원문

대자대비하신 부처님이시여!
무한한 지혜와 자비의 빛으로
저희들 마음의 어둠을 밝혀 주시옵소서!
우리 모두의 마음에 어둠과 번뇌를 밝혀 주시옵소서!
우리 모두는 다겁생래(多劫生來)에 욕심과 성냄과 어리석음으로 저질은 죄업(罪業)을 참회합니다.

오랜 세월 스스로 짓고 스스로 받은 인과를 믿지 않고 또 몰라서 끝없이 육도를 돌고 도는 중생에게 업보의 무거운 짐을 벗고 부처님 자비의 품에 들게 하시옵소서!

거룩하신 부처님이시여!

신라인이 세우려던 불국토 건설, 용화세계 건설의 꿈이 이제 이 땅에 실현되게 해 주시옵소서!

저희는 부처님의 가르침을 바르게 깨우치는 전법도량을 이룩하고자 108탑림공원, 통일발원 미륵대불 봉안, 노천법당 조성, 아미타 삼존불 법당건립, 1,000불 봉안불사를 하면서 10년을 하루같이 기도하고 발원해 왔습니다. 이 불사가 원만히 성취되게 하여 이 나라가 번영하고 통일되게 하여주시옵소서!

이 불사에 시주하고 동참한 모든 신도분이 맑고 깨끗한 마음으로 자기 집 짓는 마음으로 삼륜청정의 보시를 하였습니다.

간절히 발원하오니, 이 도량의 불사를 위해 108탑림공원 조성, 삼존불과 법당건립을 위한 108명 설판, 1,000불 원불봉안 · 미륵대불 500명 설판, 기와불사 등에 동참한 불자님들이 발원하는 모든 일들을 성취하게 하여 주시고, 모든 액난을 잠재워 주시고, 삼독의 마음을 불심으로 이끌어 행복한 삶을 이루게 하여 주시옵소서!

이 도량의 인등발원 신도, 특별인등발원 신도, 영가 왕생극락발원 신도, 특별기도발원 신도 등이 불보살의 가피를 확연히 믿고, 더욱 믿음을 공고히 하도록 가피하여 주시옵소서!

부처님의 법이 이 국토, 이 나라 모든 사람들에 널리 퍼져 그들의 마음 마음이 깊은 불심으로 활활 타오르게 가호해 주시고 가피해 주시옵소서!

간절히 발원합니다. 우리 모두 본래의 마음자리가 보살이 되고, 부처되게 하여 주시옵소서!

그리고 이 불사의 인연공덕으로 이 나라와 국민 모두가 평화롭고 행복하게 살 수 있도록 가피 가호해 주시고 북녘땅 동포와 세계인류가 함께 번영하고 행복하게 살 수 있도록 가피 내려 주시옵소서!

나무 석가모니불 나무 석가모니불

나무 시아본사 석가모니불

108탑림 공원조성불사

(1) 국보 보물로 지정된 신라시대(백제, 고구려 탑 포함)에 조성된 탑 분양

(2) 1기당 봉정 금액 2,500만원~3,500만원

(3) 발원내용

　① 세계평화, 국운융창, 평화통일 발원(공통발원)

　② 가문번창, 학문대성, 기업번창, 공직대성, 왕생극락, 성불 등(신청자 발원)

(4) 각 탑에 사리 3과, 각자 원하는 사경, 불경, 발원문 등을 복장하게 하고 세세생생 기도 · 축원 · 관리해 드림

(5) 108 탑림공원을 역사적 교육장, 단석산 성역화 사업으로 아름답고 품위 있게 가꾸어 나감

(6) 개인, 가족, 문중, 기업체, 단체 등의 명의로 신청할 수 있음

(7) 통일발원 108탑림공원 조성 목적에 부합되지 않을 경우에는 거부될 수 있음

한민족 평화통일 행복한 세계 발원

−108탑림공원 · 통일미륵대불 · 1,000불 봉안불사

위대한 문화의 창출, 통일사업의 성취는 민족역사의 재정립과 민족철학의 재창출 없이는 불가능합니다. 민족역사의 재정립 작업은 우리 민족이 이웃 민족보다 앞섰고 앞설 수 있는 역사적 사실을 정리하여 우리 민족 도약의 발판으로 뿌리를 내릴 수 있도록 북돋워주는 일을 하는데 필요합니다.

민족철학의 재창출은 우리의 선인(先人)이 주창하고 계발한 사상과 철학이 세계 어느 민족의 사상과 철학보다 뛰어난 진리와 논리성을 갖추었고 앞으로 오는 시대를 선도할 비전 있는 사상임을 입증함으로써 민

309

족사적 사명, 인류애적 소명을 심어주고 뼈대를 세우는 일을 위해서 필요합니다.

이러한 의미에서 경주시 건천읍에 소재한 단석산 성역화 및 108탑림공원 · 통일발원미륵대불 · 정토법당 · 1,000불 봉안불사는 통일준비를 위한 시대적 의미를 갖는 사업입니다.

그 이유는 첫째, 단석산은 신라의 건국 이후 삼국통일을 이룩하기까지, 신라의 번영과 평화를 빌던 천제의식인 삼사(三祀), 오사(五祀)를 봉행할 때 그 첫 번째로 치제(治祭)를 올리던 중악으로서 주산(主山)의 맥을 이어왔기 때문입니다.

둘째, 김유신장군께서 무술을 연마했고, 삼국통일을 위하여 기도했으며, 기도과정에 이승(異僧)인 난승노(難勝老)를 만나 무술의 비법을 전승받았고, 난승노가 준 신검(神劍)을 받아 현재 천주암(天柱岩)이라 부르는 백 척(약 30m 높이)의 큰 바위를 내리치니 하늘을 고이는 기둥과 같이 깎여졌고, 그때 단석한 돌의 조각이 지금도 계곡 아래 단석사(斷石寺) 옛 절터에 산처럼 쌓여 있는 것에 연유하여 후세 사람이 단석산이라 부르게 된 때문입니다.

셋째, 이 산 정상 서쪽 송선리 방향 해발 700m 고지에 우리나라 최초의 마애장육삼존불이 있는데 주불은 미륵불로 미륵삼존불을 모신 우리나라 불상 중에서는 가장 오래되고 가장 장대합니다. 뿐만 아니라 이곳은 김유신장군의 기도처이며, 신라인에 의해 조성되어 원형이 잘 보존된 국보 제199호인 신선사 마애불상군 석굴법당이 있기 때문입니다.

이 외에도 김유신장군이 기도할 때 기거하던 입불이 새겨진 굴바위, 화랑의 수련장, 착반암, 천탑바위, 원효사지, 단석사지 등이 있는 신라인의 통일동산, 통일성지이기 때문입니다.

이 같은 통일성산에 오덕선원은 전쟁없는 평화시대를 발원한 무장사 3층석탑, 호국의 간절한 얼이 담긴 감은사 동·서탑, 다보탑, 석가탑, 정혜사지 13층석탑 등 108탑을 건립하고, 국운융창, 국태민안, 불국토 건설, 행복한 지구촌 세계평화를 발원하는 통일미륵대불, 정토법당, 1,000불 봉안 도량을 세움으로써 이 나라에 위대한 한민족 평화통일을 이룩하고 행복한 세계건설을 달성하기를 발원하는 바입니다.

제불 제보살, 제천신님, 열성조님,

가호와 가피로 이 불사가 원만 성취되게 하여 주십시오.

부산불교의사회 성지순례차 오덕선원 방문

부산불교의사회(회장 서일석 원장, 총무 이기욱 원장)는 지난 2013년 12월 25일 성지순례차 진성태 원장의 안내로 회원 22명이 오덕선원을 방문했다.

부산불교의사회 불자님 성지순례차 오덕선원 방문과 정허스님 법문

이날 11시에서 12시까지는 오덕선원 큰법당에서 선원장 스님의 '진흥왕과 신라의 통일사상' 이란 주제의 강의가 있었다. 단석산과 김유신장군, 스승 난승보살과의 만남, 자장스님의 황룡사구층탑을 통해 본 통일사상, 우리나라 최초이고 원형이 잘 보존된 장륙미륵삼존불 법당, 화랑도, 한국고유사상과 불교가 신선사상을 통하여 한민족 통일사상으로 만나는 점, 홍익인간과 불국토건설이 신라인의 통일사상이므로 지구촌과 인류의 행복한 시대를 여는 구원사상도 신라인의 통일사상을 올바르게 전승하는데서 찾아야 한다는 점이 강조된 강의였다.

오덕선원은 이곳에 국보와 보물로 지정된 108기의 탑으로 탑림(塔林)공원을 조성하여 위대한 신라인의 통일사상이 이 시대에 전승되어 한반도의 평화통일, 21세기 행복한 지구촌 건설에 초석이 되기를 발원하고 있다.

이날 부산불교의사회는 법당 앞 제1탑(석가탑)에 이어, 제2탑 평화의 탑 (무장사 삼층석탑) 조성에 배현호 원장님 가족 5구좌, 의사회 1구좌, 진성태 고문님 1구좌, 김법영 원장님 1구좌 등을 신청하였습니다.

제29회 전국 차생활 지도자 연수회

　-선원장 정허스님 특강-

(사)한국차인연합회 주관 제29회 전국 차생활 지도자 연수회가 2014년 8월 17일(일)~8월 19일(화) 2박 3일 일정으로 경주 코모도호텔에서 열렸다. 연수회 일정은 첫날 17일 제1강은 '동북아 통일을 꿈꾼 위대한 신라인' 이라는 발제로 오덕선원 정허스님이 강의했고, 제2강은 '근대 한국 제다법 소고' 라는 제목으로 강순형 한국문화재연구소 소장이 강

의했다.

　제3강은 '찻물 이야기' 라는 제목으로 부산대 이병인 교수가 강의했고, 제4강은 '차 매체를 활용한 명상' 이라는 제목으로 차명상원 원장 선업스님이 강의했다.

　제5강은 '유교와 현대 민주주의' 라는 제목으로 성균관 관장 서정기 교수님이 강의했고, 제6강은 '차 도구' 라는 발제로 유태근 교수가 맡았다. 3일간의 강의 중 4차례 다례시연이 곁들어 연수 일정 내내 참여자의 뜨겁고 진지한 교육열기가 코모도호텔을 뜨겁게 달구었다.

　지도자 연수회 2일째인 8월 18일 오후 6시 코모도호텔 대강당에서 (사)한국차인연합회 박권흠 회장의 우사차담(又史茶談)『나의 차사랑 이야기』출판기념회가 있었으며, 내빈과 차생활 지도자연수회에 참석한 다인(茶人)들이 함께 자리하여 성황리에 진행되었다.

아름답고 향기롭게 오덕선원의
108탑림공원 조성

1) 특1호탑
건국대통령 이승만 대통령 추모탑

(사)대한노인회 이심 중앙회장 조성 봉헌

특1호탑 다보탑은 국보 제20호로 경주시 진현동 불국사 경내에 있는 탑으로 국보 제21호 석가탑과 함께 쌍탑으로 남아있다. 석탑이 위치한 불국사는 통일신라 경덕왕 10년(751) 김대성의 발원에 의해 창건된 사찰로 과거, 현재, 미래의 부처가 사는 정토(淨土) 즉 이상향을 구현하고자 했던 신라인들의 정신세계가 잘 드러나 있다.

『삼국유사』에는 김대성이 전생의 부모를 위해서 석굴암을, 현생의 부모를 위해 불국사를 지었다고 전해온다. 불국사는 김대성이 생전에 다 짓지 못하여 그 후 나라에서 완성하여 나라의 복을 비는 절로 삼게 되었다.

석가탑과 다보탑을 같은 경내의 쌍탑으로 세운 이유는 과거의 부처인 다보불이 현재의 부처인 석가여래가 설법할 때 옆에서 옳다고 증명했다는 『법화경』의 내용을 눈으로 직접 볼 수 있게 탑으로 구현한 것이다.

왼쪽 특1호 다보탑, 오른쪽 특2호 중원탑평리 7층탑

　건국대통령, 초대대통령, 민주주의 의회주의를 이 땅에 확립하고 독립을 위해 헌신한 이승만 대통령의 추모탑은 800만 (사)대한노인회 회원의 마음을 모아 (사)대한노인회 이심 중앙회장의 정성으로 건립 봉헌되었다.

2) 특2호탑
민족중흥 박정희 대통령 추모탑
(주)동일그룹 이필우 회장 조성 봉헌

특2호탑은 국보 제6호로 충북 충주시 가금면 탑평리 남한강변에 세워져 있다. 우리나라의 중앙부에 위치한다고 해서 중앙탑이라고 부르기도 한다. 이 탑은 2단의 기단 위에 7층의 탑신을 올려놓은 모습이다.

높은 탑신을 받치기 위해 넓게 시작되는 기단은 각 면마다 여러 개의 기둥모양을 새겨 놓았고, 탑신부의 각층 몸돌 역시 모서리마다 기둥모양의 조각을 두었다. 기단에서의 기둥조각 배치, 탑신의 몸돌과 지붕들의 짜임 수법으로 보아 통일신라 후기인 8세기 후반에 세워졌을 것으로 추측된다.

전체적으로 규모가 커서 웅장하기는 하나 넓이에 비해 높은 듯하여 안정감이 부족하다. 1917년 탑을 보수할 때 6층 몸돌과 기단 밑에서 사리장치와 유물이 발견되었는데 특히 6층 몸돌에서 발견된 거울이 고려시대의 것으로 밝혀져 탑조성 이후 고려시대에 와서 2차 봉안이 있었던 것으로 보인다.

민족중흥 가난 극복, 선건설 후통일을 표방하고, 평화통일을 염원한 박정희 대통령의 추모탑이다.

이 충주시 탑평리 중원 칠층탑은 (주)동일그룹 이필우 회장님의 시주에 의해 조성 봉헌되었다.

3) 무장사 삼층석탑

보물 제126호로 지정되어 있으며 경북 경주시 암곡동 무장사지 내에 남아 있다. 석탑의 형식은 이중기단 위에 3층의 몸돌을 올린 전형적인 신라석탑의 양식이다. 아래층 기단은 각 면마다 모서리기둥과 가운데 기둥 2개를 새겼고, 윗층 기단은 동그란 안상을 각 면에 2개씩 조각하였다. 탑의 중심부분인 탑신부는 몸돌과 지붕돌이 각각 하나의 돌로 되

어 있으며, 1층 몸돌은 조금 높은 편
이다.

몸돌의 각 모서리에는 층마다 기
둥 모양이 조각되었을 뿐 다른 장식
은 없다. 각 층의 지붕돌은 크기의
줄어든 정도가 적당하고, 지붕돌
밑면의 계단 받침은 5단이며, 처마
는 직선을 이루다가 양 끝에서 부드
럽게 살짝 들려있다. 1층 몸돌이 조
금 높지만 간략화가 심하지 않고,
기단부에 새겨둔 안상은 양식상 시
대가 내려옴을 의미하므로 9세기 이후에 건립된 것으로 짐작된다.

원래 무너진 채 깨져 있었던 것을 1963년 일부를 보충하여 다시 세웠
다. 무장사에 대한 자세한 기록은 전해지지 않고 있으며『삼국유사』에
의하면 문무왕이 삼국을 통일한 후 병기와 투구를 매장한 곳이라는 뜻
으로 '무장사'라는 이름이 붙여진 것으로 전한다.

무장사 삼층석탑은 평화통일을 발원하는 33인이 한사람 330,000원
의 시주로 세워졌고, 큰 법당 앞에 불국사 석가탑은 오른쪽에, 무장사
탑은 왼쪽에 건립되어 있다.

석탑으로 석가탑, 고선사탑, 감은사 동탑, 오층석탑. 삼층석탑을 조성
중이며, 정허스님 탑비명, 시주공덕탑은 완성되었다.

6
무명無明에서
광명光明으로

우리는 본래 부처입니다

오덕운동 - 육바라밀운동 - 인간완성운동

생명은 자기완성을 위해 인과법에 의거해 본래의 자기 고향을 찾아가는 끝없는 운동을 펼친다.

자기완성의 길을 태양에게서 배우자

* 지성(至誠-仁) 지근(至勤) 정진, 자전운동
* 예도(禮道)-보시(베풀라), 자비(慈悲), 사랑, 인(仁),
  인욕(忍辱), 길이 참으라.
* 질서(義)-도덕, 준법, 지계, 계율, 황도운동
* 지혜(智慧)-청정, 공함을 보는 것이 지혜, 오온이 공함을 보는 것이
  지혜, 본래 청정 공(空)한 것이 진여(眞如), 지혜다.

반야를 잘 길러내는 것이 방편(方便) 반야다.

* 구심(求心)향일성 운동-신(信), 고향으로 회귀, 하나로 완성하려는
  생명력 하나가 전체, 전체가 하나라는 믿음이 깨달음이다.

사람이 자기완성을 위해서는 본래 청정, 공한 것을 보아 진여, 반야는 어머니, 방편은 아버지, 지혜를 이루어야 하고, 방편으로 지혜가 잘 자라도록 해야 한다.

제행무상(諸行無常)—일체의 사물과 정신은 고정불변한 것이 없다. 끝없이 변한다. 일체가 무상한 것이다. 그러므로 나란 없는 것이다.

오온개공(五蘊皆空)—객관, 사물, 의식 모두는 없는 것이다. 영원한 실체—자성이 없다

색수상행식(色受想行識) 오온(五蘊)이 모두 공(空)한 것이다.

시간의 세계—제법무아(諸法無我)

시간적으로 고정불변한 나란 없는 것이다.

10억년의 시간에서 조상 중 한 분이라도 없으면 나는 존재할 수 없다.

일즉다 다즉일(一卽多 多卽一)— 하나가 전체이고, 전체가 하나이다.

지구의 나이 45억년, 지구에서 생명이 살기 시작한지 10억년 사람이 지구에 살기 시작한지도 헤일 수 없는 시간이다. 불교에서 제8식 아뢰야식(阿賴耶識)을 장식(藏識), 종자식(種子識), 업식(業識)이라 한다.

지구의 생명이 우주의 어느 별에서 왔다고 보면 광명천(光明天)에서 왔다고 한다.

지구에 사는 모든 생명, 우주에 있는 모든 천체의 생명이 나와 남 일수 없는 것이다.

그래서 우리는 나의 육체가 소중한 것과 같이 지구, 우주 모두가 우리가 사랑하고 가꾸어야 할 소중한 생명으로서 존재이다.

지구로 국한해서 보아도 10억년이라는 기나긴 시간 동안 한 번도 빠뜨리지 않고 이어져 온 생명이다.

우리는 10억년이라는 기나긴 시간 동안 조상을 통해 서로 주고받은 인연의 핏줄, 인연의 생명이다.

일체유심조라 했을 때 지구를 행복한 지구촌으로 만들거나 지옥, 아

귀, 축도의 세계로 만드는 것은 우리들의 마음에 매인 바이다.

우리 모두는 지상에 불국토(佛國土), 행복한 지구촌이 건설되도록 발원하고 기도해야 된다.

우리의 마음을 번뇌 중생심으로 물들여 지옥을 세우고 아귀세계를 세우고 짐승의 세계, 싸움터의 세계를 세울 것이 아니라, 우리의 마음을 보살심으로 이끌어 행복한 세계, 자비의 세계, 열심히 일하는 세계, 베풀고 돕는 세계, 지혜의 세계를 이루려는 혁명을 일으켜야 한다.

공간(空間)의 세계

시간의 연결로는 10억년의 세월이고, 공간으로 볼 때 지구의 중력, 태양계의 중력, 우주의 중력과 연결될 때 살아 있는 생명체이다.

지구의 중력, 태양계의 중력, 우주의 중력과 일치하지 않을 때 죽은 생명이고 살아있는 생명이 아닌 것이다.

구심점에 중력이 연결될 때 살았다 하고 구심점에 중력이 연결되지 못할 때 죽은 생명이다.

살아서 싱싱하게 서 있는 나무와 죽은 나무는 다르다. 죽은 사람과 산 사람은 다르다.

자기완성을 위해 사는 삶 – 장자궁자의 비유(『법화경』「비유품」)

부자로 태어나 집나가 집을 잃어버리고 부자인 자기 집을 찾아 떠돌아다니는 거지의 삶이 깨닫지 못한 중생의 삶이다. 즉 깨달으면 백만장자이다.

벗님네야

사람 몸 받았고 불법(佛法) 만났으니

본래 보살부처인 자성(自性) 드러내어

모두 보살되고 모두 부처되어

불국토(佛國土)를 이룩하세.

*불교방송 BTN.BBS에서 법문

중생이 보살이고 부처라 했습니다

『법화경』 7권 「상불경(常不輕)보살품」에,

상불경보살은 재가자나 출가한 이를 가리지 않고 만날 적마다 "내가 당신들을 공경하고 감히 가벼이 여기지 않느니 당신네가 마땅히 보살도를 수행하여 반드시 성불(成佛)하게 되리라."고 했다.

상불경보살은 석가모니부처님이 부처를 이룩하기 전 전생보살 때의 이야기이다.

『열반경』에,

일체중생이 모두 불성을 갖추고 있다. (一切衆生 皆有佛性)

지옥중생, 축생, 살아있는 식물도 모두 보살 부처라는 것이다.

도생(道生)은 일천제(一闡提)도 성불할 수 있다고 했다.

※ 도생(道生) : 구마라집의 제자 사철(四哲, 승예, 승조, 도융, 도생) 중 한사람

※ 일천제(一闡提) : 부모, 처, 자식, 스승, 임금 등을 죽인 극악무도한 죄인

일천제를 단선근(斷善根)이라 하여 당시에는 일천제(一闡提)는 부처가 될 수 없다고 했다.

도생은 일천제도 성불할 수 있다고 주장하여 배척을 받아 평강(平江)

의 호구산(虎口山)으로 쫓겨났다.

일천제란 부모를 죽이고 스승을 죽이고, 임금을 죽인 흉악한 죄인을 말한다.

도생은 호구산(虎口山)에서 바위를 청중으로 법문하면서 "99명의 사람을 죽인 앙굴마라도 부처가 되었는데 일천제도 성불할 수 있다는 것이 부처님 말씀 아니냐?"고 하니 바위가 모두 고개를 숙여 끄덕였다고 하고, 바위들이 지금도 그때 고개를 숙인 채 그대로 있다고 한다.

도생(道生)의 저술은 『도생율의』와 『유마힐경』, 『법화경』, 『열반경』, 『소품반야심경의소』 등의 번역서가 있다.

포대화상

중국 명주 봉화현(明州 奉化縣) 사람으로 몸집은 뚱뚱하며, 이마는 찡그리고, 배는 늘어져 아무 곳에나 눕고 자고 했다. 언제나 지팡이에 자루를 메고 다니면서 포대 속에 넣어둔 물건을 필요한 사람에게 나누어 주었다.

나막신을 신고 나오면 곧 비가 올 것을 알았고, 장마 중에 짚신을 신고 나오면 날이 갤 것을 알았다고 한다.

일발천가반(一鉢天家飯)	바루 들고 집집문전 걸식하니
고신만리운(孤身萬里雲)	외로운 몸 만리길 걸어 다니네.
청월도인소(靑月覩人小)	달 밝은 밤 보이는 사람 없어
문로백운두(問路白雲頭)	흰 구름에 길을 묻는다.

불법(佛法)을 물으면 어깨에 멘 포대와 지팡이를 내려놓고 삼매(三昧)에 들어 조용히 눈을 감고 아무 대답이 없었다.

근심걱정 보따리를 내려놓으며 그 자리가 보살 부처가 된다는 무언설법(無言說法)을 했다.

미륵진미륵(彌勒眞彌勒)	미륵 참 미륵
분신백천억(分身百千億)	온갖 형상으로 몸을 나타내니
시시시시인(時時示時人)	그때 사람들은 미륵을 보고도
시인부자식(時人不自識)	미륵을 알아보지 못했네.

반야심경(般若心經)

(1) 오온개공 도일체고액(五蘊皆空 度一切苦厄)

오온이 텅 빈 것을 증득하면 실상을 바로 알게 되어 고액(苦厄)에서 벗어나 열반의 세계에 이른다.

(2) 십이연기(十二緣起), 인연생기(因緣生起)가 텅텅 비어

사제(四諦)의 진리(眞理)인 고(苦)·집(集)·멸(滅)·도(道)가 텅텅 빈 것을 알면 정견(正見), 정각(正覺)을 이루어 열반의 세계에 이른다.

(3) 오온(五蘊), 십이처(十二處), 십팔계(十八界)의 모든 현상세계가 전도몽상이며, 텅텅 빈 공(空)의 세계인 것을 증득하면 육도윤회하는 고해의 세계를 벗어나 부처, 보살, 행복한 세계를 이루게 된다는 것이다.

어떻게 하면 부처 보살이 될 것인가

주인으로 살아야(隨處作主)

임제(臨濟) 스님은 어디에서나 주인으로 살아야 부처를 이룬다고 했다. 사람의 마음을 떠나는 마음과 떠나지 않는 마음으로 구별할 줄 알아야 한다.

예) 여관 주인과 투숙한 손님

좌선, 수식관, 고골관, 인연관, 무상관, 명상, 지관수행을 하는 것은 이러한 마음을 알아차리기 위한 공부이다.

마음 가운데 일어났다 사라지고 사라졌다 일어나는 마음은 번뇌심, 무명심, 업식이라 하여 손님인 것이다.

중생심의 생멸과 관계없이 텅텅 비어 있는 자성을 주인의 마음이라 한다.

번뇌심은 손님의 마음으로 육도윤회를 이루고, 인과를 이루는 마음이다. 텅텅 빈 공(空)한 마음은 주인으로서 마음이고, 보살을 이루고 부처를 이룬다.

제안(齊安)스님과 행자(行者)스님

제안스님이 어느 날 공양간 뒤뜰을 보니 행자스님들이 천상의 관세음, 대세지, 문수, 보현 등 보살과 함께 놀이를 하고 있어서, 참으로 우리 절의 행자들의 공부가 뛰어나다고 생각하였다. 얼마 지나서 행자들이 노는 공양간 뒤뜰을 보니 이번에는 돼지, 여우, 독사 등 독하고 무지막지한 짐승들과 함께 놀고 있어서 그냥 두기는 위험했다.

그래서 공양간 뒤뜰 행자들이 노는 곳으로 나가 너희들이 지금 무슨 이야기, 무슨 놀이를 하느냐고 물었다. 행자들이 머뭇거리다가 한 행자가 사실대로 이야기 했다. "한 시간 쯤 전에는 아래 마을 이쁜이와 결혼했으면 좋겠다는 이야기, 아래 마을 부잣집 딸과 결혼했으면 하는 이야기, 행자 생활이 너무나 힘들다는 이야기를 했습니다."

"그러면 한 30분전에는 무슨 이야기를 하고 놀았느냐?"고 물었다.

"30분전에는 부처님 공부 잘하여 제안스님과 같은 큰 스님이 되겠다는 이야기, 관세음보살, 문수보살, 지장보살 등 보살에 관한 이야기를 했다."고 했다.

제안스님은 천진한 행자스님들의 마음이 극락정토도 만들고, 지옥도 만드는 것을 알았다고 전해온다.

인과(因果)를 믿을 것

도(道)를 깨치려 한다면 내가 없고, 객관(客觀) 사물의 실상이 없고, 이 모두는 연기(緣起), 연멸(緣滅)한다는 인연의 진리를 확실히 믿어야 한다.

일어나는 생각 하나하나 벌어지고 있는 대인관계에 있어서 좋고, 싫고, 기쁘고, 슬프고, 기쁨으로 다가오고, 괴로움으로 다가오는 모든 것이 인과에서 오는 것임을 믿어야 한다.

부처님께서 말씀하시기를, "전생(前生)의 일을 알고 싶은가? 금생에 받는 것이 그것이다. 내생(來生)의 일을 알고 싶은가? 금생(今生)에 짓는 것이 그것이다."

또 말씀하시기를,

"설사 백천만겁이 지난다 해도 지은 업(業)은 없어지지 않는다."고 하셨다.

인연이 어우러질 때는 과보(果報)를 여전히 받게 된다.

좋은 원인을 심으면 좋은 결과를 맺고 악한 원인을 심으면 악한 결과를 맺게 된다.

콩을 심으면 콩을 얻고, 외를 심으면 외를 얻게 된다.

계율(戒律)을 잘 지켜야

계(戒)는 부처를 이루는데 주춧돌과 같고 기둥과 같다.

계율을 잘 지키는 것이 깨달음의 근본이다.

계(戒)로 인해 정(定)이 생기고, 선정(禪定)에 의해 지혜대광명(智慧大光明)이 나타난다. 무명중생(無明衆生)은 명(明)으로써 보살부처가 된다. 제1계인 '제악막작(諸惡莫作) 중선봉행(衆善奉行)'을 잘 지켜야 한다.

굳건한 불퇴전(不退轉)의 신심(信心)

믿음은 도(道)의 근본이요, 공덕의 어머니이다.

부처님께서는 중생이 모두 여래의 지혜와 덕상을 갖추고도 이를 깨닫지 못해서 중생이라고 했다.

가피(加被)를 통한 신심(信心)

단비구도 혜가 스님, 달마 스님 앞에서 팔을 잘라 신심을 증명했다.

이강학어머니 21일간의 1000배 기도로 아들을 살렸다.

이강학은 4.19때 치안국장을 지냈는데 사형선고를 받았는데 어머님의 지극한 기도가피로 무기징역, 10년 징역으로 감형되어 생명을 보존할 수 있었다.

제석천왕이 나찰로 화현하여 설산동자(설산동자는 부처님의 전생)의 신심을 시험하였다.

놓아버려야

포대화상이 주장자를 땅에 내려놓는 것과 같이 무명, 번뇌를 놓아버려야 한다. 포대화상이 짐 보따리를 땅에 내려놓는 것과 같이 무명, 번뇌를 부처님께 맡기든지 내려놓아야 한다.

일체의 무명, 번뇌를 놓아버리는 것이다.

죽은 시체에다 몇 마디 욕을 해 보았자 그 시체는 화를 내지 않는다.

시체는 분별심, 취착심을 모두 내려놓았다.

우리의 육신은 들숨날숨 한 번 쉬지 않으면 시체다.

이 몸을 시체라고 인정하기만 하면 이 몸을 나라고 인정하지도 않을 것이며, 소중하게 탐착하지도 않을 것이며, 명예도 욕심도 모두 놓아버릴 것이다.

시체와 같이 번뇌심을 내려놓을 때 우리는 정견(正見)을 이룰 것이며 바른 정각(正覺)을 이루어 행복한 삶을 살 수 있을 것이다.

수행의 문을 정하라

계율(戒律)을 엄히 지키고, 신심(信心)이 반석과 같이 굳건하고, 인과(因果)를 착실히 믿는 다면 수행문(修行門)을 정하여 한 길로 닦아 나가야 한다.

염불을 해도 좋고, 사경을 해도 좋고,

108배기도, 1000배기도, 10,000배 기도를 해도 좋고, 묵언 기도를 해도 좋고, 참선 수행을 해도 좋다.

가장 널리 행해지는 것은 예불기도, 염불기도로 지장보살, 관세음보살 칭명염불이다.

기도, 염불, 좌선 중 명훈가피, 현훈가피에 힘입어 점점 신앙이 깊어진다.

오늘 성공하지 못하면 내일도 똑같이 해나가고, 올해 성공하지 못하면 내년에도 똑같이 해나가면 된다.

금생에 깨치지 못하면 내생(來生)에는 꼭 부처가 되겠다는 마음으로 밀고 나가면 된다.

위산 스님께서,

생생약능불퇴(生生若能不退)

불계결정가기(不階決定可期)

세세생생 물러서지 않을 수만 있다면

부처의 자리에 틀림없이 오를 수 있다고 믿으라 하셨다.

나(自我)란?

나란 없는 것(諸法無我)

태어남과 죽음

깊은 산골의 초동(樵童)이나 고루거각(高樓巨閣)의 백만장자나, 만권장서에 파묻힌 학자라도, 누구나 고요한 시간이면, '나란 무엇이냐?' 하고 자아에 대한 의문을 가지거나 태어남과 죽음에 대하여 생각해 볼 때가 있을 것이다. 그러나 이 의문에 대한 답은 잡힐 듯 잡힐 듯 잡히지 않아, 이리저리 추측해보다가 결국 포기하는 것이 보통이다.

설령 몇몇 사람들이 이 의문에 대한 해답을 내놨다 하더라도 그것은 과학적인 증명이 아니기 때문에, 자아에 대한 이 의문은 인류가 모두 현실적인 삶을 버릴 때까지 영원히 남게 된다. 그러나 인간은 이 큰 의문을 영원한 숙제로 가짐으로 해서 번데기가 그 껍질을 벗고 나방이 되듯이 현실의 삶을 통하여 영원한 생명에로 돌아가는 디딤판이 되는 것이다.

그러면 태어남이란 무엇이며 죽음이란 무엇인가? 태어남도 죽음도 자아의 완성을 위한 삶이라는 큰 생명의 흐름 이외에 아무것도 아닌 것이다. 영원한 시간 속에 낮과 밤이 쳇바퀴 돌 듯이 영원한 생명의 흐름 속에 떴다가 가라앉고 가라앉았다 또 뜨는 것이 태어나고 죽는 것이다.

밤의 어둠만을 아는 올빼미가 태양의 신비를 알 수 없듯이, 영원한 생명을 모르고는 태어남과 죽음의 신비는 알 수 없는 것이다.

인간은 죽음의 밑바닥에서 영원의 생명에로 건너뛰는 다리를 보게 된다. 그러나 이 다리를 보지 못한 어둠이 죽음에 대한 공포요 불안인 것이며, 아이의 태어남을 영원한 생명의 흐름으로 돌리지 않고 자기의 굵은 밧줄로 꽁꽁 동여매어버리는 것이다.

인간의 삶은 무명(無明)이라는 어두움에 윤회(輪廻)의 굵은 동아줄이 칭칭 얽혀 있는 것과 같다. 인간은 이 무명의 어두움으로 감긴 윤회의 굵은 동아줄을 끊지 않고는 죽음의 밑바닥에 뚫린 생명의 통로를 알지 못하며, 생명의 통로를 알지 못하고는 자아 완성의 참 자유로운 삶을 이룰 수 없는 것이다.

마음과 몸

'나란 무엇이냐?' 하는 의문은 온갖 행위를 분별 판단하고, 어질고, 의롭고, 참되고, 자비로우며 즐거움과 슬픔과 기쁨과 성냄을 내는 이것이 무엇이며, 이것이 어디로부터 오는 것인가 하는 몸과 마음에 관한 물음에로 돌아간다. 하루에도 몇 번씩 남을 위한 좋은 일을 해 보고 싶어하는가 하면 요행을 바라고 음심을 내고 탐심을 내는 이 마음이 무엇인가를 생각하게 된다.

이 두 물음의 매듭은 매듭진 곳이 한 곳에 돌아가 있기 때문에 물음은 둘이면서 푸는 곳은 한 곳에 있는 것이다.

우주는 불생불멸(不生不滅) 부증불감(不增不滅)의 참된 창조의 우주심이 있는가 하면, 태어나고 죽고 자라고 병드는 변이성이 있는 대자연계, 삼라만상의 생멸의 현상계가 있는 것이다.

사람도 우주심과 같은 참된 마음과 태어나고 늙고 병들고 죽는 몸과 이 몸에 따라 일어나는 칠정(七情, 喜怒哀樂愛惡欲)의 변화하는 마음이 있는 것이다. 이 우주심을 천심(天心)·도심(道心)·태극(太極)·불(佛)·공(空)·하나님·진여(眞如)라 하고, 인간의 참마음을 진심(眞心)·양심(良心)·도심(道心)·성심(聖心)·불심(佛心)·직심(直心)이라 한다.

퇴계 이황은 사람의 마음을 사단(四端, 仁·義·禮·智)과 칠정(七情, 喜怒哀樂愛惡欲)으로 나누고, 사단의 마음을 이(理)라 하고 칠정의 마음을 기(氣)라 했다. 이 기와 이의 관계를 기수리(氣隨理), 곧 기는 이를 따른다고 하여 이기일원론(理氣一元論)을 폈다. 반면 율곡 이이(李珥)는 사단과 칠정이 따로 있는 것이 아니라 사단과 칠정이 함께 있는 것으로 보아, 사단은 이가 발하여 기가 이에 따르는 것이요, 칠정은 기가 발하여 이가 이에 타는 것이라 하였다. 이를 이통기국(理通氣局), 이기호발론(理氣互発論)이라고 한다.

불교는 모든 것이 마음 하나뿐(一切唯心造)이라고 한다. 이 하나뿐인 마음에 두 문이 있는데(一心二門), 곧 진여문(眞如門)과 생멸문(生滅門)이다. 진여문은 나고 죽음이 없는 참된 마음, 즉 부처의 마음이고, 생멸문은 생로병사(生老病死)하는 생하고 멸하는 몸과 이 몸에 따라 일어나는 육근(六根, 눈·귀·코·혀·몸뚱이·뜻)과 육경(六境, 色境·聲境·香境·味境·觸境·法境)에 따른 업연(業緣)·생멸(生滅)의 마음이다.

인간은 진여심·여래심과 업연 생멸심이 혼연조화를 이루지 못하고 충돌함으로써, 자아의 완성인 불국토(佛國土)를 건설하지 못하고, 하늘 나라를 못 세우고 지상낙원, 이상국가에 이르지 못하는 것이다.

인간은 생로병사, 업연의 생멸하는 마음에 따라 중생이 되려는 면과, 진여심에 따라 걸림이 없는 자기완성을 하고 불국정토(佛國淨土), 하늘 나라에 세움을 받으려는 진리를 깨달은 사람으로서의 한 면이 있는 것이다.

　사람의 마음과 몸은 둘이면서 하나이고, 하나이면서 둘인 이 이치를 깨쳐야 한다. 둘이 하나인 데서 자아와 우주에 대한 깊은 의문이 있는 것이며, 하나이면서 둘인 데서 생로병사, 무명(無明)의 업연에 따른 삶의 고통이 있는 것이다. 둘은 순간이요, 어둠이요, 거짓이며, 하나는 영원이요, 밝음이요, 참이다. 하나 되지 못한데서 인간으로서 한계가 있으며 하나 되려 하는데서 자아 완성과 불국정토 건설, 하늘나라 세움의 뜻이 있는 것이다. 인간의 마음은 처음도 끝도 없으며, 더함도 덜함도 없는 본래의 청정진여와 자비광명(慈悲光明)의 영원한 생명 그대로가 아니라, 생겼다 없어졌다, 더했다 덜했다, 선했다 악했다, 밝아졌다 어두워졌다 하는 업연과 무명으로 얽혀 있는 생명인 것이다.

　이것이 불교에서 말하는 인과(因果)와 연기(緣起)에 의한 마음이며, 기독교에서의 이른바 원죄(原罪)인 것이다. 기독교의 원죄는 아담과 이브의 원죄를 말하는 것으로 하나가 곧 전체(一卽多)라는 원리에서 이렇게 볼 수도 있으나 원죄는 어디까지나 나의 원죄로 받아들여야 할 것이다.

삶

　앞에서 자아에 관한 두 큰 의문의 매듭을 풀어 보았다. 이 풀어진 매듭을 기초로 하여 삶이란 무엇이냐 하는 근본 매듭을 풀어보기로 한다.

　삶이란 자아가 본래의 '참나', 즉 자아완성을 위한 '뜻 찾음의 운동'이라 할 것이다. 곧 둘이 하나 되려는 '참나를 찾음의 헤맴'이라고 할 수 있다.

　석가는 이 세상사는 것이 모두가 고통이요, 일체개고(一切皆苦)라고 하였다. 태어나고 늙고 병들고 죽는 것이 고난이고, 미워하는 사람과의 만

남이 고통이고, 좋아하는 사람과 헤어지는 것이 고통이며, 구하고자 하나 얻지 못하는 것이 고통이라고 한다.

이 고통의 원인은 애욕과 집착에 물든 현상계의 모든 사물은 '참나'의 진실된 것이 아닌데도, 무명과 업연으로 인하여 실다움이 없고 허망한 것을 진실한 것으로 받아들여, 이것을 이루지 못하는 경우 희망을 잃어버리거나 한탄하고 원망하고 분한 마음을 내기 때문에 중생의 삶은 고통의 세계(苦海)가 된다고 한다.

앞의 '삶'의 풀이에서, 자아완성이란 무엇이며 '뜻찾음의 운동'이란 무엇이냐 하는 의문을 내게 될 것이다. 자아완성이란 참된 불자, 바른 선행인, 보살도의 실천자를 말한다. 유교에서는 현성인(賢聖人)·군자(君子)·대인(大人)의 인격을 이룸을 말하며, 기독교에서는 그리스도 정신의 실천자, 참되고 바른 신앙인을 이르고, 도교(道教)에서는 도인(道人)·진인(眞人)의 인격을 이룸을 말한다.

우리 한민족이 삼위태백(三危太伯)에서 새 나라 건국을 의논하고 천부경(天符經)의 가르침을 받아 홍익인간(弘益人間)의 큰 뜻을 세웠을 때 모두가 자아 완성을 한 사람들이었다.

공자(孔子)께서 군자는 중용(中庸)을 몸소 행하고, 소인(小人)은 중용에 맞지 않게 행동한다고 하였다. 자사(子思)는 군자란 지성(至誠)으로 어짐(仁)을 실천하여, 그 덕(德)이 맑고 밝게 나타나 천지와 함께 화합하고 조화된 중화(中和)의 행(行)을 하는 사람이라 하였다.

석가는 모든 사람의 고통의 원인은 무명(無明) 때문에 참나를 여실히 보지 못함으로써 일어난 현상이니, 무명을 여의면 고통의 세계가 없어지고, 고통의 세계가 없어지면 참된 진리 곧, 부처를 이룰 수 있다고 하였다.

어떻게 설명하든, 자아완성은 참되고 자비행을 실천하며 지성·지근으로 일하고 질서와 예의에 따르고, 이렇게 사는 것이 참된 인간의 길이라고 확실하게 믿고 행할 때 이루어진다고 할 수 있다.

따라서 깨달은 사람(賢人), 부처, 하늘나라에 선택받은 사람, 도인·진인·성인·대인 등은 인류중 소수의 사람만이 도달할 수 있는 것으로 받아들여지나, '자아완성' 또는 '자아혁명'이라 할 때에는 전 인류가 다 함께 성불하자는 뜻이고, 모든 사람들이 다 함께 하늘나라에 태어나자는 외침인 것이다.

'뜻찾음의 운동'이란 무명과 인과(因果)에 따른 모든 일이 무상하고, 모든 것이 실다움이 없는 삶속에서 영원한 생명으로서 참된 자기를 찾으려는 노력을 말한다.

우주의 진여생명(하나님·天道·佛)이 지구에 인간을 세운 뜻은 모든 사람이 천도(天道)에 따라 자아완성을 하고 이상사회, 이상국가를 건설하고, 지구촌에 인류 평화를 세우라는 우레와 같은 명령의 뜻이 있다.

선과 악

인간이 가정을 이루고 사회생활을 하는 동안, 어찌하여 선악의 문제가 일어나며, 선악이란 무엇인가를 생각하여 보자.

먼저 선악의 문제가 일어나는 것은 천도에 따른 자기완성을 위한 가치 판단에서 오는 것이고, 태어나고 죽는 생명의 흐름 속에는 선도 없고 악도 없으며, 오직 생명의 하모니가 있을 뿐이다.

자연 생태계의 모든 동물들이 오직 제 생명 연장의 수단으로서 약육강식으로 잡아먹고 잡아먹히는 섭리를 인간의 도덕 기준으로 하여 선악을 판단해봤자 아무런 의미가 없는 것이다.

앞에서 선각자의 가르침은 하늘과 우주의 근본을 선한 것으로 보고 인간은 선한 하늘, 선한 우주의 근본을 이어받았다고 하여 선한 사람, 선한 사회, 선한 나라를 건설하도록 가르친 것이다. 석가의 인과응보(因果應報), 계율(戒律), 극락과 지옥에 대한 교설은 선악에 대한 가르침이며, 예수의 산상수훈(山上垂訓), 구약(舊約)의 십계명(十戒銘), 천당과 지옥에 대한 가르침도 이 선악에 대한 가르침이라 할 수 있다.

공자는 착한 사람은 하늘이 복으로 보답한다 하였고, 악한 사람은 하늘이 화(禍)로 보답한다고 가르쳤고, 노자(老子)는 악한 사람은 착한 사람의 스승이 되고, 한편 도둑이 된다고 했으며, 맹자(孟子)는 인간의 마음은 근본이 착한 것이라 했고, 『중용(中庸)』에서는 지선(至善)·지덕(至德)은 지성(至誠)의 힘씀에 있다고 했다.

이 선의 기준으로 종교가는 남을 위하여 헌신하는 자비(慈悲)와 사랑을 큰 덕목으로 가르쳤고, 철인(哲人)은 인간의 진실성을 큰 덕목으로 지적하였다.

불교의 최고의 선은 자아완성, 성불(成佛)하는 것이고, 기독교의 최고 선은 창조주 하나님처럼 온전한 인격을 구현하는 것이며, 도교의 선은 무위자연(無爲自然)의 도심(道心)에 드는 것이고, 유교의 최고의 선은 천성(天性)을 이어받아 인의예지(仁義禮智)의 마음을 잘 지키고 길러 군자·현인·대인(大人)의 인격을 이루는 것이라 알고 가르쳤다. 선악이란 개아의 문제로서가 아니라 사회생활을 통하여 남과의 관계에서 도덕률에 기준을 둔 판단이다.

나는 앞에서 삶이란 매듭을 푸는데 사람이 사는 근본 뜻은 자기완성을 목표로 한다면, 그것을 목표로 하는 참되게 지성·지근으로 일하고 남을 위하여 자비행을 베풀며, 어려움을 깊이 참고, 질서와 예의를 따르는 바른 삶이 선이고 자기완성의 길을 무너뜨리고 막고 엎어버리는 것이 악이라고 하였다. 부모에게 효도하고 생명 있는 목숨을 죽이지 않고 잘 돌보아 주며, 남의 재산을 탐내지 않고 도둑질하지 않는 것이 모두 선인 것이다. 가정과 사회생활의 기초가 되는 성질서(性秩序)를 맑게 하는 것이 선이 된다. 사람은 깨치지 못함과 인과 때문에 잘못된 판단을 하게 되고, 유혹에 빠질 수 있기 때문에 자아완성을 위한 바른 삶과 영원한 생명과 하나 되지 못한 언행이 모두 악하다고 할 수 없는 것이다.

깨치지 못함과 유혹으로 인하여 이루어진 언행은 참회와 자기를 되찾는 기회가 되어야 할 것이다. 참나의 가르침을 막고 엎는 것임을 알면서 그릇된 언행을 하는 것이 악함인 것이다.

살릴 수 있는 생명을 죽이고 일함이나, 바른 원인 관계없이 남의 재물을 취득하고, 정조 순결의 성질서(性秩序)를 깨뜨리고 짓밟는 것이 악함인 것이다. 또 거짓된 언행을 하고 도박과 유흥에 빠져 일을 하지 않거나 게으르게 세상을 살아가고, 남을 미워하고 시기하며 억누르는 언행을 하는 것이 악함인 것이다. 또 부모에게 불효하고 도덕과 질서에 벗어나는 언행을 하는 것이 악한 것이다.

또 참된 가르침을 믿지 않고 재물과 권력과 참됨이 없는 허상(虛像)을 신앙으로 하는 것이 악함인 것이다.

이 허상(虛像)의 신앙에는 사이비 종교 단체 선전과 기만과 금권으로 집권하는 지도자나 정치단체, 수단과 방법을 가리지 않고 치부하는 재산가, 종교의 이름 아래 인생의 참되고 바른길을 가르치지 않고 정신의 혼란을 주어 신도들의 재산에 탐착하는 위선적인 성직자, 인간의 참된 진리를 깨닫지 못한 전체주의자, 제국주의자, 유물사관(唯物史觀)에 의한 폭력 혁명을 주도하는 공산주의자가 악함인 것이다.

표현의 자유를 핑계하여, 도덕과 참된 진리를 파괴하고 인간을 본능적 동물로 타락시킨 문인·예술가 등이 허상의 신앙자로서 악함인 것이다.

이러한 악한 언행이 참나를 죽게 하는 것은 아니고 현세에서 영원한 생명으로 자아완성을 이루지 못하였을 때 다음 생(生)에서 업이 되어 또 다른 생명의 과보(果報)가 되는 것이다. 이 과보는 더함도 덜함도 없는 철저한 이법(理法)대로 이루어지는 것이다.

우주와 나

부정모혈(父精母血)로 태어난 '나'란 무엇이며, 70억의 인구가 살고 5대양·6대주로 구성되고 춘하추동의 계절의 변화가 있는 이 지구란 무엇인가? 무변광대한 공간, 무량무수의 별들로 구성된 이 우주(宇宙)란 무엇인가? 이 우주에는 인간이 살고 있는 태양계의 태양과 같은 항성(恒星)만도 2,000억 개가 넘을 것이라 하고, 인간과 같은 고등생명체가 사는 지구와 같은 별만도 200만 개 이상일 것이라고 우주과학은 말한다. 핵무기를 개발하고 우주여행을 시작하고 인공수정아를 출산시킨 현대 과학도 인간의 의식 세계와 우주의 신비에 대하여는 아직 입문(入門)의 단계에 불과하다. 인간은 인간에 대한 연구와 우주에 대한 연구를 멈출 수 없을 것이다.

구약성서에는 인간과 지구를 하나님이 6일 동안 창조한 것으로 기록했다. 불교는 인간과 우주현상계를 겹겹이 맺어진 인연(重重緣起)에 의하여 펼쳐지는 화장세계(華藏世界)로 보고, 인간과 이 우주는 하나의 생명의 실상(實相)으로서 시간과 공간을 초월한 무한 시간, 무한 공간의 존재로 받아들인다.

인간과 생멸하고 변화하는 삼라만상(森羅萬象)은 실다움이 없는 무상한 것이다. 이 변화 속에 변화하지 않은 불변 생명을 진여(眞如)·공(空)·불(佛)·대방광불(大方光佛)이라 한다.

우주의 법성과 인간의 진여심을 하나로 보고 인간세계와 이 우주는 모든 부처의 불국정토 건설의 대원력과 자비행으로 이루어졌다고 한다.

도교와 유교도 표현은 다를지언정 우주와 인간을 보는 근본은 같다. 도교에서는 우주와 생명창조의 본체를 도(道)라 하고, 도가 하나를 낳고(道生一), 하나가 둘을 낳고(一生二), 둘이 셋을 낳고(二生三), 셋이 만물을 낳았다(三生萬物) 한다. 또 음(陰)이 양(陽)을 싣고, 양이 음을 안는 가운데 충(冲)한 기운의 조화로 만물이 발생한다(負陰而抱陽 冲気爲和)고 하였다.

『역경(易經)』에서는 무극(無極)이 태극(太極)이라(불교의 영향을 받은 주렴계의 설)하여 무에서 창조의 존재로 나타나는 한 기운을 태극이라 한다. 태극이 음양인 양의(兩儀)를 낳고 양의가 사상(四象)을 낳고, 사상이 팔괘(八卦)를 낳고, 팔괘가 길흉(吉凶)을 낳고 길흉이 대업(大業)을 이룬다고 하였다.

창조의 순서는 물(水)이 1, 불(火)이 2고, 나무(木)가 3, 금(金)이 4, 흙(土)이 5가 된다. 흙은 모든 물체의 구심점이 되어 이 기본수, 기본 물질에 흙 5를 더하면 기본물질과 기본수는 음양을 갖추고 이 음양으로 갖춘 기본물질·기본수가 만물을 형성한다고 하여, 기본수를 생수(生數)라 하고 기본수에 음양을 이룩한 수를 성수(成数)라 한다.

水 壬1 癸6	火 丙7 丁2	木 甲3 乙8	金 庚9 辛4	土 戊5 癸10

이 기본수와 기본 물질이 음양을 이루어 처음도 끝도 없이(無始無終) 만물을 창조하여 무한시간과 무한공간을 활용하여, 대자연계의 무변광대한 우주가 펼쳐졌다고 설명한다.

탈레스는 우주의 본질을 물이라 하고, 피타고라스는 우주의 본질을 수(數)라고 하였는데『역경』의 접근 방법과 같은 점이 있다.

현대과학이 모든 물질의 가장 미립자인 전자를 분해하면, 양전자·음전자·중간자라는 파장으로 구성되었다고 하였음은 이 우주의 모든 물질이 음양의 상대성 원리에 의하여 창조변화 한다는『역경』에서는 인간은 우주 본체의 기본 물질 수(水)·화(火)·목(木)·금(金)·토(土)와 기본수 10수의 오행(五行) 정기를 이어받아 우주 창조 생명과 인간의 본체 생명의 원리가 같다는 것이다. 여기서 기본물질 수·화·목·금·토와 기본수 1·2·3·4·5는 물체적 수리적 개념이 아니라 원리적인 개념임을 먼저 이해하여야 한다. 인간은 오장육부의 작용에 의하여 우주와 연결되는 기본 물질·기본수를 받아들임으로써 현상의 생명체를 유지 계승해 나간다는 것이다. 공자의 가르침을 이어받은 맹자도 우주 본체의 진리를 인의예지의 천도(天道)라 하고, 사람은 천도의 사단(四端)인 어진 마음, 의로운 마음, 예의의 마음, 지혜의 마음을 잘 지키고 길러 인격완성을 이루고, 사람과 하늘이 하나 되는(天人合一) 천명사상(天命思想)을 가르쳤던 것이다.

우주 본체 진리도 도(道)라, 하나님이라, 한울림이라, 진여라, 불이라, 뜻이라, 절대라, 태극이라, 무극이라, 공(空)이라 하든, 그 본체는 고정·부동·불변(不變)의 무(無)·공(空)·하나님이 아니고, 자기창조와 조화력을 가진 진여요, 불이요, 도요, 하나님이요, 태극이라 해야 할 것이다.

이 우주의 근본 원리가 체(体)는 진여요, 용(用)은 자비며 체를 영원한 생명으로 굴리는 힘은 지극히 정밀한 질서, 자전(自轉), 정진이라 할 것이다. 이 무변광대한 우주와 무량무수한 천체와 삼라만상이 무위자연의 질서와 조화를 이루는 근본은 구심점(求心點)에 의한 통일 억제 조절이 있기 때문이다. 인간의 이 구심점에 의한 통일 억제 조절 작용은 진리에 대한 믿음, 신앙인 것이다.

우주법계는 진여에 의한 자기 창조나 삼라만상의 화장세계는 일심이문(一心二門)으로 진여의 문과 생멸의 문이 있는 것이다.

인간은 천도를 이어받은 가장 완전한 생명체로 청정진여(淸淨眞如), 자비광명의 영생진여의 문과, 태어나고 죽고 처음이 있고, 끝이 있는 생멸의 문으로 이루어져 있는 것이다. 우주에는 우주의 구심점, 태양계는 태양계의 구심점, 지구는 지구의 구심점이 있고, 이 모든 구심점은 통일 질서를 통해 우주의 기운을 받아들여 그 구심점을 세워 삶을 영위해 나가는 것이다.

우주과학이 이 우주에 천체와 지구를 꿰뚫고 연결하는 각종 우주선이 있음을 밝히고 있는데, 이 우주선의 발견이 우주의 신비를 과학적으로 이해하는 데에 크게 도움이 될 것이다. 인간과 우주는 성현의 가름침대로 근본에 있어서는 하나임을 앞으로 과학이 입증하게 될 것이다.

이 우주는 자기 창조의 진여가 하늘나라 · 불국정토 · 무위자연(無爲自然)의 이상 세계를 건설하려는 무한공덕의 원력행(願力行)임과 동시에 인간도 자성진여(自性眞如)의 자아완성, 현재의 세상을 하늘나라 건설, 청정불국토, 이상세계의 건설을 목표로 한 무한공덕의 원력행이라는 것을 깨달아야 한다. 우주와 내가 둘이 아니고, 깨끗하고(眞), 더러움(俗)이 둘이 아니고, 영생과 생멸이 둘이 아니고, 나와 사회가 둘이 아니며,

나와 국가가 둘이 아님을 알아야 한다. 내가 진리를 얻으면 이 국토가 부처의 국토이고, 내가 진리를 얻으면 이 지구가 하늘나라·묘법연화(妙法蓮華)의 땅인 것이다. 내가 진리를 얻으면 내가 사는 현재의 우주가 비로자나불(毘盧遮那佛)의 장엄 우주인 것이다. 결국 '나' 라는 것은 자아완성을 하는 데에 뜻이 있고, 이 우주는 장엄국토가 되는 데에 뜻이 있는 것이다.

※ 이 글은 28세 때 군에 입대하여 사병 생활 3년 동안 백운암 100일기도에서 얻은 생각과 사실을 바탕으로 쓴 『자아혁명과 한국통일』이라는 책 제1장 「자아혁명」 중에서 옮긴 것이다.

불교 중흥을 위한 제언

 우리 민족의 역사를 뒤돌아보면 불교문화의 꽃이 찬연히 빛났을 때 우리 민족의 정신문화도 활짝 피었고 국운과 국력도 번창했다.

 반면에 불교문화가 쇠퇴했을 때 정신문화도 위축되었고 국운과 국력도 아울러 침체했다.

 그 예로 삼국통일을 전후해서 수·당의 백만 대군을 물리쳤고 군사력에 있어 동북아 최강국이었던 고구려가 불교보다 도교를 앞세우고 덕(德)보다 무(武)를 높임으로 자멸의 길을 밟았던 것이다. 이에 반하여 반도의 한 모퉁이, 지리적으로나 경제 여건상으로 가장 불리한 위치에 있던 신라는 불교를 국교로 하여 생명을 소중히 하고 자비와 화합을 바탕으로 나라를 다스려 찬란한 민족문화, 불교문화의 꽃을 피웠고 한반도 통일의 대업(大業)을 이룩했던 것이다.

 억불숭유(抑佛崇儒)정책을 편 조선은 이소사대(以小事大)의 소국(小國) 정신으로 조선조 오백년 동안 이렇다 할 문화적 유업(遺業)을 남기지 못했다. 남겼다면 붕당(朋黨), 파당(派黨), 지역주의, 왜소병(矮小病), 부정부패병, 관료의 국민멸시, 국민의 재산을 수탈하는 못된 근성을 심어 놓은 것이다. 해방 후 50년 동안 기독교세가 급격히 팽창하여 유일신인 여호와 외의 모두를 우상이라 하여 우리민족의 전통신앙, 민족정기, 민족의 자주성을 잃게 만들었다. 자주사상과 민족정기를 잃은 민족이 이 시대는 물론 21세기 세계사에 무슨 일을 하겠는가?

사람이 곧 부처이고, 사람이 곧 하늘이라는 우리의 고유한 자존(自尊) 정신을 여호와 하느님과 그 아들 예수의 발밑에 엎드려 구원받는 민족으로 타락시킨 것이다. 예수를 믿는 자, 예수의 구원을 받아야만 하늘나라에 태어난다는 것은 자기를 바로 알지 못하는 어리석은 국민에게만 통할 수 있는 가르침이다.

21세기는 어리석은 국민이 사는 세계가 아니라 자기를 아는 자기를 깨달은 지혜로운 국민이 사는 세계다. 우리의 자성(自性)이 미세하기로는 겨자씨 하나도 담을 수 없지만 광활하기로는 우주대계(宇宙大界), 은하계를 다 집어넣고도 남음이 있다.

일미진중함시방(一微塵中含十方) 한 티끌 속에 시방세계가 들어있고
일즉일체다즉일(一卽一切多卽一) 하나가 전체이고 전체가 하나이다.

21세기 한국의 미래가 밝다는 것은 깨어있는 불교인이 있어서이고 깨어있는 불교인에 의하여 불국토를 건설할 수 있기 때문이다. 그 일에 앞설 사람이 목탁을 잡은 스님. 법사, 깨달은 불자다.

법성원융무이상(法性圓融無二相), 진리는 둥글고 가없어 두 모양을 내지 않는다. 마하반야바라밀의 우렁찬 목탁소리로 삿된 기운을 몰아내고 병든 국민을 치료하는 정법의 당간(幢竿)을 높이 세워야 한다.

정혜결사(定慧結社)운동

보조국사가 태어난 시기는 고려 의종 12년(1158년)이다. 삼국통일을 전후해서 신라 땅에는 가섭, 용수에 버금가는 자장, 원효, 의상, 원광, 원측, 대안, 혜공 같은 눈 밝은 큰 스님이 태어나 신라 국토가 그대로 성불(成佛)의 도량(道場)이었다.

삼국통일 이후 고려시대까지 불교는 국교로서 위치를 굳혔으나 고려 중기 이후 불교는 왕실과 귀족의 보호를 받는 귀족불교로 타락했던 것이다. 불교는 스스로의 깨달음을 열어 그 깨달음을 바탕으로 이웃과 국민을 함께 깨달음의 길, 동체대비(同體大悲)의 길로 안내하는 것이 본분사(本分事)이다.

보조국사가 태어난 시대도 불교가 민중의 아픔을 외면하고 명리(名利)를 탐하는 속물의 집단으로 변해가던 때다. 조불(造佛), 건탑(建塔), 백고좌법회(百高座法會), 연등(燃燈)의식이 수없이 행해졌으나, 이는 모두 국민과 국가를 위해서가 아니라 몽매한 왕과 타락한 귀족과 탐욕스런 토호(土豪)를 위해 행해졌다.

출가는 명리(名利)와 병역의 의무를 피하기 위하여 이루어졌고 사문(沙門) 본래의 길을 망각했다. 이러한 시기에 태어난 보조국사는 25세 때 선과(禪科)에 급제했으나 대찰의 주지를 맡는 것이 종지(宗旨)를 벗어난 명리(名利)의 길이라 생각하고 불교를 정법의 길로 국민을 참 불자로 제도하려는 큰 서원을 세웠다.

선과에 급제한지 8년 뒤 33세 때 경북 영천 거조암(居祖庵)에서 정혜 결사문을 발표했다. 결사문의 내용은

첫째 기복(祈福) 불교에서 정법(正法) 불교를 지키고

둘째 형식불교에서 수도(修道)불교를 확립하고

셋째 궁정(宮廷)불교에서 대중불교를 일으켜야 한다는 것이다.

보조국사의 이 주장을 권수정혜결사(勸修定慧結社)라 했는데 권수(勸修)는 수도(修道)불교 재건을 말하고 정혜(定慧)는 정법(定法)불교의 나아갈 바이고 결사(結社)는 수도, 정법불교 구현을 위한 대중화운동이다.

불법을 홍포(弘布)하고 민족통일에 앞장서려는 불자는 선교상자(禪敎相資), 지행일치(知行一致), 정혜쌍수(定慧雙修)를 가르치고 권수정혜결사(勸修定慧結社)운동을 편 보조국사에서 배우고 본받아야 할 것이다.

십선운동(十善運動)

모든 운동은 방향이 있어야 하고 원칙이 있어야 한다. 불교를 펴고자 하는 사람은 그 생각과 행함이 불교적이어야 한다. 또 언행이 한결같아야 하고 그 언행은 부처님이 가르친 정법에 계합(契合)해야 한다.

우리나라 역사상 불교가 가장 대중화 되었던 때는 통일신라시대다. 『삼국유사』「자장조」에 의하면 신라 국토의 열 집 중 여덟, 아홉 집은 보살계 받은 불자들이었다.

진흥왕은 두 아들을 동륜(銅輪), 금륜(金輪)이라 이름 지어 하늘의 전륜성왕이 신라 국토에 하강하여 신라를 불지국(佛地國)으로 만들게 해달라는 발원을 했고 신라국민이 그렇게 믿도록 힘썼다.

진흥왕은 장차 나라의 큰 인재를 얻기 위하여 청소년운동으로 국선(國仙) 또는 화랑제도를 창설했는데, 국선(國仙)이란 여러 화랑(花郎) 중 가장 우두머리 되는 화랑을 가르친 말이다. 상수(上首) 화랑인 국선은 전륜성왕, 미륵불과 같은 말이었다. 김유신을 국선화랑(國仙花郎)이라 하고 그가 이끈 낭도를 용화향도(龍華香徒)라 했음에서도 알 수 있다. 용화세계

(龍華世界)란 곧 미륵불이 다스리는 세계를 말한다.

진흥왕 이후 신라의 왕들은 신라를 미륵불, 전륜성왕이 국선의 몸으로 내려와서 용화세계를 건설하는 나라로 믿었고 그 같은 원력으로 부처님의 도움을 받아 구한(九韓)을 통일하려고 했던 것이다. 이때의 국선과 화랑은 세속오계를 지키고 십선운동(十善運動)을 실천하던 청소년 단체였다.

세속오계란 원광법사가 보살오계를 화랑과 낭도들이 싸움터나 일상 수행에서 지킬 수 있도록 가르친 불교의 계율이요, 덕목이었다. 충(忠)으로 임금을 섬기고, 효(孝)로써 부모를 섬기고, 믿음으로 벗을 사귀고, 싸움터에서는 물러서지 않으며, 살생은 가려서 해야 한다는 것이다.

십선운동은 보살십계를 덕목으로 지키는 운동이다. 즉 신ㆍ구ㆍ의(身口意)로 열 가지 악한 일을 행하지 않음은 물론 오히려 이웃과 나라를 위하여 열 가지 좋은 일을 하도록 권장하는 운동이다.

생명 있는 모든 것을 살려주라. 남의 물건을 훔치거나 착취하지 마라. 남녀관계를 법도에 맞게 깨끗이 하라. 말을 가볍게 하지 마라. 남을 이간시키는 말을 하지 마라. 남에게 모진 말을 하지 마라. 남을 속이는 말을 하지 마라. 남의 물건이나 재산을 탐내지 마라. 다른 사람을 증오하고 미워하지 마라. 부처님의 가르침에 벗어난 삿된 견해를 짓지 말도록 하여 착한 행동으로 이웃과 나라에 도움이 되는 사람이 되도록 가르쳤고 이 열 가지 덕목을 실천하도록 했다.

한국불교 중흥을 위하여 청소년은 물론 불자교육에 십선운동을 범국민적으로 일으켜야 한다. 십선운동이 지켜지는 불자에게 육바라밀을 가르치고 깨우쳐 자아완성 성불의 길로 나아가게 하고 이 나라를 불국토로 만드는 일에 앞세워야 한다.

소납은 육바라밀 운동을 오덕(五德)운동이라 하여 전 국민 불자화, 전 국토 불국토화, 민족통일을 위한 범국민운동으로 주창한지 오래다.

좋은 불서(佛書) 읽기운동

이 세상의 가르침 중 가장 훌륭하고 으뜸가는 가르침이 불교다.

문자가 발견되고 인간이 자기를 알고 행해야 할 참된 길을 바로 깨우치고 바로 가르친 선각자 중 첫째가는 분이 석가모니 부처님이시다.

석가는 인간에게는 물론 삼계(三界)를 통틀어 가장 위대한 큰 스승이시다. 이 같은 훌륭한 가르침을 이어받은 승가는 부처님께서 가르친 계율과 경전을 스승 삼아 스스로의 깨달음을 열고 이웃과 국민 모두를 불법과 불경 읽는 일에 안내해야 한다.

법사가 이웃에게 법을 전하매 경전의 요의(要義)를 떠나서 미(微)한 자기의 소리를 해서는 안 된다. 법사의 전법(傳法)은 경전에 의거하여 좋은 불서를 읽어주고 읽게 하는 것이 가장 좋은 포교의 방법이다.

통일원 연수원장을 지내다 퇴임한 분은 개신교 장로였으나 내가 쓴 불서 여섯 권을 드렸더니 모두 읽었다고 하며, 특히 통일교육 입소식과 퇴소식의 강연 때 한 구절씩 인용하니 그렇게 좋을 수가 없다고 했다.

내가 쓴 불서 여섯 권을 모두 읽은 불자를 종종 만나는데 그들은 한결같이 이제 불교를 알 것 같고 읽기 전과 확실히 달라졌다고 했다.

민족사상과 선비사상에 젖어 있던 한분이 내가 쓴 불서를 읽는데서 시작하여『임제록』,『영가집』,『서장』,『유마경』 등을 탐독하고 열심히 수행하여 심안(心眼)을 여는데 까지 이른 것을 보았다.

불교를 가까이 한 것도『대승기신론』,『혈맥론』을 읽고서이다. 이 세상의 모든 경전 중 부처님이 말씀하신 불경(佛經)이 으뜸간다는 것을 성경, 코란, 노장서(老莊書) 등을 읽고서 확신하게 된 것이다.

전법(傳法)할 기회 있을 때마다 좋은 불서(佛書) 읽기를 권장하면 오래지 않아 온 국민을 불자화(佛子化)하고 온 나라가 불국토(佛國土)로 장엄될 것이다. 좋은 불서가 많이 보급되고 널리 읽혀지면 이 나라의 미래는 밝게 되고 세계에서 으뜸가는 나라로 발돋움하게 될 것이다.

정법불교, 수도불교, 대중불교를 일으켜 세워야 한다.

일본 땅에 핀 무궁화

    일본 경도부 상낙군 남산성촌에 있는 동선방(童仙房)이라는 높은 산 정상에 연꽃처럼 생긴 7만여 평 대지에 고려사라는 한국 사찰이 있다. 이 절 한가운데 천여 평 규모의 무궁화동산이 조성되어 있다. 이 절의 무궁화동산을 알기에 앞서 일본의 상대문화를 알 필요가 있다. 일본의 상대문화는 고조선 때 마한·진한 땅에 살던 사람들이 신라·백제의 정복 전쟁에 패해 대한해협을 건너 일본으로 이주하여 일으킨 문화이다.

    다음으로 우리 조상들이 일본으로 대거 이동한 시기는 신라가 삼국을 통일하는 시기였다. 망국의 한(恨)을 품고 일본으로 건너갈 수밖에 없었던 유민(流民)들이 대다수를 차지했다.

    『삼국사기』를 읽어보면 일본인이 신라를 침략한 것은 60여 회가 넘는데 백제를 침략한 것은 두 차례에 불과하다.

    이 같은 기록을 참고하면 일본으로 건너간 고구려, 백제 유민은 힘을 합쳐 신라에 대한 망국의 한을 설욕하기 위해 신라를 침략했던 것이다.

    일본의 상대문화는 이러한 명백한 역사 기록을 통하여 삼국이 일어나고 또 삼국을 신라가 통일하는 과정에 우리 조상들이 일본에 건너가서 일으킨 문화라고 할 수 있다.

    그러함에도 조선시대 내내 사대모화사상(事大慕華思想)에 젖어 일본인과 일본문화를 우리민족과 우리문화와는 전혀 다른 야만인과 야만문화로만 가르쳤던 오류를 범하고 있었다. 그러나 이보다 더 근본적으로 잘못하고 있는 것은 일본인이 일본역사를 의도적으로 허위 기록하고 이 위작된 상대역사를 국민교육에 활용하고 있는 점이다.

명치유신때 일본은 세계의 변모하는 정세에 눈을 돌려 서양의 문물을 받아들였으며, 경제부흥을 일으킴과 동시에 일본 상대역사를 재정리한다. 이 과정에서 수백 명의 학자를 동원하여 일본 상대문화가 한반도의 문화와 사람이 건너가서 일으킨 문화임에도 불구하고, 한반도 문화 자체를 저열한 야만문화로 규정하고, 일본 문화야말로 태양신의 도움으로 그 후예들이 일으킨 세계에서 가장 우수한 문화로 왜곡하였다.

일본의 상대문화는 일본인들이 어떻게 기록했든 한반도에서 배워간 문화이고 한반도에서 일본으로 건너간 우리 조상들의 손으로 일으킨 문화라는 것만은 진실이다.

일본의 규슈지방을 여행하면서 이러한 민족의식에 눈을 뜬 스님이 있다. 스님은 국내 포교도 중요하지만 일본에서 우리 교포를 바르게 가르치고 일본인에게 한국 역사를 바르게 알리는 것이 더욱 중요하다는 생각을 했다. 그래서 오사카에 보현사(普賢寺)라는 한국 포교당을 세우고 일본 동경 상낙군 남산성촌에 있는 동선방(童仙房) 산상(山上) 칠만여 평에 20여 년 걸려 고려사를 창건했다.

이 스님이 바로 태연스님이다. 스님은 상대 고구려, 백제 유민의 망국의 한(恨), 볼모로 잡혀 간 신라와 고구려인의 한(恨), 임진왜란 때 붙잡혀 가서 고국에 돌아오지 못한 망향의 한(恨), 그리고 제2차세계대전때 강제징용 당하여 억울하게 죽은 넋이 일본 천지에 너무나 많다는 것을 생각하게 되었다.

고려사를 창건하면서 고국에 돌아가지 못한 억울한 한을 달래는 일부터 해야 되겠다는 깊은 뜻에서, 고려사를 건축하는 데에 드는 모든 건축자재를 한국에서 운반해 오고 건축양식도 한국의 전통사찰 양식으로 지었다. 고려사 경내에는 제2차세계대전때 억울하게 죽은 우리 동포 삼십만 명의 영혼을 위령하는 높이 20m의 평화위령탑이 건립되어 있다.

또 강제징용과 관련된 억울한 장면을 생생하게 보여주는 사진전을 국내 여러 곳에서 열기도 한 바 있다.

매년 11월 마지막 일요일에 고려사에서는 고국에 돌아가지 못한 고혼(孤魂)을 위한 위령대제를 봉행함과 동시에 한일(韓日) 양국을 위한 평화제(平和祭)를 일본 사람들을 초청하여 지내고 있다.

이런 행사 때 고려사 한가운데에 조성되어 있는 천 평 규모의 무궁화 동산은 재일교포의 가슴을 뭉클하게 해준다. 현재 5만 그루 정도의 무궁화가 심겨 있는데 고려사 스님들은 앞으로 이십만 그루 이상 확보하여 사찰 경내뿐만 아니라 일본 전역에 나라꽃 무궁화 보급운동을 일으킬 계획을 세우고 있다.

국내에 있는 무궁화도 우리 국민의 마음속에 나라에 대한 애정이 솟아오르게 하지만, 고려사의 무궁화동산에서 보는 무궁화는 나라사랑, 겨레사랑에 대한 한층 더 깊은 감회를 일으키게 한다.

고려사의 무궁화 동산에서 자란 무궁화가 재일교포 가정뿐만 아니라 일본 전역에 보급될 수 있도록 우리 국민 모두가 성원했으면 한다.

불심(佛心) 깊은 재일교포, 일본인들이 동선방 산정 고려사를 찾아 예불하고 무궁화동산을 거닐면서 고국에 대한 간절한 사랑, 한국문화에 대한 올바른 이해가 가슴에 메아리쳐서 일본 전역에 확산되길 바란다.

- 불기2535(1991)년 3월호, 평화통일에 게재한 글

동북아 시대를 주도하려는 중국

상해 임시정부

1992년 8월 북경대학 초청으로 제4차 조선학 국제학술대회에 참석하여 북한학자는 물론 중국, 일본, 소련, 미국 등 세계 각지에서 참석한 조선학을 연구하는 학자들과 4일간에 걸친 조선학 국제학술대회에 참석한 바 있다.

그 때 필자는 종교철학부에 소속되어「천부경(天符經)에 대한 소고 (小考)」란 제목으로 발표하여 우리 민족 최초의 경전에 대한 관심과 이해를 불러 일으켰다.

이 학술발표대회가 끝나고 북경 일대를 3일간 여행하면서 변화하는 중국에 대하여 깊은 관심을 가지고 살펴보았다.

만 2년 뒤 통일원 통일교육 전문위원 40여명과 함께 2년 사이 변화된 중국의 모습에 대한 관심을 갖고 7월 15일 KE 6135기 편으로 9시 30분 중국의 관문 상해를 향하여 서울 공항을 이륙했다. 상해에 도착한 것은 한국시간 10시 15분 중국 시간으로 11시 15분이었다. 상해는 인구 1,300만 명, 면적 6,340km², 시 중심면적 350km², 유동인구 400만 명으로 양자강을 끼고 태평양으로 진출하는 중국의 제1 관문이며, 가장 큰 국제도시이다.

일정표에 따라 철목진찬청(鐵木眞粲廳)이라는 중국 식당에서 점심을 먹고 중국 공산당원이라는 김광일(金光一)의 관광 안내를 받아 프랑스 조계지에 있는 임시정부 청사를 찾았다. 임시정부 청사는 우리가 상상하던 것 보다 조그마한 3층 건물로 후미진 곳에 자리 잡고 있었다. 임시정부 청사 각 방에 놓여있는 집기들은 당시 요인이 쓰던 책걸상과 집기라 하나 사실여부는 알 수 없었다. 청사 내의 각 방은 사진 촬영이 금지되었다. 대통령과 국무위원이 있었던 임시정부 청사치고는 너무나 초라하다는 생각이 들었다.

중경에서 임시정부를 상해로 옮길 때는 독립운동이 문자 그대로 가시밭길이었다. 함께 독립운동을 하는 사람 중에 일본 경찰에 매수되어 앞잡이 노릇을 하는 자가 있었기 때문에 언제 밀고를 받아 체포될지 모를 신변의 위험을 안고 독립운동을 해야만 했다.

독립운동사를 읽어 보면 일본 경찰이 독립운동하는 우리 동포를 정치적 목적으로는 체포할 수 없었기 때문에 흉악범이라 핑계대고 프랑스 경찰의 협조를 얻어 체포했다. 때문에 일본 경찰이 프랑스 조계에 들어오면 우리 동포들은 피신하지 않을 수 없는 처지에 놓이곤 했다. 또 이국만리에서 독립운동을 하면서 소련을 조국이라 여기는 공산당원과는 손을 잡을 수 없는 갈등이 있었다.

이같이 어려운 상황에서 끝까지 독립운동을 한 독립지사의 지조(志操)야말로 눈물겹도록 거룩한 것이었다. 중국에서 일본 경찰의 앞잡이를 하고서는 해방된 후 독립운동가로 둔갑한 자도 많고 이역만리에서 목숨을 바쳐 독립운동을 했음에도 유공자 명부에 이름이 오르지 못한 억울한 고혼도 많은 것이다.

상해 임시정부를 본 후 홍구공원(紅口公園)을 찾았다. 홍구공원은 윤봉길(尹奉吉) 의사가 천장절 기념행사에 잠입하여, 대동아공영권을 외치며 한국과 중국을 침략한 일본 군벌들에게 폭탄을 투척하여 한국인의 한을 풀고 중국인의 10년 묵은 체증을 내리도록 한 장소다. 홍구공원에는 중국의 대문호 노신 선생의 동상만 세워져 있고 윤봉길 의사의 기념탑이나 기념관은 없었다. 폭탄 투척했다는 장소를 보면서 일본군의 삼엄한 경비망을 뚫고 폭탄을 가지고 그 장소에 들어간 것도 대단하지만, 당시 세탁소 종업원이던 윤봉길 의사가 훌륭히 폭탄 투척을 할 수 있었던 그 용기와 조국애에 감격하지 않을 수 없었다.

상해의 거리는 세계 각국의 건축양식의 전시장처럼 다양한 모습으로 국제항구임을 과시했다.

이 국제도시에 임시정부 청사와 홍구공원 안에 윤봉길 의사 기념탑이 세워져 중국에 있는 우리 동포는 물론 중국을 찾는 우리 국민에게 민족적 긍지와 그때의 독립운동사를 일깨우는 장소로 만들어야 한다는 생각이 간절했다.

고구려의 옛터 심양(瀋陽)

오후 5시 30분 CT6502기 편으로 상해 공항을 떠나 두 시간 뒤 7시 30분 심양 공항에 도착했다.

심양은 일본 강점 시기 봉천(奉天)이라 불렸던 도시로 중국에서 4번째 가는 도시다. 인구 650만명, 청나라의 처음 도읍지로 동경 136 북위 41로 서울보다 위도상 북쪽에 위치한다. 심양에 거주하는 우리 동포들은 지식수준이 높아서 의사, 교수 등 지도층에 있는 사람이 많다고 한다. 저녁 8시 우리 동포가 경영하는 한국식당에서 저녁을 먹고 밤9시 30분 봉황대반점에 여장을 풀고 이영훈 위원과 같은 방을 배정 받았다. 이번 여행길에 경주가 고향이고 예천에 있는 경북 도교육청에 근무하는 이갑덕 교장을 알게 된 것은 큰 보람이었다. 밤 11시가 넘어 이갑덕 교장과 함께 심양 밤거리 산책에 나섰다. 1992년에 북경에 왔을 때만 해도 아침 9시 출근, 오후 5시 퇴근을 지키던 중국사람들이 언제부터 밤 12시가 되어도 이렇게 개인 소득을 위하여 열심히 장사를 하게 되었을까. 변화된 모습이 놀라웠다. 간이주점에 들러 맥주 3병을 시켜놓고 둘이서 술상을 벌였다. 접대하는 아가씨는 21세 왕이영이라했고 옆 좌석의 두 젊은이는 숙질간(叔至間)으로 서철(徐哲), 서영상(徐永祥)이라 했다. 술값은 39위안, 한국 돈으로 3,000원이었다. 술좌석에서 크게 인상에 남는 것은 왕이영이라는 아가씨더러 이갑덕 교장이 이쁘다고 칭찬했더니, 그 천진스럽게 좋아하는 모습이 너무나 순수하고 맑았다는 점이다.

이들 모두가 북한과 남한을 잘 알고 있었고 88올림픽을 말했다. 심양은 고구려의 옛 땅이라고 했더니, 그렇다고 하면서도 조선과 관련지어서 생각하지는 않았다. 다음날 5시 30분에 기상하여 이영훈 위원과 함께 아침 산책길에 올랐다.

호텔에서 10분 거리에 시장이 있었는데 아침 6시인데 벌써 시장은 붐볐 다. 시장 양쪽 도로에 상인들이 상품을 싣고 온 말과 마차가 즐비했다. 상품들은 농산물이 주종을 이루었고 의식에 관련된 상품들도 진열되어 판매되었다.

공산주의 사회라 생각하기에는 너무나 많이 변모했다. 아침 7시가 되니 도로에는 자전거 행렬과 각종 차량들로 붐볐다. 아침 7시에 심양 거리를 보는 필자의 느낌은 중국이 무섭게 변화하고 있다는 것이었다. 중국의 13억 인구가 아침 7시부터 밤10시까지 열심히 일한다면 5년 뒤 그 발전은 엄청날 것으로 예견되었다. 잠자던 중국이 깨어나고 있었다.

1992년도에 중국인의 인건비가 한국 돈으로 2만원에서 4만원이라 했는데, 그로부터 2년 뒤인 현재의 인건비는 10만원대가 된다고 했다. 인건비가 3배로 오른 것은 경제성장이 물량 면에서 배 이상으로 증가했고, 생산이 활발하게 이루어졌기 때문일 것이다. 북경 거리에 신축되는 대형 건물은 중국인답게 엄청난 규모로 설계된 것들이었다. 21세기를 내다보는 중국인의 기상이 역력했다.

심양에서 멀지 않은 봉계에 가면 단군조선의 유적이 많다고 했다. 심양 내에는 조선족 국민학교 3개교, 조선족 사범학교 1개교, 조선족 고급학교 3개교가 있고 우리글로 발행되는 조선족 일보사가 요령성 일보사 내에 함께 있다고 한다.

심양은 청나라가 1643년 북경 자금성으로 도읍을 옮기기까지 1625년부터 19년 간의 도읍지다. 처음 국호를 후금이라 하였는데, 대청(大淸)으로 고친 이유는 명나라의 명(明)은 화(火)에 속하기 때문에 금(金)으로는 화(火)를 이길 수 없고 물(水)에 속하는 대청(大淸)으로 해야만 명(明)을 이길 수 있다고 여겼기 때문이라 한다. 청 태조 누르하치가 왕위(王位)에 나아간 설화는 다음과 같다.

누르하치의 아버지는 금(金)의 황제를 모신 근위 신하였다. 아버지를 따라 황제를 배알할 수 있는 기회가 자주 주어졌는데 기이하게도 황제의 발 밑에 검은 점이 있었는데 누르하치도 황제와 똑같은 위치에 똑같은 크기의 검은 점이 있었다. 하늘에 두 해가 있을 수 없는 것과 같이 황제와 똑같은 검은 반점을 가진 누르하치를 그냥 두면 안된다는 일관의 말에 따라 황제는 누르하치를 죽이도록 명했다. 이 말을 들은 한 신하가 누르하치에게 급히 서둘러 도망가도록 전했다. 누르하치가 도망을 치다 허기에 지쳐 쓰러져 있었는데 까마귀 네 마리가 나래를 펴고 누르하치를 감쌌다.

 누르하치를 죽이기 위하여 쫓아오던 군사들은 누르하치가 누운 장소를 까마귀 떼들이 앉은 것으로 알고 그냥 지나쳐서 목숨을 구했다고 한다. 이들이 지나간 후 까마귀 떼는 누르하치를 맑은 샘물이 있는 장소로 안내하여 샘물을 마시고 기력을 회복했다고 한다. 후일 누르하치는 황제가 되었고 이 까마귀에 대한 보은(報恩)의 뜻으로 청나라는 까마귀를 청 태조의 목숨을 구한 신성한 동물로 받들었던 것이다.

 청나라의 고궁을 둘러보면서 청 태조의 뒤를 이은 태종이 조선을 침략하여 병자호란때 인조(仁祖)가 남한산성에서 고두구곡배(叩頭九曲拜)를 하도록 한 장본인이라는 것을 생각하면서 깊은 감회에 젖었다.

 청의 영광이 우리 민족에게는 치욕의 역사로 기록되었다. 치욕의 역사를 선물한 청 태조의 능(陵)을 밟고 서서 사진을 한 장 촬영했다. 심양의 북릉(北陵)은 자금성에 비하여 그 규모나 보관된 유물이 비교도 되지 않지만 370년 전 청나라 초기 궁전, 건축술, 황제의 생활상을 볼 수 있다는 점에서 그 뜻을 찾을 수 있었다. 중국의 인공 호수는 그 조성술에 놀라운 바가 있다. 중국의 호수는 대개가 인공인 것이다. 심양은 산도 없고 바다도 없고 유일하게 심수(瀋水)라는 강이 흐르는 도시다. 여진족은 이 도시를 성경(成京)이라고 했다.

 안내를 맡은 곽태순(郭太順)은 심양시청 공무원 생활을 하다 여행사로 전업을 했다고 하는데 민족의식이 대단히 투철했다. 안내원에게 학교를 다닐 때 고구려, 발해의 역사를 어떻게 배웠느냐고 하니 중국 상대 역사에서 변방의 한 나라로 배웠다고 했다. 중국에 살고 있는 우리 동포는 모두 중국의 국적을 취득했고 북한이나 남한의 국적을 가진 사람은 없다고 했다. 그렇기 때문에 조선족을 교포라 하는 것은 잘못된 것이고 동포라 부르는 것이 맞는 말이다. 심양에서의 점심 식사는 조선민족찬청에서 먹었다. 한국의 여행객이 많은 탓인지 식사의 불편은 어느 곳에서도 느끼지 못했다.

조선족 자치주 연길(延吉)

심양 공항에서 특별 대절한 소형 전세기 3490호 편으로 저녁 6시 우리 일행은 길림성 연길시를 향했다. 중국의 더위도 금년은 유별나게 덥다고 했는데 오후에 소나기 한줄기가 쏟아져 열기를 식혔다. 우리가 탑승한 비행기는 낡은 군용기를 개조한 탓인지 이륙하고서부터 비행기 안에 증기가 새어 나오는 등 매우 상태가 좋지 않아 연길 공항에 도착하기까지 마음이 초조했다.

연길은 길림성의 성도(省都)로 조선족의 자치주이다. 연길시에 사는 우리 동포는 50만 명이 된다고 한다. 연길에 도착하니 간판이 우리글과 한문으로 쓰여져 있는 곳이 많고 동포들이 대부분이라 타국에 왔다는 생각이 전혀 들지 않았다. 송기호텔에 여장을 풀고 저녁식사는 호텔식당에서 들게 되었는데 연변대학 교수와 지역유지들과의 간담회를 겸한 식사시간으로 준비되었다.

7월 17일 8시 30분부터 연길시내 관광에 들어갔다. 처음 안내된 곳이 연변박물관이었다. 소장된 내용물이 빈약했고 대표적인 소장 유물이 남송(南宋)때인 1538년 58세 때 사망했다는 주씨(周氏)의 묘(墓)를 발굴하고 그 시체와 유품을 전시한 것이 고작이었다. 시체를 단순한 물질로 생각하는 공산주의자들만이 생각할 수 있는 전시장면이라 생각되었다.

조선족 학교인 연변대학을 둘러보았다. 앞으로 장기적인 발전 계획이

수립되어 있다고 했다. 현재의 수준은 우리나라 전문대학의 시설 규모로 느껴졌다. 주칠성교수 등 아는 교수가 여러 분 있었으나 만날 시간적 여유가 없었다. 연변도 이제 잠자는 공산사회가 아닌 활기찬 도시로 느껴졌다. 이날은 연길시에서 재판이 있었던 관계로 보기 어려운 공산사회의 한 단면을 볼 수 있었다.

요란스러운 경찰차의 경적에 이어 10여대의 트럭에 죄수들이 분승하여 타고 경찰들이 호위했다. 제일 앞차 두 대에는 이날 사형 언도를 받은 세 사람의 죄수가 사형이라 쓴 표찰을 앞가슴에 걸고 교수형에 처할 때와 같이 둥근 철사 줄에 목을 내민채 완전히 포승되어 얼굴을 전 시민에게 노출시켰고, 뒤 이어 형기가 중한 순으로 무기수, 장기수가 뒤따랐다. 이 시가지 행진이 끝나면 죄수들이 지켜보는 가운데 사형이 집행되고 나머지 죄수들은 감옥으로 간다고 한다. 중국에서는 강간살인, 강도살인, 방화살인 등의 죄수는 예외 없이 사형이 집행되고 강도 강간범에게는 무기징역이 언도된다고 한다. 형기가 우리나라에 비하여 높고 사형언도와 동시에 사형집행을 해버리므로 형벌이 죄수 본인에 대한 교육적 목적이 완전히 배제되었고 잘못된 증거채택에 의한 구제 방법이 소홀함으로 죄수의 인권이 보장되지 않는 사회라고 생각되었다. 공산사회가 최고의 이상국가를 추구하는 정치체제라고 선전하지만 그 허구의 실상이 어떠한지 절감했던 장면이었다.

용정(龍井)과 도문(圖們)

연길에서 멀지 않은 용정(龍井) 자치주를 찾았다. 인구 15만명의 63%가 우리 동포들이라고 한다.

용정에 우리 동포가 살게 된 것은 1879년에서 1880년 사이 장인석,

박인언 두 사람이 용정에 최초의 우물을 발견하고 집단 이민을 하여 생활터전을 삼은 것에서 출발한다고 돌비에 새겨져 있었다. 이것이 우리 민족의 간도 이민사다. 간도 이민의 한이 서린 이곳에서 우리 일행은 기념사진을 촬영했다.

용정에 소재한 대성중학교를 찾았다. 대성중학은 윤동주(尹東柱) 시인이 다닌 학교로 유명하다고 하는데, 이 같은 설명은 우리 민족의 독립운동사를 피상적으로 전달하고 통일교육 전문위원이 알아야 할 올바른 역사 현장을 관광 수준에 멈추게 하는 것이라 생각되었다. 대성학교의 초대 교장은 이상설(李相卨)이다. 이상설은 일본인의 황무지 개척권의 요구에 반대하고 1905년 을사5조약이 체결되자 이 을사5조약 파기운동에 앞장서서 고종 황제에게 이 조약에 인준하지 말도록 간곡한 상소문(上疏文)을 5회에 걸쳐 올리고 관직에서 물러났다.

이상설은 을사5조약 파기 운동에서 항일독립운동으로 방향을 돌려 1905년 10월 재산을 팔아 만주 용정에 와서 서전서숙(瑞甸書塾)을 열어 민족의식을 고취시킴으로써 광복운동의 터전을 닦았는데, 이것이 대성중학교의 전신인 서전서숙이다. 이듬해 1906년 6월 이상설은 고종 황제의 밀명을 받고 정사(正使)가 되어 이준, 이위종을 부사로 대동하고 헤이그 만국평화회의에 참석함으로써 일본인의 감시에 노출되고 만다. 이후 서전서숙은 계속할 수 없게 되었고 함께 서숙에서 일하던 동료들이 그 이웃으로 자리를 옮겨 명동서숙(明東書塾)이라 이름을 고쳐 민족교육을 계속했다. 이때 숙장(塾長)은 박정서였다. 이보다 조금 늦게 1911년 이상설과 죽마고우인 이회영 형제분 등이 전 재산을 팔아 광복운동을 하고자 통화현(通化縣) 하니허(哈泥河)로 이주해 와서 민족운동의 인재를 양성하고자 경학사를 세웠는데 이 경학사가 신흥강습소(新興講習所)와 신흥무관 학교의 전신이었다.

대성중학교는 용정중학, 은진중학, 명신여자중학, 광명중학, 동흥중학, 광명여자중학 등의 이름만큼 민족의 한(恨)이 서린 학교라 생각하니 감회가 새로웠다. 역대 교장 중 이종옥 북한 총리의 이름도 올라 있었다. 이종옥이 교장으로 있을 때의 학교 이름은 동흥중학이었다. 이 학교는 민족의식이 강한 만큼 친북 성향이 깊다는 느낌도 와닿았다.

이 학교의 미술선생 최춘자와 함께 윤동주 시인의 사진 앞에서 기념 촬영을 했다. 우리가 민족통일을 말하면서 중국에 있는 조선족 학교를 통일의 발판으로 삼는데 유념하지 않는다면 그 통일의 외침은 허구로 끝나고 마는 것이다. 간도 만주에 있는 우리 동포의 관심사를 정확히 읽어야 한다.

이들은 남한과는 경제교류 경제협력을 원하고 있지만 사상적, 정치적으로는 친북적임도 알아야 한다. 곰 농장을 둘러보면서 인간의 잔인한 모습에 분노했다. 인간의 천성이 과연 선한가, 인간은 자유를 외치면서 곰을 철사 줄로 동여 묶고 그것도 부족하여 궤짝에 집어넣어 철저하게 자유를 박탈했는데 이러한 권리가 인간에게 과연 있는 것인지! 인간이야말로 저주받을 동물이라고 느껴졌다. 이렇게 해놓고 1주일에 한 번씩 웅담을 채취한다고 한다. 석가의 가르침은 이 같은 인간의 잔인한 행동을 용인치 않지만 예수의 가르침은 이 같은 일을 합리화 시켜준다.

예수여! 이 광경을 보고 평안한 마음을 가질 수 있겠습니까?

점심식사를 하고 북한과 마주하는 도문시 관광에 올랐다. 도문시로 가는 창가에 펼쳐지는 땅은 모두가 독립운동사, 민족의 한이 서린 땅이다. 어머니가 아이를 감싸 안은 모양의 모아산(母兒山)을 끼고 배나무, 사과나무, 옥수수, 콩 등이 자라고 있는 전야(田野)는 우리 동포들의 슬픈

애환을 말해 주는 듯 했다. 평강, 세전, 훈춘벌들이 우리 한국에 비하여 넓고 광활한 평야의 모습으로 변하게 될 것이다. 두만강 개발, 만주의 개발이 성공해야 위대한 통일한국의 건설이 가능한 것이다.

만주, 연해주 일대가 기름진 옥토로 개간되고 두만강 일대에 많은 산업시설 생산공장이 세워짐으로써 통일된 한국이 동북아는 물론 세계에 발돋움 할 수 있게 되는 것이고 실제 그렇게 될 것이다.

가야하 해란강이 천년을 두고
유유히 흐르는 강물줄기에
이 고구려 발해의 웅장한 혼 살아 숨쉬고
만주를 명나라에 내어 주던
이성계의 좁고 검은 속통은 슬픈 한 되었네.

을사조약 경술합방 통한의 세월
광복의 큰 꿈 안고 두만강 건너
단군의 옛 성지 베개삼던 순국선열
청산리 말발굽소리,
신흥무관학교의 우렁찬 구령소리 귓전에 들린다.

아! 홍익인간하자던 단군의 아들딸
만주 연해주 두만강가에 용광로 터잡아
동북아 시대 준비하는 화롯불 지피고
백두, 금강, 한라정상 민족정기 탑 세워
중국 일본 어깨 겨뤄 한(韓)의 깃발 올리자!

유심, 유물 주체사상 뒷자리 물러나라
배금(拜金) 사대(事大) 친서구(親西歐)의 썩은 관료,
정치인 얼빠진 학자도 뒷자리로 물러나고
이화세계 광명국토 건설할 한의 얼 지켜 온
참 민중, 참 선비 앞자리에 나와

광명등 밝히고 백의(白衣) 찬가 부르며,
평화의 노래 진리의 검 앞세워
오대양 육대주 지구촌 끝까지 어허디여.
상사디여. 위대한 통일한국 광명국토
세우러 가세! 세우러 가세!

가야하 해란강은 도문에서 합류되어 두만강이 되고 이것이 동해로 흘러들어 간다. 도문시도 조선족의 자치주로 인구 15만으로 59%가 우리 동포며 도문까지 가는 도로 좌우 표지판은 한글로 표기되어 더욱 친밀감을 주었다. 북한에 인접한 탓이기도 하지만 단군조선, 고조선, 고구려, 발해의 옛 나라 터임을 더욱 실감나게 했고 도문시와 북한의 자강도 남양시는 넓게는 20m 좁게는 10m 폭의 도문강을 경계로 하고 있어서 크게 소리쳐 부르면 대답할 수 있는 거리로 보였다. 북한과 중국을 연결하는 다리의 경계는 북한쪽에 경비초소도 없어 외관상으로는 자유롭게 오갈 수 있는 것 같이 느껴졌고 백두산을 오르기 가장 좋은 철이라 그런지 남한의 관광객이 줄을 이었다.
　북한의 여인인지 도문의 여인인지 알 수 없는 여인들이 북한의 우표책자를 판매하면서 한국지폐를 달라고 조르는 사람이 많았다. 우리 일행

중 많은 사람이 차고 간 시계를 선물로 주거나 물물교환 했다. 북한을 건너다 볼 수 있는 망루에서 기념촬영을 하고 동동주 한잔씩 나누었다. 북한의 경제가 어렵다는 생각이 도문시의 장사하는 여인에게서 물씬 느껴졌으며, 건너다보이는 남양시 산비탈에 속도전이라 쓰인 흰 글씨가 빛바래 쓸쓸해 보여 20세기 문명사회에 역행하는 느낌마저 들었다.

도문시에는 인력거가 많았는데 이 인력거를 타고 지금도 그 옛날 부상(富商)들의 기분을 내는 모양이다. 오후 3시 40분에 도문시를 떠나 연길에 돌아오니 오후 5시 30분 녹명춘(鹿鳴春)식당에서 저녁 식사를 했는데 여느 식당과 마찬가지로 한국 여행객의 식성에 맞도록 음식들이 잘 준비되었다. 저녁 8시 송기호텔 커피숍에서 북경대학 조선학 학술대회에서 만난 주칠성 연변대학 철학과 주임교수와 만났다. 주교수는 한국도 몇 차례 다녀왔고 북한은 지난 7월 23차례 다녀왔다고 했다. 김일성 사후 북한체제의 변화를 물었더니 김정일 체제로 모든 정비가 완료된 상태라고 했고 통일 전망에 대하여는 김정일 체제가 오히려 밝을 것이라 했다.

한국이 중국에 있는 동포에게 고국 방문을 제한하는 것은 잘못된 일이라고 했다. 그 이유는 중국의 동포가 고국에 가서 고국 발전상을 보고 노동을 해서 돈을 마련해 와 중국인보다 앞서는 경제생활을 할 수 있는 것은 동포로서는 말할 수 없는 긍지요, 기쁨이며, 한국정부는 돈 안 들이고 남한을 선전할 수 있는 좋은 기회인데 이를 제한하는 것은 재고해야 할 정책이라 했다. 두만강 개발도 중국은 이상 없이 진행하고 있는데 공연히 핵(核)을 트집 잡아 중국쪽까지 경제투자를 하지 못하게 하는 것은 북한은 물론 중국에 있는 동포까지 불평과 불만을 초래하는 것이라 했다. 중국은 한국, 일본에 기대하던 경제투자, 경제차관을 독일에서 받아들이도록 노력하고 있다고 했다. 북한은 김정일 체제가 정비되면 개방 개혁을 할 것임은 분명하지만 남북관계는 상당기간 더욱 경색될 것으로 내다보았다. 북경의 최용수 교수, 김경진 교수의 주소와 전화번호를 받고 밤10시에 작별인사를 했다.

밤 11시가 넘어 송영수, 이광순 위원과 함께 연길의 밤 시장 거리를 둘러보기 위해 택시를 탔다. 수박, 참외 각 한 덩이를 한국 돈 1600원을 주고 샀다. 무게로 대금가격을 환산했다. 동포가 경영하는 식당에 들러 맥주를 청해서 한잔씩 하면서 연길 동포들과 이야기를 나누었다. 이 시장에도 한국에 가기를 희망하고 한국에 가기 위하여 돈까지 쓰고 기다리는 사람이 많다고 했다. 연길 사람의 소원이 한국을 한번 다녀오는 것이고 돈을 벌어 돌아와서 집도 마련하고 장사 밑천도 마련해서 부자 되는 것이라 했다. 북한이 남한보다 살기 어려운 것은 연변 사람 모두가 잘 아는 사실이라고 했다. 발 없는 말이 천리를 간다고 한국이 경제적으로 크게 성장한 것을 중국에 있는 우리 동포 모두가 잘 알고 있었다.

백두산 등정(登頂)

7월 18일 새벽 3시 50분 우리 일행은 연변에서 가장 좋다는 버스를 타고 백두산 등정을 위해 출발했다. 황유서 위원이 간밤에 일어난 통증으로 함께 출발하지 못했다. 백두산을 오르는 길은 안도, 조양현, 안동현으로 가는 길과 용정, 비암산, 화령산성으로 가는 길이 있는데 첫 번째 코스가 돌아가기는 해도 도로 사정이 좋다고 해서 첫 번째 코스를 택했다. 차창으로 보이는 조양천 교외 들판은 기름진 옥토(玉土)였다. 새벽 4시가 되니 벌써 들녘에 나와 일하는 사람이 여기저기 보였다. 새벽 5시 백두산 등정 도로를 닦는 현장에 일꾼이 나와 작업 준비를 했다. 도로 공사가 여기저기 진행되어 내년에는 백두산을 오르는 길이 더욱 좋아질 것이라고 생각되었다. 중간 중간에 방1칸 부엌 1칸의 토담집이 여기저기 보였고, 고산작물로 녹두, 옥수수, 팥을 재배하는 밭도 보였으며, 씨앗을 뿌리지 않은 묵밭이 여기저기 보여 이곳에도 농촌의 인력난을 말해주는 듯 했다. 아침 7시 50분에 안도현 송강진에 도착하여 조선족 식당에서 아침식사를 했다. 안도현은 인구 22만으로 우리 동포가 30%라고 했다. 그 이외는 만주족이 많다고 했다. 이곳 소도시에 관광객을 상대로 인삼, 산삼, 백두산 돌, 영지, 불로초, 뱀술을 파는 장사꾼이 많았다. 백두산까지 오면서 중국의 산야에 묘소가 보이지 않았는데, 공산당이 집권하면서 화장을 권장하고 묘소를 만들지 못하도록 했기 때문이다. 양강 산보(山保)를 지나 백두산 초대소까지 이르는 도로의 양 옆에는 열 길이 넘는 흰색 자작나무가 숲을 이루었다. 장백산 초대소 도착시간은 11시 20분 우리 일행은 버스에서 내려 백두산 정상을 운행하는 8인승 차량을 타고 꿈에도 그리던 백두산 정상을 향했다. 험준하고 깎아지른 석벽에 울창한 나무가 상상되던 백두산은 생각과 달리 웅장하고 후덕한 할머니의 모습으로 우리를 반겼다. 산 정상은 고산(高山) 잔디로 덮이고 노방초와 같은 아름다운 꽃들이 활짝 피어 미소를 머금었고 민등산 여기저기에 박하나무(물포구나무)가 천년의 풍우를 이겨낸 듯 의젓하게 손짓했다. 우리를 태운 차는 백두산을 굽이굽이 돌아 천지(天池)에서 100m 떨어진 곳에서 하차하도록 했다.

아! 여기가 우리 민족의 개국성지(開國聖地) 백두산 천지(天池)
천지를 둘러싼 열여섯 봉우리 제일봉의 높이 2,778m
북한 땅에 우뚝 솟아 장군봉(將軍峰)이라 이름했고

장백폭포 앞에서

2,750m의 천운봉(天雲峰) 백운봉(白雲峰)은
그 아래로 장백(長白) 폭포가 흐르고
그 물이 흘러 송화강(松花江)이 되었네.

16개 봉우리 중 세 봉우리는 중국과 북한의 경계가 되고
북한 땅에 일곱 개 봉우리 중국 땅에 여섯 개 봉우리 솟았다.

장백폭포 68m 폭포 아래 서른 여섯 개의 온천수 구멍에서
최고온도 82° 평균온도 65° 의 온천수 솟아
달걀을 넣으면 그 자리서 익는다.
폭포가 떨어지는 흰 물줄기가 일으키는 시원한 바람은
백의천사 신선의 경계로다.

우리는 이 영산(靈山)을 백두라 부르는데
중국인은 장백(長白)이라 부르니
어쩌다 개국의 거룩한 터전을
둘로 가르고 이름도 둘이 되었나.

백두를 머리로 하고
태백을 허리로 한라를 정강이로 하여
송화강 줄기 따라 만주를 개간하고
동해, 서해, 태평양에 어장내어
이화세계 광명국토 돛을 올리자!

만주가 언제부터 중국 땅인가? 만주는 조선족의 개국의 보금자리요, 여진족의 활동무대다. 우리 민족과 여진족은 동근(同根) 동형제다. 조선을 건국하면서 명나라를 상국(上國)이라 하고 받들다 보니 개국의 보금자리까지 명나라에 내어 주었고, 동근 동형제인 여진까지 야만으로 만들고 적으로 등을 돌리게 했다. 이 그릇된 조선의 역사 때문에 민족의 역사가 정리되지 않는다. 민족혼을 일깨울 수 없고 개국(開國)의 성지를 당당하게 주장할 수 없게 되었다. 이와 똑같이 단군의 자손인 여진, 지금의 만주족을 우리의 형제인 줄 모른다.

우리가 백두산 천지를 개국의 성지로 함과 똑같이 여진도 백운봉 아래 천지일주(天池一柱) 옆에 천제단(天祭壇)을 만들고 하늘에 제사 했다. 여진의 천제단 옆 백운봉 아래 천지를 향한 성스러운 곳이 단군조선께서 3천의 한인을 이끌고 재세이화(在世理化) 홍익인간을 간절히 기원하던 단군조선의 천제단이다. 나는 백운봉에 올라 위대한 통일한국이 되

도록 하시되 영토로는 한반도의 남북한, 길림, 요령, 흑룡성, 연해주까지 한 나라가 되게 하고 그 치세(治世)는 홍익인간 이화세계를 건설하여 21세기 새 시대를 만들 새 도덕, 새 사상, 새 정치를 구현하도록 하여 달라고 기원을 올렸다.

천년의 신비, 만년의 영기(靈氣)가 분출하는 천지(天池)의 무애자재(無礙自在)한 크나큰 힘으로 이 나라를 거룩한 국가로 만들어 주시옵소서! 하산하여 우리 일행은 소천지(小天池)에서 식사를 했다. 소천지의 최고 수심은 37m, 평균수심은 33m라 한다. 천지의 물이 흘러내려 이곳에 소천지를 만들어 놓고 천지(天池)에서 못다한 기도를 이곳에서 올리면 모든 일이 소원성취된다고 하였다. 식사 후 장백폭포에 들러 시원하게 떨어지는 폭포를 보면서 대자연의 신비에 다시 한 번 고개를 숙였다. 백두산을 등정할 수 있는 시기는 6월 중순부터 9월 중순까지 3개월이라고 한다. 그중에도 7월말에서 8월 15일까지가 가장 적기라 한다.

이 기간 중 백두산을 올라 맑은 하늘, 웅장한 백두의 모습, 천년만년의 신비가 엉킨 천지를 청명하게 볼 수 있는 사람은 20%가 못 된다고 한다. 우리 일행은 금빛 은빛으로 수놓은 천지를 볼 수 있었고 열여섯 개 백두의 웅장한 봉우리를 배경으로 사진 촬영을 하고 백운봉에서 단군성조께 기도를 올릴 수 있었다. 진심으로 하늘에 감사할 일이다. 우리 일행은 비호산장(飛孤山莊)에서 1박을 하고 연길로 다시 와서 북경을 향하는 비행기에 탑승했다.

– 불기2536(1992)년 8월 17일, 통일연수원에서 발표

제3차 조선학국제학술대회 참관기

　내가 조선학국제학술대회 개최 사실을 알게 된 것은 7월 23일 TV뉴스와 신문을 보고서였다. 순간적으로 북한 학자를 비롯하여 세계 각국에서 모이는 동포 학자들을 만나자는 생각으로 가득 찼다. 더욱이 통일문제를 다룬 「자아혁명과 한국통일」의 저자인 나로서는 이 대회를 놓칠수 없었다. 북한 학자들을 만나보고, 세계에서 몰려오는 교포 학자들의 소리를 들어보자는 생각으로 통일원에 북한인 접촉승인을 신청하고 비자발급을 여행사에 맡겼다.

　국토통일원 통일교육 전문위원이라서 그런지 수속절차는 쉬웠다. 8월 2 일 오후 2시 오사카에 도착하여 대회본부 사무실에 정식멤버로 등록하고 호텔을 지정받았다. 대회 실무책임자인 송남선 박사에게 이 지면을 통해 고마움을 드린다. 이어 3일부터 5일까지 오사카 국제교류센타와 컴퓨터 전문학교에서 11개 분과별로 학술토론회가 열렸는데, 이미 보도된 바와 같이 한국측 참가인원은 193명, 북한은 11명, 17개국에서 온 교포 학자들까지 해서 천명이 넘게 이 대회에 참석했다. 3일간에 걸친 열띤 토론장 중 역사회 1분과 김석형 박사의 발제, 이세기 통일원장관과 북한의 김철명 단장이 참가한 정치법률부회 1분과장이 가장 열띤

오른쪽 북한대표 김철명 사회과학원 부원장, 이형철 북측 군축평화연구소 소장

토론장이었다. 다음으로 북한의 김철식, 김광전, 한국의 이대근 교수가 참가한 경제부회 1분과장과 불교관계를 다룬 철학종교부회 1분과장도 크게 성황을 이루었다.

북한의 계획적이고 정치적인 의도가 크게 작용하여 북한 학자는 11명 밖에 참석하지 않았으나, 북한학자 김석형 교수의 「삼국사기의 왜 침범기사에 대하여」라는 글은 발표 내용뿐만 아니라 답변 내용까지 모두를 감동시켰다. 토론하고 방청한 학자는 물론이고 우리 7천만 동포가 다같이 가슴이 후련해질 정도로 일본인의 그릇된 대화혼과 왜곡된 사관을 절절히 깨뜨린 것이었다. 참으로 가슴 후련한 발표토론장이었다.

경제부회의 북한학자들의 한결같은 발표내용으로 보아, 제3차 7개년 계획이 끝나는 1993년 이후에나 남북의 이산가족이 왕래할 수 있겠다는 생각이 들었다. 8월 4일 점심시간에 북한의 김철명 단장과 군축평화연구소 이형철 실장과 한 테이블에 앉아 명함을 교환하고, 나의 저서 「자아혁명과 한국통일」 한 권씩을 증정했다.

이들도 코리안 리뷰(Korean Review)라는 영문으로 된 책과 조선역사유물이라는 훌륭한 자료집 두 권을 선물했다. 김철명 단장에게 개회식 축사에서 학술연구 발표를 통하여 평화통일을 앞당기자는 좋은 말에 감사드린다고 말하고, 남북의 동포들이 자유롭게 왕래하는 것이 통일을 앞당기는 유일한 방책이라는 등의 이야기를 나누었다.

또 옆자리의 태연(泰然), 삼우(三友), 혜륜(慧輪) 스님들을 가리키면서 불교인이 북한에 많이 왕래할 수 있도록 도와달라는 등 이야기를 나누고 세 사람이 함께 기념사진을 찍었다.

끝으로 말하고 싶은 것은 일본의 다수 학자들이 노골적으로 친북한적인 발표를 한데 비하여 연변의 교포 학자들은 남한에 대하여 우호적이고 화해적 중립적 태도를 취한 점이 인상 깊었다. 동포는 만나는 것이 무엇보다도 중요한 일이다.

– 불기2538(1994)년 8월 22일, 불교신문에 게재

통일을 꿈꾸는 제4차 조선학국제학술대회

지난 1월에 북경대학 조선문화연구소로부터 제4차 조선학국제학술토론회 개최 안내문을 받았다. 이어서 4월에는 초청장을 받았고 5월 말까지 발표할 학술논문을 보내줄 것을 요청받았다. 그래서 심사숙고한 끝에 민족의 동질성을 유도하고 한 사상, 한 철학의 정립이라는 차원에서 『천부경』에 대한 발표를 계획하고 발표할 논문원본과 논문집에 수록할 개요를 써서 북경대학 조선문화연구소에 보냈다. 그리고 이 대회에 참석할 수 있도록 통일원 교류1과에 출국수속을 신청했다. 출국을 위해서는 북한인 접촉승인뿐만 아니라 미수교국 방문절차도 밟아야 하는데, 그 절차를 잘 몰랐던 관계로 안기부의 협의를 거쳐 통일원장관 명의로 북한인 접촉승인만 받아놓았다. 여행사에서 출국 이틀을 앞두고 미수교국 절차도 밟아야 된다고 해서 얼마나 혼이 났는지 모른다.

교류1과 홍과장의 도움을 받아 통일교육 전문협의회 추천, 안기부 중국과와의 협의, 외무부 동북아과와의 협의를 거쳐 통일원 기획과와 외무부 여권과의 출국수속과정을 이틀 동안에 모두 끝냈다.

8월 19일부터 8월 26일까지 7일간 학술대회에 참석할 수 있는 비자를 받아 중국 상공을 날았다. 한 시간 연착 이륙하여 천진(天津) 공항에 도착하니 오후 7시 30분. 대기한 버스를 타고 북경 오주(五洲)호텔에 도착하니 밤 10시가 넘었다.

등록절차를 끝내고 방 배정을 받고 나니 이역만리 중국에 와 있다는 것이 새삼 꿈만 같았다. 이튿날 아침 5시에 기상하여 90년 북경아시안 게임을 치른 경기장과 공원을 산책했으나 새벽 산책을 즐기는 중국인이 보이지 않았다. 일본을 방문해서 새벽 공원을 산책했을 때와는 크게 다른 새벽 공원 풍경이었다. 아침 식사시간은 7시부터 8시 30분까지였다. 개막식에 참석하기 위하여 호텔 앞에 대기한 버스를 타고 9시에 북경대학 대강당으로 향했다.

90년 8월에 일본 오사카에서 열린 제3차 조선학국제학술대회 때 북한의 3차 7개년경제계획을 발표한 김철식이 사회과학원 제1부원장으로 승격하여 이번 학술대회 북한측 대표로 참석했다.

나는 인민대회장 환영연에서 김철식을 만나 인사를 나누고 90년에 발표한 북한의 경제 발전상에 대해 질문을 하면서 기념촬영을 했다. 이번 학술발표는 부회별로 시종일관 진지하고 성의 있는 자세로 줄곧 진행되었다. 발표자는 짧은 시간에 많은 내용을 발표하려고 노력했고 토론자도 마지막 날까지 이석하지 않고 토론에 참석함으로써 진지하고 열띤 분위기를 만들었다.

필자가 소속한 철학종교부회는 북한 학자 4명, 한국 학자 7명, 독일인 1명, 일본인 1명 그 외는 일본의 조총련계 학자와 중국의 각 대학 교수들이었고 대만, 미국, 소련 등지에서 참석한 학자는 없었다.

북한측 발표의 기조(基調)는 '김일성의 주체사상'이었다. 그러나 북한 아닌 중국, 일본 등지에서 온 사회주의 학자의 발표에는 주체사상에 관한 발표가 한 건도 없었다. 북한의 사회과학원 소속 철학연구소 실장이며 박사인 정성철(鄭聖哲)은 「사람의 본성에 대한 주체적 견해」라는 발표에서 사람이란 자주성, 창조성, 의식성을 갖는 사회적 존재인데 사회주의는 인민을 세계의 주인, 자기 본성의 주인으로 살 수 있도록 해주는 것이라고 했다.

평양시 주체과학원 철학연구소장인 최성근(崔成根)은 「주체의 민족관에 대하여」라는 제목으로 발표를 했는데, 그 내용은 사회를 발전시키기 위해서는 자연과 사회와 인간을 개조해야 한다는 것이었다. 사회발전의 원인도 동력도 인간에게 있으며 사회발전은 본질상 인간의 발전이다. 북한은 11년 의무교육을 통해 이러한 문제를 해결하려고 노력하고 있고, 온 사회를 인텔리로 만들기 위해서는 학업을 전문으로 하는 고등교육체계와 일하면서 배우는 고등교육체계를 병행함으로써 가능하며, 이렇게 온 사회가 인텔리로 되면 우리 민족의 가장 값비싼 재부가 된다고 했다.

조선사회과학자협회 중앙위원회 박문회(朴文會)는 「현시대와 주체사상」이란 제목으로 발표를 했는데, 주체사상은 인간중심의 사회관 내지 세계관이라 말하고 사람도 물질인 것은 사실이지만 가장 발달된 물질이라고 했다. 인류역사에 있어 모든 고난은 인간이 어떠한 생명으로 존재하느냐가 중요한데 사람은 사회적 생명으로 영속해야 한다고 했다. 인간의 세 가지 특성 중 자주성, 창조성은 사람의 생명과 관계된 특성이고 의식성은 인간의 고유한 기능을 지휘하는 특성이라고 했다. 인간의 역사는 자연개조, 사회개조, 인간개조의 3대 개조사업을 통해 정치, 경제, 문화 및 정신적으로 힘 있는 인간을 만들어야 하고 사회적 생명으로 영생해야 된다고 했다.

북한 학자로는 마지막으로 사회과학원 연구사이고 박사인 김주철이 「종교의 본질에 대한 새로운 고찰」이란 제목에서 종교는 신을 높은 자리로 끌어올리고 인간을 낮은 자리로 끌어내리는 세계관인 점에서 주체사상이 종교를 받아들이기 어렵다고 했다. 그러나 좋은 사회를 만들려고 하고 좋은 인간을 만들려고 하는 인간중심인 점에서 주체사상은 인간이 죽은 다음에 가는 천당은 믿을 수 없고 또 인간의 개인적인 생명은 영생할 수 없다고 했다. 그러나 사회와 인류를 위하여 일한 사람의 생명은 사회 속에 영생한다고 했다. 중국, 일본에서 온 사회주의 학자들의 발표는 율곡, 실학, 이기론, 최한기, 대종교 등에 대한 발표가 주조(主調)였다. 한국측 발표는 오형근 교수의 「신라불교의 국토관과 화합사상」, 송호수 박사의 「민족발전 철학」, 민족종교협의회 한양원 회장의 「우주철학에서 본 남북통일과 세계평화」, 충남대 민동근 교수의 「우리 민족의 훌륭한 도덕적 성품에 대한 고찰」이었고, 송재국 교수의 「단군신화의 역철학적 해석」을 발표할 때는 북한 박문회 교수의 강력한 항의가 제기되기도 했다.

필자는 마지막 날 「천부경에 대한 소고」란 제목으로 발표를 했다. 우리 민족의 앞서간 조상들이 창출한 사상, 철학을 재조명, 재발굴 하는 일에는 남북학자들이 힘을 모아 문헌학, 금석학 등 다방면에 걸친 공동의 노력과 연구가 필요하다고 했다.

그 중에도 『천부경』81자는 우리의 조상들이 5천 년 전에 남긴 가장 훌륭한, 참으로 인류 세계를 홍익인간화 할 수 있는 철학이요, 사상이요, 진리라고 했다. 『천부경』은 주체사상이 보는 바와 같이 인간중심, 물질중심의 세계관이 아니라 인간중심이면서 자연과 우주와 혼연일체 되는 자기 초극한 대인(大人), 성인(聖人)으로서 자각된 진리라고 했다.

민족통일은 단순한 인간중심이 아니라 깨달은 자, 자기혁명을 한 자, 우주를 내 몸으로 받아들이는, 『천부경』이 가르치는 바와 같이 태양과 같은 훌륭한 인격을 가진 사람들에 의해 이루어져야 한다고 했다.

철학과 종교를 하는 우리 모두는 물질관, 이기주의, 탐욕주의, 향락주의에 물든 이 시대를 구원하기 위해 유심(唯心)과 유물(唯物)을 하나로 회통시키는『천부경』이 가르치는 홍익국가를 건설할 수 있는 민족철학, 민족사상을 내놓는 것이 사명임과 동시에 숙제라고 말하면서 마무리했다.

필자의 발표에 대하여 북한 학자는 물론 중국, 일본, 한국측 학자들까지 이번 발표의 대미를 잘 장식했다고 격찬했다.

경제부회의 발표에서 3차 7개년계획 결과에 대한 발표를 들어보려고 했으나 논문집이나 발표 순서에 이에 대한 것이 없었다. 이는 북한의 경제정책, 3차 7개년계획이 실패했음을 의미하는 것으로 받아들여졌다.

중국 북경 금강식당에서 남북한 학자 저녁 만찬장
필자 왼쪽 북한 정성철 종교연구소 실장, 오른쪽 북한 최성근 교수

각 부회의 토론과정에서 다소의 논쟁은 있었으나 중단할 정도까지는 가지 않았다. 21일 밤에는 각 부회별 자축연을 열었는데 우리 부회는 교포가 경영하는 금강식당에서 북한 학자 3명을 포함해서 총 22명이 참석하여 진솔한 동포애의 시간을 가졌다.

우리 모두가 '아리랑', '나의 살던 고향'을 합창할 때는 뜨거운 동질감을 느끼게 했고, 이 나라를 통일해야 할 인륜적 정당성을 각성했다. 필자는 통일을 위한 건배를 제의하고, 백지(白紙)에 쓴 '통일을 위하여'에 참석한 전원의 사인을 받았다.

8월 22일 오후에는 종합토론회를 가졌는데 부회별 사회자가 진행과정을 요약하여 보고하는 형식으로 발표를 했다. 폐회연(閉會宴)은 22일 오후 7시 30분부터 손문의 무덤이 있는 향산장(香山莊)호텔에서 열렸다. 개회연, 폐회연은 모두 국빈으로 예우하는 장소에서 거행되었다.

이번 제4차 조선학국제학술토론회 기간 중 한중 수교가 성사되었음은 더욱 뜻깊은 일이었으나 북한 학자들의 얼굴에서는 말할 수 없는 고민을 읽을 수 있었다. 필자는 학술토론회를 마치고 오형근 교수와 함께 중국의 사회과학원을 방문하였고, 아태(亞太)연구소에서는 황심천 소장이 북한방문 중이라 소심길 부소장과 이야기를 나누었으며, 세계종교연구소에서는 부소장 우본원과 대화를 나누고 기념촬영을 하고 세계종교연구 책자 2권을 선물로 받았다.

또 중국불교문화연구소도 방문하여 오입민 소장과 기념촬영을 하고 불교문화책 1권을 증정 받았다.

소장과 부소장은 그들의 명성에 비하여 소탈했고 진실했다. 그들이 발행하는 간행물 1권을 주는데도 몇 손을 거쳐야하는 물자의 빈곤함과 정체된 사회를 느끼게 했다.

아침 8시, 저녁 5시가 되면 출퇴근하는 자전거의 물결이 장관을 이루었고 중국처녀들의 유행에 민감한 멋부림은 자유세계를 닮아가고 있었다. 중국사회는 여성이 더욱 당당하고 용모도 아름다웠다. 천진에서 북경까지 산이 보이지 않는 넓은 들, 길게 이어진 수로(水路), 들 사이에 경계를 표시한 포플라나무들, 들 가운데 가끔 보이는 호수 같은 양어장 등은 그 규모가 대륙적이다.

만리장성, 자금성, 이화원(梨花園), 지하 명왕들의 무덤인 명십삼릉(明十三陵), 천안문 광장 등은 그 규모의 광대함에 놀랐다. 가난해도 가난의 표가 나지 않는 중국인, 누구를 만나도 곧 백년지기처럼 사귀는 친화력, 일요일 고궁과 만리장성, 천안문 광장을 메우는 인파, 중국은 가능의 나라, 한국인이 진출해 볼 만한 나라이다.

그러나 이들을 얕잡아 보아서는 안 된다. 이들은 세계의 주인이 그들임을 자부하는 민족이다. 우리 민족은 최근 2천년 동안 그들을 앞서지 못했고 뒤따랐다. 지금은 우리가 이들을 앞설 수 있는 절호의 기회이다. 우리는 중국이라는 거대한 대륙의 잔등을 타고 세계를 누벼야 한다. 그래야만 위대한 한국, 21세기를 앞서가는 인류문명에 기여하는 한국인이 될 수 있다.

이제 역사를 바로 알고 민족혼을 깨우쳐 대륙을 달려야한다. 2,000년 전 우리 조상들의 웅대한 꿈, 홍익인간, 이화세계 건설의 실현을 위해 대륙으로 뻗어나가야 한다.

– 불기2536(1992)년 10월호, 평화통일에 게재

오덕동산

오덕선원 예찬

정허스님 작사
정 덕 자 작곡

1. 아름답고 향기롭게 오덕선원
   단석산 통일성산에 가람 일으켰네
   평화통일 통일함성 위대한 한민족 새역사
   통일의 나라 행복한 나라 건설에 앞서가세

2. 인류구원의 나침반 오덕사상(五德思想)
   참되게 살아보세 거짓없이 살아보세!
   베풀면서 살아보세 인욕하면서 살아보세!
   행복한 나라 지구촌 위해 다함께 정진하세!

3. 나와 너 중생계는 마음이 만든 허상
   우리모두 부처되는 굳은신심 깨달음 열어
   마음비워 지혜의 무심검(無心劍)으로
   이룩하세 평화통일 행복한 지구촌 건설하세

4. 도솔천궁 화엄성중 팔부신중 도움받아

　　부처님 법을 사바세계에 전하고

　　행복한 나라 불국토 건설하여 보세

　　나무아미타불 나무아미타불 나무아미타불!

공수래공수거(空手來空手去)

태어날 때 맨몸으로 와서

떠날 때 빈손으로 가거늘

천하에 어느 사람이 돈 명예

어리석게 따지는가

돈 돈 돈하는 사람은 돈 때문에

거지로 뽑히고, 구렁이 몸 받을 것이요

명예 명예 명예 하는 사람은 명예 때문에

불웅덩이에 던져지고 요사지옥에 떨어 진다네

벗님네야! 부처님 말씀 따라

無住 無着 無相으로 布施하며 살아가세

이 세상 사는이치 인연공덕 밖의 일은

無住相 布施功德이 제일이라네.

평화통일 이룩하세

정허스님 작사
정 덕 자 작곡

1. 중앙석굴 기도하던 흥무대왕 김유신
   오지보살 난승보살 스승으로 모시고서
   무심검법 배워익혀 천하명장 되었네!

2. 도솔천 신검받아 백척바위 단석하고
   신검으로 단석된산 중악산이 단석산이라
   백제 고구려 당나라장수 無心검법에 겁먹었네

3. 백전백승 화랑용맹 진충보국 귀신도 겁먹고
   사로잡은 여덟장군 품석부부 유골과 바꾸니
   생명외경 자비무적 삼국통일 이루었네

4. 세계평화 남북통일 오덕사상 가꾸어서
   21세기 행복한나라 정허스님 앞장서서
   통일발원 미륵대불 백팔탑림 공원조성

후렴) 이룩하세 이룩하세 용화세계 이룩하세!
      앞서가세 앞서가세 일화세계 앞서가세!
      남북통일 평화통일 불국토를 건설하세!
      불국토를 건설하세 불국정토 건설하세!

의명당 정허 대선사 연보
義明堂 正虛 大禪師 年譜

- **1964년 4월 9일부터** 시작된 48일간 기도를 통해 인간이 우주운동의 일원이고, 우주의 頭頭物物은 인연의 고리로 생종생멸(生從生滅)한다는 것이 허상의 세계임을 철견(徹見)
- **1968년 8월** 양산 통도사 극락암 경봉 큰스님으로부터 五戒 수지와 불명을 義明으로 받고 백운암에서 백일기도 회향.
  백일기도 전날 저녁노을의 태양을 보고 오덕-6바라밀운동이 인간완성, 사회완성, 국가완성, 세계완성, 우주완성의 원리임을 오득.
- **1975년 2월 26일~27일** 부처님 오신 날 공휴일 제정 기념 겸 남북통일기원대법회를 주관·기획하여 부산시민회관 대강당에서 개최(대회장:강석진, 회장, 부대회장:이윤근 교육감, 법어:서옹 종정 스님, 특별강연:월하 큰스님·이기영 박사)

- 1975년 5월 부산 범어사 금강계산에서 고암 대종사를 계사로 五戒 수지
- 1977년 3월 양산 통도사 금강계단에서 월하 대종사를 계사로 五戒 수지
- 1979년 3월 7일 양산 통도사 금강계단에서 월하 성수 큰스님을 전계, 갈마 대화상으로 보살계 수지
- 1983년 5월 철원 심원사에서 청화 큰스님을 계사로 보살 十戒 수지
- 1994년 3월 19일~25일 '위대한 통일한국 발원 불교사상 백고좌 대법회'를 불교방송국 3층 대법당에서 성대히 개최(증명법사:서암 조계종 종정 스님, 圓潭스님 · 月珠스님 · 眞際스님 · 岩度스님 · 三中스님 · 이기영 · 박영석 · 이영자 교수 등 설법 및 강연)
- 2000년 3월 15일 서울 고려사에서 태연 대종사를 은사로 사미계를 수지하고 법명을 '正虛'로 받음(증명법사 : 인환 큰스님, 서돈각 불교진흥원이사장)
- 2001년 3월 18일 통일의 성지로서 유서 깊은 경주 단석산 기슭에서 '오덕선원'을 개창.
- 2004년 10월 2일 불교방송국 무상사 대법당에서 비구계 수지(전계 대화상 무봉 성우, 갈마 교수 아사리 여산 철우 큰스님)
- 2005년 1월 28일 명예철학박사 취득(스리랑카국립대학)
- 2006년 3월~2011년 12월 6년 동안 동국대학교 평생교육원에서 불교기초교리, 금강경, 육조법보단경 및 생활역학(초급반 · 중급반) 강의, 700여 명 수강생 배출.
- 2010년 3월 대한불교 조계종 전계대화상, 황대선원 조실 성수 큰스님 법상좌

- 2011년 9월~2012년 3월 '부처님 닮으려는 행복한 나는 누구인가' 라는 제목으로 BTN 불교방송국에서 전국 방영 법문, 2012년 5월부터 6개월간 '지혜의 길' 이라는 제목으로 BBS 불교방송국에서 전국 방영 법문.
- 2016년 8월 10일 대한불교 원조계종 대종사 종정 예하로 추대됨. 이날 전계대화상으로 사부대중 450명에게 보살오계 수계식 봉행

성수큰스님 맏상좌 태응스님과 막내 법상좌 정허스님

【승적 계보】

스님의 은사는 西翁→泰然→正虛, 법사는 鏡峯→性壽, 계사는 慈雲→性牛→正虛로 이어진다. 그리고 출가 상좌는 法定, 法顯, 東曉, 公德華, 日碧 등이 있고, 재가 상좌는 金堂, 法慧, 智觀, 自燈明, 靜園心 등이 있다.

【주요 경력】

민주당 · 신한국당 합당 전후 중앙당 정책위부의장, 민주당 종교특위 1

분과(불교 · 민족종교) 특위위원장, 민주당 조순 대통령 후보 특별보좌역, 신한국당 이종찬 대통령 후보 특별보좌역 등을 역임했다.

【상훈】

국무총리상(1회), 부총리 겸 통일부장관상(2회), 문화체육부장관상(1회) 등 수상

【저서】

불교(백고좌 법회 봉증 6권의 불서) :

『불멸의 성좌』, 『서천에 돋는 해』, 『소를 때려 수레를 때려』,

『지혜의 길 깨달음의 길』, 『깨달음의 큰 수레를 타고』,

『한국불교의 통일사상』, 『금강경 강해』(상 · 하),

『생활불교와 지혜완성』, 『육조법보단경』

悟道 隨想集 : 『5천년 만에 피는 꽃』, 『깨어 있는 국민이 앞서야 한다.』

민족서 · 역학서 : 『천부경정해』, 『명리정설』, 『오행대요』, 『한얼』 외 다수 논문 발표

사람 몸 받기 어렵고
佛法 만나기 어려워라

1판 1쇄   2021년 7월 1일
1판 발행 2021년 7월 5일

엮은이   정허스님
펴낸이   주지오
펴낸곳   도서출판 무량수
         부산광역시 부산진구 중앙대로 777
         이비스앰배서더 부산시티센터 2층 (부전동)
전 화   051-255-5675
팩 스   051-255-5676
e-mail boan21@korea.com
출판신고번호   제9-110호

값 15,000원

ISBN 978-89-91341-64-7